O NOVO REGIME DA INSTALAÇÃO
E FUNCIONAMENTO DOS ESTABELECIMENTOS
DE RESTAURAÇÃO OU DE BEBIDAS

JOSÉ ANTÓNIO DIAS FIGUEIREDO
Jurista
Quadro Superior da Administração Local

O NOVO REGIME DA INSTALAÇÃO E FUNCIONAMENTO DOS ESTABELECIMENTOS DE RESTAURAÇÃO OU DE BEBIDAS

Anotado e comentado

LEGISLAÇÃO COMPLEMENTAR

O NOVO REGIME DA INSTALAÇÃO
E FUNCIONAMENTO DOS ESTABELECIMENTOS
DE RESTAURAÇÃO OU DE BEBIDAS

AUTOR
JOSÉ ANTÓNIO DIAS FIGUEIREDO

EDITOR
EDIÇÕES ALMEDINA, SA
Av. Fernão Magalhães, n.º 584, 5.º Andar
3000-174 Coimbra
Tel.: 239 851 904
Fax: 239 851 901
www.almedina.net
editora@almedina.net

PRÉ-IMPRESSÃO | IMPRESSÃO | ACABAMENTO
G.C. – GRÁFICA DE COIMBRA, LDA.
Palheira – Assafarge
3001-453 Coimbra
producao@graficadecoimbra.pt

Março, 2009

DEPÓSITO LEGAL
291343/09

Os dados e as opiniões inseridos na presente publicação
são da exclusiva responsabilidade do(s) seu(s) autor(es).

Toda a reprodução desta obra, por fotocópia ou outro qualquer
processo, sem prévia autorização escrita do Editor, é ilícita
e passível de procedimento judicial contra o infractor.

Biblioteca Nacional de Portugal – Catalogação na Publicação

PORTUGAL. Leis, decretos, etc.

O regime jurídico da instalação e do funcionamento dos
estabelecimentos de restauração ou de bebidas / anot. e
coment. José António Dias Figueiredo. – 2ª ed.
(Legislação anotada)
ISBN 978-972-40-3778-3

I – FIGUEIREDO, José António Dias

CDU 640

NOTA INTRODUTÓRIA

O novo Regime da Instalação e do Funcionamento dos Estabelecimentos de Restauração ou de Bebidas representa uma alteração substancial do anterior regime, aprovado pelo Decreto-Lei n.º 168/97, de 4 de Julho. Alegou o legislador, sobretudo, razões de celeridade, no sentido de serem agilizados os procedimentos de licenciamento dos estabelecimentos do sector do turismo. Pretendeu-se ultrapassar situações de atraso na realização das vistorias obrigatórias e emissão de alvarás, possibilitando a abertura regular dos estabelecimentos de restauração ou de bebidas uma vez concluída a obra ou, na ausência desta, sempre que o estabelecimento se encontre equipado e apto a entrar em funcionamento, mediante a responsabilização do promotor, do director técnico da obra e dos autores dos projectos de especialidades, atestando que a edificação respeita o projecto aprovado, bem como as normas legais e regulamentares aplicáveis.

Por outro lado, a publicação do novo Decreto Regulamentar n.º 20/2008, que estabelece os requisitos de instalação e funcionamento dos estabelecimentos de restauração ou de bebidas, visou actualizar as exigências legais dos estabelecimentos, tendo em conta a evolução económica e social registada e respectivas repercussões neste sector de actividade.

Esta nova abordagem veio criar uma diferente dinâmica nos procedimentos importando, por isso, facultar a todos os interessados alguns comentários e notas explicativas que auxiliem a compreensão do novo regime. Optou-se ainda por introduzir alguns diplomas complementares, entretanto publicados, por se entender serem relevantes para o desenvolvimento da actividade de restauração ou de bebidas.

Esta obra pretende assim dar a todos os interessados nestas matérias um conhecimento mais aprofundado sobre o novo regime jurídico da instalação e do funcionamento dos estabelecimentos de restauração ou de bebidas e legislação complementar.

Janeiro de 2009

Decreto-Lei n.º 234/2007

de 19 de Junho

O Decreto-Lei n.º 168/97, de 4 de Julho, alterado pelos Decretos-Leis n.ºs 139/99, de 24 de Abril, 222/2000, de 9 de Setembro, e 57/2002, de 11 de Março, diploma que contém o regime jurídico da instalação e do funcionamento dos estabelecimentos de restauração ou de bebidas, estabelece que a abertura dos mesmos só pode ocorrer após a emissão de um alvará de licença ou autorização de utilização para restauração ou bebidas.

Tal acto administrativo é precedido de vistoria obrigatória para o efeito, a qual só pode ser requerida após a conclusão da obra e de o estabelecimento estar em condições de iniciar o seu funcionamento.

Esta circunstância, associada ao facto de nem sempre serem cumpridos os prazos legais para a realização da vistoria e emissão do alvará, tem conduzido à abertura ao público de estabelecimentos de restauração ou de bebidas em situações irregulares, com evidentes prejuízos para consumidores, Estado e promotores.

Estes últimos, tendo o estabelecimento em condições de laboração, ficam impossibilitados de iniciar a exploração dos mesmos por causas que não lhes são imputáveis ou assumem o risco de iniciar actividade em situação irregular, sujeitando-se às consequências legais.

Com a presente iniciativa legislativa, em cumprimento das orientações fixadas no Programa do Governo no sentido de serem agilizados os procedimentos de licenciamento dos estabelecimentos do sector do turismo, pretende-se ultrapassar situações como as acima descritas, possibilitando a abertura regular dos estabelecimentos de restauração ou de bebidas uma vez concluída a obra ou, na ausência desta, sempre que o estabelecimento se encontre equipado e apto a entrar em funcionamento.

Para tanto, há que prever a possibilidade de, em certas circunstâncias, a abertura do estabelecimento poder ser efectuada independentemente de realização da vistoria e da emissão de título que legitime a utilização do imóvel.

Com efeito, a vistoria para utilização limita-se a verificar a conformidade da execução da obra com o projecto aprovado, bem como a idoneidade da edificação para o fim a que se destina e a conformidade do uso previsto com as normas legais e regulamentares que lhe são aplicáveis.

De resto, nos termos do n.º 1 do artigo 64.º do Decreto-Lei n.º 555/99, na redacção que lhe foi dada pelo Decreto-Lei n.º 177/2001, de 4 de Junho (regime jurídico da urbanização e da edificação), a concessão de licença ou autorização de utilização de edifícios e suas fracções não depende, em regra, de prévia vistoria municipal.

Assim, nos casos em que os prazos previstos para a realização da vistoria ou para a emissão do alvará de licença ou autorização de utilização para estabelecimento de restauração ou de bebidas não sejam cumpridos pelas entidades competentes, admite-se a possibilidade de abertura ao público do estabelecimento mediante a responsabilização do promotor, do director técnico da obra, dos autores dos projectos de especialidades e do autor do projecto de segurança contra incêndios, atestando que a edificação respeita o projecto aprovado, bem como as normas legais e regulamentares aplicáveis, tendo em conta o uso a que se destina, assegurando-se, deste modo, a salvaguarda do interesse público.

Ao mesmo tempo, acompanha-se a tendência para a responsabilização das empresas no que se refere à qualidade e segurança de instalações e funcionamento dos estabelecimentos, bem como dos produtos alimentares comercializados, conforme estabelecido em legislação comunitária, nomeadamente pelo Regulamento (CE) n.º 178/2002, do Parlamento Europeu e do Conselho, de 28 de Janeiro, e dos Regulamentos (CE) n.ºs 852/2004 e 853/2004, do Parlamento Europeu e do Conselho, de 29 de Abril, relativos à segurança e higiene dos géneros alimentícios.

Aproveita-se a presente iniciativa para, através da declaração prévia introduzida no processo, operacionalizar também o registo obrigatório dos estabelecimentos de restauração ou de bebidas, o qual será promovido pela Direcção-Geral das Actividades Económicas.

Foram ouvidos os órgãos próprios da Regiões Autónomas, a Associação Nacional de Municípios Portugueses e as associações empresariais do sector com interesse e representatividade na matéria.

Assim:

Nos termos da alínea a) do n.º 1 do artigo 198.º da Constituição, o Governo decreta o seguinte:

CAPÍTULO I
Âmbito e requisitos

ARTIGO 1.º
Âmbito

1 – O presente decreto-lei estabelece o regime jurídico a que fica sujeita a instalação e a modificação de estabelecimentos de restauração ou de bebidas, bem como o regime aplicável à respectiva exploração e funcionamento.

2 – Para efeitos do presente decreto-lei, entende-se por:

a) «Instalação» a acção desenvolvida tendo em vista a abertura de um estabelecimento com o objectivo de nele ser exercida uma actividade de restauração ou de bebidas;

b) «Modificação» qualquer alteração do estabelecimento, incluindo a sua ampliação ou redução, bem como a alteração da entidade titular da exploração.

Notas:

1. O novo regime jurídico da instalação e funcionamento dos estabelecimentos de restauração ou de bebidas aprovado pelo presente diploma, revogou, na íntegra, o anterior regime constante do Decreto-Lei n.º 168/97, de 4 de Julho, posteriormente alterado pelos Decretos-Leis n.ºs 139/99, de 24 de Abril, 222/2000, de 9 de Setembro, e 57/2002, de 11 de Março. Trata-se, assim, de uma disciplina completamente nova para o sector da restauração e bebidas e não de uma modificação da anterior, apresentando soluções inovadoras mas discutíveis.

2. No presente diploma o legislador optou por sistematizar de forma diferente as fases do processo de instalação e do funcionamento. Assim, enquanto no regime constante do Decreto-Lei n.º 168/97 se distinguiam as fases da Instalação e da Exploração e Funcionamento, no actual diploma optou-se por consagrar as fases da Instalação e Modificação (Capítulo II) e da Exploração e Funcionamento (Capítulo III). Por outro lado, também a definição de "instalação" se alterou, pois no regime anterior considerava-se "instalação de estabelecimentos de restauração ou de bebidas" o processo de licenciamento ou de autorização para a realização de operações urbanísticas relativas à construção e ou utilização de edifícios ou suas fracções destinados ao funcionamento daqueles estabelecimentos. Actualmente, essa noção é a que consta da alínea a) do n.º 2 deste artigo e quase nada tem a ver com o procedimento de licenciamento de natureza urbanística.

3. O conceito de "modificação" constitui também uma novidade importante neste diploma. De facto, refere a alínea b) do n.º 2 que constitui modificação de um estabelecimento não apenas a ampliação ou redução do espaço físico do estabelecimento, mas também a alteração da entidade titular da exploração.

10 *Novo Regime da Instalação e Funcionamento dos Estab. de Rest. ou de Bebidas*

4. O legislador optou por remover do novo regime quase todos os aspectos relacionados com os procedimentos do licenciamento dos estabelecimentos de restauração ou de bebidas que passam agora a reger-se, quase exclusivamente, pelas normas do Regime Jurídico da Urbanização e da Edificação (RJUE) aprovado pelo Decreto-Lei n.º 555/99, de 16 de Dezembro, com a redacção dada pela Lei n.º 60/2007, de 4 de Setembro. A Portaria n.º 232/2008, de 11 de Março, determina quais os elementos que devem instruir os pedidos de informação prévia, de licenciamento e de autorização referentes a todos os tipos de operações urbanísticas.

ARTIGO 2.º
Estabelecimentos de restauração ou de bebidas

1 – São estabelecimentos de restauração, qualquer que seja a sua denominação, os estabelecimentos destinados a prestar, mediante remuneração, serviços de alimentação e de bebidas no próprio estabelecimento ou fora dele.

2 – São estabelecimentos de bebidas, qualquer que seja a sua denominação, os estabelecimentos destinados a prestar, mediante remuneração, serviços de bebidas e cafetaria no próprio estabelecimento ou fora dele.

3 – Os estabelecimentos referidos nos números anteriores podem dispor de salas ou espaços destinados a dança.

4 – Os estabelecimentos referidos nos n.ºs 1 e 2 do presente artigo que disponham de instalações destinadas ao fabrico próprio de pastelaria, panificação, gelados e actividades industriais similares, ou que vendam produtos alimentares, a que corresponda alguma das CAE previstas na divisão 10 da secção C, na secção D e na secção I do anexo I ao Decreto -Lei n.º 209/2008, de 29 de Outubro, e que se enquadrem no tipo 3 ou que, enquadradas no tipo 2, disponham de uma potência eléctrica contratada igual ou inferior a 50 kVA, ficam sujeitos, exclusivamente, ao regime da instalação e modificação previsto no presente decreto-lei.

Notas:

1. Este artigo define o que se deve entender por estabelecimentos de restauração e ou de bebidas. Assim, são considerados estabelecimentos de restauração os que, independentemente da sua designação, prestam, mediante remuneração, serviços de alimentação e bebidas para serem consumidos no próprio estabelecimento ou fora dele. Os estabelecimentos de bebidas são os que, independentemente da sua designação, prestam, mediante remuneração, serviços de bebidas e cafetaria para serem consumidos no próprio estabelecimento ou fora dele.

Decreto-Lei n.º 234/2007 de 19 de Junho 11

2. O artigo 13.º do Decreto Regulamentar n.º 20/2008, de 27 de Novembro, refere que o serviço prestado nos estabelecimentos de restauração consiste, essencialmente, na confecção e fornecimento de alimentação, acompanhado ou não de bebidas, com ou sem fabrico de padaria, pastelaria ou gelados. Explicita igualmente que o serviço de restauração é prestado directamente aos utentes no estabelecimento, em lugares sentados ou em pé, ou através da entrega de alimentação e bebidas devidamente acondicionadas, no estabelecimento ou ao domicílio. O artigo 14.º do mesmo diploma refere-se aos estabelecimentos de bebidas e estabelece que o serviço prestado nos estabelecimentos de bebidas consiste no fornecimento de bebidas directamente aos utentes, em lugares sentados ou em pé, acompanhadas ou não de produtos de cafetaria, padaria, pastelaria ou de gelados. Consulte pág. 47.

3. O n.º 4 foi alterado pelo artigo 80.º do Decreto-Lei n.º 209/2008, de 29 de Outubro, que estabeleceu o regime de exercício da actividade industrial. Esta norma exclui a aplicação desse regime para os estabelecimentos de restauração ou de bebidas que disponham de instalações destinadas ao fabrico próprio de pastelaria, panificação, gelados e actividades industriais similares ou que vendam produtos alimentares, a que corresponda alguma das CAE previstas na divisão 10 da secção C, na secção D e na secção I do anexo I ao Decreto-Lei n.º 209/2008, de 29 de Outubro, e que se enquadrem no tipo 3 ou que, enquadradas no tipo 2, disponham de uma potência eléctrica contratada igual ou inferior a 50 kVA. Veja-se a alínea b) do n.º 1 do artigo 7.º.

4. Os estabelecimentos de restauração ou de bebidas podem dispor de salas destinadas a dança mas são obrigados a adoptar sistemas de segurança privada. Consulte o Decreto-Lei n.º 101/2008, de 16 de Junho, (pág. 247).

5. Salienta-se que, de acordo com o disposto no n.º 4 do artigo 12.º do Decreto Regulamentar que estabelece os requisitos específicos relativos às instalações, funcionamento e regime de classificação de estabelecimentos de restauração ou de bebidas, os estabelecimentos que pretendam confeccionar alimentos devem necessariamente licenciar-se como estabelecimentos de restauração. Por outro lado, se os estabelecimentos pretendem servir alimentos confeccionadas no exterior por operador do sector alimentar, podem optar por licenciar-se como estabelecimentos de restauração ou como estabelecimentos de bebidas.

6. De acordo com o n.º 1 do artigo 11.º do Decreto Regulamentar n.º 20/2008, de 27 de Novembro, os estabelecimentos devem adoptar a tipologia que mais se adequa ao serviço que prestam.

ARTIGO 3.º
Outros locais onde se realizam serviços de restauração ou de bebidas

1 – Ficam sujeitos ao regime de licenciamento do presente decreto-lei os locais onde se realizam, mediante remuneração, serviços de restauração ou de bebidas através da actividade de *catering*, oferta de serviços de banquetes ou outras, desde que regularmente efectuados, entendendo-se como tal a execução nesses espaços de, pelo menos, 10 eventos anuais.

12 *Novo Regime da Instalação e Funcionamento dos Estab. de Rest. ou de Bebidas*

2 – Para efeitos do disposto no presente decreto-lei, não se consideram estabelecimentos de restauração ou de bebidas as cantinas, os refeitórios e os bares de entidades públicas, de empresas e de estabelecimentos de ensino destinados a fornecer serviços de alimentação e de bebidas exclusivamente ao respectivo pessoal e alunos, devendo este condicionamento ser devidamente publicitado.

3 – As secções acessórias de restauração ou de bebidas instaladas em estabelecimentos comerciais com outra actividade principal observam o regime legal previsto para estas actividades, sem prejuízo da aplicação obrigatória dos requisitos de instalação e funcionamento previstos neste decreto-lei e em legislação complementar.

Notas:
1. Este artigo clarifica que as actividades de *catering* ou serviço de banquetes são também consideradas como exploração de serviços de restauração e de bebidas e, por essa razão, encontram-se sujeitas ao regime consagrado neste diploma legal, desde que tais serviços se realizam com a regularidade de, pelo menos, 10 eventos anuais.

2. Por *catering* deverá entender-se a prestação de serviços de refeições (de alimentação e ou de bebidas) a grupos, em local diferente do local de confecção.

3. Veja-se o regime especial de licenciamento previsto no artigo 19.º quanto aos serviços de restauração ou de bebidas ocasionais ou esporádicos.

4. Especial relevo tem o n.º 2 uma vez que exclui da aplicação deste diploma as cantinas, os refeitórios e os bares de entidades públicas, de empresas e de estabelecimentos de ensino, destinados a fornecer serviços de alimentação e de bebidas exclusivamente ao respectivo pessoal e alunos, devendo este condicionamento ser devidamente publicitado.

Artigo 4.º
Proibição de instalação

1 – É proibida a instalação de estabelecimentos de bebidas onde se vendam bebidas alcoólicas para consumo no próprio estabelecimento ou fora dele junto de escolas do ensino básico e secundário.

2 – As áreas relativas à proibição referida no número anterior são delimitadas por cada município.

Notas:
1. A interdição prevista neste artigo aplica-se apenas aos estabelecimentos de bebidas e não aos estabelecimentos de restauração.

2. Para aferição de quais os locais abrangidos por esta interdição deverão ser questionadas as Câmaras Municipais. A definição das áreas pelos municípios em colaboração com as Direcções Regionais de Educação foi suprimida pela actual lei.

Decreto-Lei n.º 234/2007 de 19 de Junho　　　13

3. Compete aos órgãos próprios das Regiões Autónomas dos Açores e da Madeira a delimitação, no respectivo território, das áreas relativas à proibição de instalação de estabelecimentos de bebidas onde se vendam bebidas alcoólicas, para consumo no próprio estabelecimento ou fora dele, junto de estabelecimentos escolares dos ensinos básico e secundário.

4. O Decreto-Lei n.º 9/2002, de 24 de Janeiro, impõe restrições à venda de bebidas alcoólicas. Consulte pág. 189.

5. De acordo com o vertido no artigo 13.º do Decreto-Lei n.º 9/2002 o disposto no n.º 1 não se aplica aos estabelecimentos já instalados e aos pedidos de instalação apresentados junto da câmara municipal competente à data de entrada em vigor do referido diploma.

6. Nos termos da alínea a) do n.º 1 do artigo 21.º a violação do disposto neste artigo constitui contra-ordenação punível com coima de € 1.250 a € 3.740,98, no caso de se tratar de pessoa singular, e de € 2.500 a € 30.000, no caso de se tratar de pessoa colectiva.

Artigo 5.º
Requisitos dos estabelecimentos

Os requisitos específicos relativos a instalações, funcionamento e regime de classificação de estabelecimentos de restauração ou de bebidas são definidos por decreto regulamentar.

Notas:
1. Esta norma remete para o Decreto Regulamentar n.º 20/2008, de 27 de Novembro, que estabelece os requisitos específicos relativos às instalações, funcionamento e regime de classificação de estabelecimentos de restauração ou de bebidas. Consulte pág. 47.

2. As infracções decorrentes do incumprimento dos requisitos específicos de instalação, funcionamento e classificação previstos no regulamento a que se refere este artigo são puníveis com coima de € 125 a € 3.740, no caso de se tratar de pessoa singular, e de € 500 a € 30.000, no caso de se tratar de pessoa colectiva

CAPÍTULO II
Instalação e modificação

Artigo 6.º
Regime aplicável

1 – A instalação e a modificação dos estabelecimentos de restauração ou de bebidas estão sujeitas ao regime previsto no presente diploma, bem

14 *Novo Regime da Instalação e Funcionamento dos Estab. de Rest. ou de Bebidas*

como ao cumprimento dos requisitos específicos previstos no decreto regulamentar de desenvolvimento.

2 – A sujeição ao regime de declaração prévia não dispensa os procedimentos previstos no regime jurídico da urbanização e da edificação, aprovado pelo Decreto-Lei n.º 555/99, de 16 de Dezembro, com as alterações que lhe foram introduzidas pelos Decretos-Leis n.ºs 177/2001, de 4 de Junho, e 157/2006, de 8 de Agosto, e pela Lei n.º 15/2002, de 22 de Fevereiro, adiante designado por RJUE, sempre que se realizem intervenções abrangidas por aquele regime.

Notas:
1. O n.º 1 desta norma remete para o Decreto Regulamentar de desenvolvimento a que alude o artigo anterior, a fixação dos requisitos específicos dos estabelecimentos de restauração ou de bebidas.

2. O n.º 2 vem esclarecer que, apesar da introdução nesta lei do inovador regime da declaração prévia previsto no artigo 11.º, os procedimentos previstos no Regime Jurídico da Urbanização e da Edificação (RJUE), aprovado pelo Decreto-lei n.º 555/99, de 16 de Dezembro, com a redacção dada pela Lei n.º 60/2007, de 4 de Setembro, não são dispensáveis sempre que se realizem intervenções abrangidas por aquele regime.

3. Não confundir o regime da declaração prévia previsto no artigo 11.º, com a informação prévia regulada no RJUE. Apesar de o pedido de informação prévia não se encontrar expressamente previsto neste diploma, qualquer interessado poderá, nos termos do artigo 14.º do RJUE, pedir à câmara municipal, a título prévio, informação sobre a viabilidade de realizar determinada operação urbanística ou conjunto de operações urbanísticas directamente relacionadas, bem como sobre os respectivos condicionamentos legais ou regulamentares. No âmbito do procedimento de informação prévia há lugar a consultas externas nos termos dos artigos 13.º, 13.º-A e 13.º-B do RJUE, às entidades cujos pareceres, autorizações ou aprovações condicionem, nos termos da lei, a informação a prestar, sempre que tal consulta deva ser promovida num eventual pedido de licenciamento ou apresentação de comunicação prévia.

ARTIGO 7.º
Consultas a entidades externas

1 – Nos termos e para os efeitos previstos no artigo 19.º do RJUE, devem ser objecto de consulta externa as seguintes entidades:

a) Autoridade Nacional de Protecção Civil, no que respeita a medidas de segurança contra riscos de incêndio, nos termos do Decreto-Lei n.º 368/99, de 18 de Setembro, e da Portaria n.º 1063/97, de 21 de Outubro;

b) Direcções regionais de economia ou associação inspectora de instalações eléctricas, para verificação das regras relativas à instalação eléctrica, nos termos do Decreto-Lei n.º 272/92, de 3 de Dezembro, no caso dos estabelecimentos previstos no n.º 4 do artigo 2.º, excepto se o projecto de instalação eléctrica previr uma potência inferior a 50 kVA;

c) Autoridades de saúde, para verificação do cumprimento de normas de higiene e saúde públicas nos termos do Decreto-Lei n.º 336/93, de 29 de Setembro;

d) Governos civis, para verificação de aspectos de segurança e ordem pública, quando esteja em causa a instalação de estabelecimentos de bebidas ou de restauração que disponham de salas ou espaços destinados a dança, nos termos do Decreto-Lei n.º 252/92, de 19 de Novembro, com as alterações introduzidas pelos Decretos-Leis n.ºs 316/95, de 28 de Fevereiro, e 213/2001, de 2 de Agosto.

2 – Quando desfavoráveis, os pareceres das entidades referidas nas alíneas a), c) e d) do número anterior são vinculativos.

Notas:

1. Esta norma estabelece algumas especificidades em relação ao regime geral do RJUE em matéria de consulta a entidades externas, o que é perfeitamente compreensível atendendo às particularidades deste tipo de estabelecimentos.

2. Na sequência da reforma do RJUE, operada pela Lei n.º 60/2007, de 4 de Setembro, o artigo 19.º a que alude o n.º 1 do presente artigo foi expressamente revogado, devendo entender-se a remissão como efectuada para os artigos 13.º, 13.º-A e 13.º-B.

3. Dispõem os artigos 13.º, 13.º-A e 13.º-B do RJUE:

Artigo 13.º
Consultas a entidades externas

1 — A consulta às entidades que, nos termos da lei, devam emitir parecer, autorização ou aprovação sobre o pedido é promovida pelo gestor do procedimento e é efectuada em simultâneo, através do sistema informático previsto no artigo 8.º -A.

2 — Nos casos previstos no artigo seguinte, o gestor do procedimento comunica o pedido, com a identificação das entidades a consultar, à CCDR.

3 — As entidades exteriores ao município pronunciam-se exclusivamente no âmbito das suas atribuições e competências.

4 — As entidades consultadas devem pronunciar-se no prazo de 20 dias a contar da data de disponibilização do processo.

5 — Considera-se haver concordância daquelas entidades com a pretensão formulada se os respectivos pareceres, autorizações ou aprovações não forem recebidos dentro do prazo fixado no número anterior.

16 *Novo Regime da Instalação e Funcionamento dos Estab. de Rest. ou de Bebidas*

6 — Os pareceres das entidades exteriores ao município só têm carácter vinculativo quando tal resulte da lei, desde que se fundamentem em condicionamentos legais ou regulamentares e sejam recebidos dentro do prazo.

7 — São fixados em diploma próprio os projectos da engenharia de especialidades e as certificações técnicas que carecem de consulta, aprovação ou de parecer, interno ou externo, bem como os termos em que têm lugar.

Artigo 13.º-A
Parecer, aprovação ou autorização de localização

1 — A consulta de entidades da administração central, directa ou indirecta, que se devam pronunciar sobre a operação urbanística em razão da localização é efectuada através de uma única entidade coordenadora, a CCDR territorialmente competente, a qual emite uma decisão global e vinculativa de toda a administração central.

2 — A CCDR identifica, no prazo de cinco dias a contar da recepção dos elementos através do sistema previsto no artigo 8.º -A, as entidades que nos termos da lei devam emitir parecer, aprovação ou autorização de localização, promovendo dentro daquele prazo a respectiva consulta, a efectivar em simultâneo e com recurso ao referido sistema informático.

3 — As entidades consultadas devem pronunciar-se no prazo de 20 dias ou de 40 dias tratando-se de obra relativa a imóvel de interesse nacional ou de interesse público, sem possibilidade de suspensão do procedimento.

4 — Caso não existam posições divergentes entre as entidades consultadas, a CCDR toma a decisão final no prazo de cinco dias a contar do fim do prazo previsto no número anterior.

5 — Caso existam posições divergentes entre as entidades consultadas, a CCDR promove uma conferência decisória e toma decisão final favorável, favorável condicionada ou desfavorável no prazo de 20 dias.

6 — Na conferência decisória referida no número anterior, as entidades consultadas são representadas por pessoas com poderes para as vincular.

7 — Não sendo possível obter a posição de todas as entidades, por motivo de falta de comparência de algum representante ou por ter sido submetida a apreciação alguma questão nova, os trabalhos da conferência podem ser suspensos por um período máximo de cinco dias.

8 — Quando a CCDR não adopte posição favorável a uma operação urbanística por esta ser desconforme com instrumento de gestão territorial, pode a CCDR, quando a operação se revista de especial relevância regional ou local, por sua iniciativa ou a solicitação do município, respectivamente, propor ao Governo a aprovação em resolução do Conselho de Ministros da alteração, suspensão ou ratificação, total ou parcial, de plano da sua competência relativamente ao qual a desconformidade se verifica.

Decreto-Lei n.º 234/2007 de 19 de Junho 17

9 — Quando a decisão seja proferida em conferência decisória, os pareceres emitidos têm natureza não vinculativa, independentemente da sua classificação em legislação especial.

10 — O procedimento de decisão da administração central previsto nos números anteriores é objecto de portaria dos membros do Governo responsáveis pelo ordenamento do território e pela administração local.

Artigo 13.º-B
Consultas prévias

1 — O interessado na consulta a entidades externas pode solicitar previamente os pareceres, autorizações ou aprovações legalmente exigidos junto das entidades competentes, entregando-os com o requerimento inicial ou com a comunicação prévia, caso em que não há lugar a nova consulta desde que, até à data da apresentação de tal pedido ou comunicação na câmara municipal, não haja decorrido mais de um ano desde a emissão dos pareceres, autorizações ou aprovações emitidos ou desde que, caso tenha sido esgotado este prazo, não se tenham verificado alterações dos pressupostos de facto ou de direito em que os mesmos se basearam.

2 — Para os efeitos do número anterior, caso qualquer das entidades consultadas não se haja pronunciado dentro do prazo, o requerimento inicial ou a comunicação prévia podem ser instruídos com prova da solicitação das consultas e declaração do requerente ou comunicante de que os mesmos não foram emitidos dentro daquele prazo.

3 — Não tendo o interessado promovido todas as consultas necessárias, o gestor do procedimento promove as consultas a que haja lugar ou, quando aplicável, comunica o pedido à CCDR, no prazo de cinco dias a contar da data do requerimento ou da data da entrega dos elementos solicitados nos termos do n.º 3 do artigo 11.º

4 — No termo do prazo fixado para a promoção das consultas, o interessado pode solicitar a passagem de certidão dessa promoção, a qual será emitida pela câmara municipal ou pela CCDR no prazo de oito dias.

5 — Se a certidão for negativa, o interessado pode promover directamente as consultas que não hajam sido realizadas ou pedir ao tribunal administrativo que intime a câmara municipal ou a CCDR a fazê-lo, nos termos do artigo 112.º do presente diploma.

4. Conforme dispõe o n.º 4 do artigo 13.º do RJUE as entidades consultadas devem pronunciar-se no prazo de 20 dias a contar da data de disponibilização do processo.

5. A Portaria n.º 1063/97, de 21 de Outubro, que aprovou as medidas de segurança contra riscos de incêndio aplicáveis na construção, instalação e funcionamento dos empreendimentos turísticos e dos estabelecimentos de restauração e de bebidas, assim como o Decreto-lei n.º 368/99, de 18 de Setembro, que aprovou as medidas de segurança contra riscos de incêndio a observar nos estabelecimentos comerciais e de prestação de servi-

18   *Novo Regime da Instalação e Funcionamento dos Estab. de Rest. ou de Bebidas*

ços, foram expressamente revogados pelo Decreto-Lei n.º 220/2008, de 12 de Novembro. A referência deste artigo deve assim considerar-se como efectuada para esse novo decreto--lei. Consulte pág. 199.

6. O Decreto-Lei n.º 203/2006, de 27 de Outubro, procedeu, à reestruturação do Serviço Nacional de Bombeiros e Protecção Civil, que passou a designar-se Autoridade Nacional de Protecção Civil (ANPC). Em matéria de medidas de segurança contra riscos de incêndio a entidade competente para emitir parecer é a Autoridade Nacional de Protecção Civil.

7. As Direcções Regionais de Economia ou a associação inspectora de instalações eléctricas, são competentes para a verificação das regras relativas à instalação eléctrica, nos termos do Decreto-Lei n.º 272/92, de 3 de Dezembro, no caso dos estabelecimentos previstos no n.º 4 do artigo 2.º, excepto se o projecto de instalação eléctrica previr uma potência inferior a 50 kVA.

8. Como refere o n.º 4 do artigo 2.º os estabelecimentos de restauração ou de bebidas podem dispor de instalações destinadas ao fabrico próprio de pastelaria, panificação e gelados ficando assim sujeitos ao regime da instalação previsto no presente diploma e não ao regime do licenciamento do exercício da actividade industrial previsto no Decreto-Lei n.º 209/2008, de 29 de Outubro, desde que a potência contratada seja inferior a 50 kVA.

9. No âmbito do procedimento de licenciamento dos estabelecimentos de restauração ou de bebidas é necessário parecer das autoridades de saúde, o qual que se destina a verificar o cumprimento das normas de higiene e saúde públicas previstas no Decreto-Lei n.º 336/93, de 29 de Setembro. As regras de nomeação, competência e funcionamento das entidades que exercem o poder de autoridade de saúde encontram-se previstas no DL n.º 336/93, de 29 de Setembro. Dispõem os artigos 5.º e 8.º:

Artigo 5.º

Competência

1 – Às autoridades de saúde compete a vigilância das decisões dos órgãos e serviços executivos do Estado em matéria de saúde pública, podendo suspendê--las quando as considerem prejudiciais à saúde das pessoas ou dos aglomerados populacionais.

2 – Às autoridades de saúde compete, em especial:

a) Promover a investigação em saúde e a vigilância epidemiológica;

b) Vigiar o nível sanitário dos aglomerados populacionais, dos serviços, estabelecimentos e locais de utilização pública e determinar as medidas correctivas necessárias para defesa da saúde pública;

c) Ordenar a suspensão de actividade ou o encerramento dos serviços, estabelecimentos e locais referidos na alínea anterior, quando funcionem em condições de grave risco para a saúde pública;

d) Desencadear o internamento ou a prestação compulsiva de cuidados de saúde a indivíduos em situação de prejudicarem a saúde pública, nos termos da lei;

e) Exercer a vigilância sanitária das fronteiras;

Decreto-Lei n.º 234/2007 de 19 de Junho 19

f) Proceder à requisição de serviços, estabelecimentos e profissionais de saúde em caso de epidemias graves e outras situações semelhantes.

3 – Quando ocorram situações de catástrofe ou de outra grave emergência de saúde, o Ministro da Saúde toma as medidas necessárias de excepção que forem indispensáveis, coordenando a actuação dos serviços centrais do Ministério com os órgãos do Serviço Nacional de Saúde e os vários níveis de autoridades de saúde.

Artigo 8.º
Delegados concelhios de saúde

1 – Aos delegados concelhios de saúde compete:

a) Elaborar o relatório anual sobre o estado sanitário do concelho e actividades desenvolvidas, que enviará à autoridade de saúde regional, conjuntamente com a programação para o ano seguinte;

b) Fazer cumprir as normas que tenham por objecto a defesa da saúde pública;

c) Levantar autos relativos às infracções, instruir os respectivos processos e aplicar coimas de acordo com a lei, solicitando, quando necessário, o concurso das autoridades administrativas e policiais, para o bom desempenho das suas funções;

d) Participar na vistoria a que se refere o artigo 27.º do Decreto-Lei n.º 445/91, de 20 de Novembro, com a redacção dada pela Lei n.º 29/92, de 5 de Setembro;

e) Dar parecer sobre os projectos de instalação ou alteração dos estabelecimentos industriais e fiscalizar a sua laboração quanto as condições de salubridade e higiene, impondo as correcções necessárias à prevenção dos riscos para a saúde dos trabalhadores e dos aglomerados populacionais;

f) Dar parecer sobre os pedidos de licenças sanitárias das casas de espectáculos, hotéis, restaurantes e similares e estabelecimentos de venda de produtos alimentares, piscinas colectivas e parques de campismo;

g) Fiscalizar os estabelecimentos susceptíveis de serem insalubres, incómodos ou perigosos, bem como as condições de funcionamento, por si ou através dos seus agentes, e, bem assim, as condições de saúde dos trabalhadores;

h) Determinar a suspensão do trabalho e o encerramento dos respectivos locais, no todo ou em parte, quando houver grave risco para a saúde dos trabalhadores ou dos aglomerados populacionais;

i) Verificar a observância das disposições legais respeitantes à higiene e saúde dos locais de trabalho e fiscalizar os serviços médicos do trabalho;

j) Desencadear acções de prevenção de acidentes e doenças profissionais;

l) Efectuar as inspecções médicas determinadas por lei ou regulamento e passar os respectivos atestados;

m) Verificar os óbitos ocorridos no concelho, de acordo com as disposições legais, emitir atestados médico-sanitários referentes às trasladações e fiscalizar a observância das leis e regulamentos sobre inumações e exumações;

n) Fazer cumprir as normas sobre doenças transmissíveis, incluindo a evicção dos locais de trabalho e dos estabelecimentos escolares, mantendo actualizado o

20   *Novo Regime da Instalação e Funcionamento dos Estab. de Rest. ou de Bebidas*

registo das doenças de notificação obrigatória, e coordenar as acções em caso de epidemia;

o) Dar parecer sobre o pedido de licenciamento e fiscalizar as instituições e serviços privados prestadores de cuidados de saúde, sem prejuízo das competências legalmente atribuídas a outras entidades;

p) Fazer cumprir as disposições legais de protecção e segurança contra as radiações ionizantes;

q) Dar parecer sobre pedido de licenciamento e exercer a vigilância sanitária dos estabelecimentos termais e de engarrafamento de água de consumo humano;

r) Exercer a vigilância sanitária da qualidade da água para consumo humano, das zonas balneares e das águas para utilização recreativa;

s) Exercer, por si ou em colaboração com outras entidades, a fiscalização sanitária dos géneros alimentícios;

t) Exercer os demais poderes que lhe sejam atribuídos por lei, regulamento ou que lhe hajam sido delegados ou subdelegados.

2 – Nos conselhos e aglomerados urbanos de grande dimensão os delegados concelhios de saúde são coadjuvados por adjuntos, nomeados pelo Ministro da Saúde, sob proposta do director-geral da Saúde.

3 – O número dos adjuntos referidos no número anterior é calculado em função das condições demográficas e sanitárias das freguesias ou conjuntos de freguesias.

4 – O delegado concelhio de saúde é substituído nas suas ausências e impedimentos pelo adjunto ou, quando tal não seja possível, pelo delegado de saúde do concelho limítrofe, a designar pelo delegado regional de saúde.

5 – Os adjuntos referidos no n.º 3 são substituídos nas suas faltas e impedimentos por outros para o efeito designados pelo delegado concelho de saúde.

10. A deliberação da Câmara Municipal sobre o pedido de licenciamento para os estabelecimentos de bebidas ou de restauração que disponham de salas ou espaços destinados a dança, carece de parecer prévio do Governador Civil quanto aos aspectos de segurança e ordem pública que o seu funcionamento possa implicar.

11. Discute-se se o parecer do governo civil, quanto aos aspectos de segurança e de ordem pública, poderá impor condicionantes ao licenciamento, designadamente em matéria de horários de funcionamento. Tal situação ocorrerá quando esta entidade emita parecer favorável, mas condicionando o licenciamento à fixação de um horário de encerramento inferior ao previsto na lei ou em regulamento. Ora tal condição não nos parece correcta por duas ordens de razões: em primeiro lugar porque não existe nenhuma norma neste diploma, nem no anterior regime ou no Decreto Regulamentar n.º 20/2008 que permita, em sede de licenciamento, a imposição de restrições ou condicionantes ao horário de encerramento; em segundo lugar porque o horário de encerramento dos estabelecimentos de restauração e bebidas encontra-se fixado no Decreto-Lei n.º 48/96, de 15 de Maio, com as alterações introduzidas pelo Decreto-Lei n.º 126/96, de 10 de Agosto, e é estabelecido igualmente em regulamentos municipais aprovados de acordo com o disposto nos citados diplomas, e não deve por essa razão ser pré-fixado no acto de licenciamento.

Decreto-Lei n.º 234/2007 de 19 de Junho 21

12. Situação distinta da anterior é a possibilidade o governo civil ser competente para aplicar medida de polícia de encerramento de salas de dança e estabelecimentos de bebidas ou ordenar a redução do seu horário de funcionamento quando esse funcionamento se revele susceptível de violar a ordem, a segurança ou a tranquilidade públicas, conforme dispõe o artigo 48.º do anexo ao Decreto-Lei n.º 316/95, de 28 de Novembro. Por outro lado, também os municípios (apoiados em disposições constantes de regulamentos próprios e verificados determinados pressupostos devidamente comprovados através de reclamações ou de relatórios das autoridades policiais) poderão instruir um processo administrativo com vista à redução, temporária ou permanente, do horário de abertura ou de encerramento de um determinado estabelecimento. Ambos os procedimentos, porém, só fazem sentido depois de constatada a perturbação da ordem, da segurança ou da tranquilidade pública provocada pelo funcionamento regular do estabelecimento.

13. O Decreto-Lei n.º 101/2008, de 16 de Junho, obriga que os estabelecimentos de restauração ou de bebidas previstos no artigo 2.º do Decreto-Lei n.º 234/2007, de 19 de Junho, que disponham de espaços ou salas destinados a dança ou onde habitualmente se dance, são obrigados a adoptar um sistema de segurança privada. Consulte pág. 247.

14. Quando desfavoráveis, os pareceres da Autoridade Nacional de Protecção Civil, das autoridades de saúde e dos governos civis são vinculativos, pelo que não poderão os municípios emitir licenças ou autorizações nos processos onde tais pareceres são desfavoráveis, sob pena de nulidade.

Artigo 8.º
Dispensa de requisitos

1 – Os requisitos exigidos para cada tipo de estabelecimento podem ser dispensados quando, por questões arquitectónicas ou técnicas, a sua estrita observância seja impossível ou possa comprometer a rendibilidade do mesmo e desde que não ponha em causa condições de segurança e salubridade do estabelecimento, incluindo ventilação adequada.

2 – Para efeito do número anterior, reconhecem-se susceptíveis de criar condicionantes arquitectónicas ou estruturais, nomeadamente, a instalação de estabelecimentos em zonas classificadas, em edifícios classificados a nível nacional, regional ou local, bem como de edifícios de reconhecido valor histórico, arquitectónico, artístico ou cultural.

3 – Compete à Câmara Municipal, mediante requerimento fundamentado do interessado, decidir sobre a dispensa do cumprimento de requisitos, após consulta à Direcção-Geral das Actividades Económicas (DGAE) ou em quem esta expressamente delegar e, sempre que se afigurar adequado, das entidades competentes em razão da matéria.

22 *Novo Regime da Instalação e Funcionamento dos Estab. de Rest. ou de Bebidas*

4 – As entidades consultadas devem pronunciar-se sobre a dispensa no prazo 15 dias a contar da recepção dos elementos, decidindo a Câmara Municipal, a final, no prazo de 30 dias a contar da apresentação do requerimento, independentemente de as entidades consultadas terem ou não emitido parecer.

5 – A ausência de resposta ao requerente no prazo referido no número anterior considera-se como deferimento tácito do pedido formulado

Notas:

1. A dispensa de requisitos exigidos para cada tipo de estabelecimento incide exclusivamente em questões arquitectónicas ou técnicas, quando a sua observância seja manifestamente impossível ou comprometa a rendibilidade do estabelecimento, sem que sejam postas em causa as condições de segurança e salubridade do estabelecimento, incluindo a ventilação adequada.

2. O n.º 2 desta norma vem esclarecer que se deve reconhecer como susceptível de criar condicionantes arquitectónicas ou estruturais a instalação de estabelecimentos em zonas classificadas, edifícios classificados a nível nacional, regional ou local, ou ainda de edifícios de reconhecido valor histórico, arquitectónico, artístico ou cultural. A enumeração deste preceito é meramente exemplificativa.

3. Após apresentação de requerimento pelo interessado solicitando a dispensa de requisitos, é ao município que compete decidir sobre a eventual dispensa, após consulta à DGAE ou em quem esta expressamente delegar, de acordo com os prazos previstos no n.º 4, sob pena de deferimento tácito.

4. Caso existam conflitos entre o requerente e o município ou a DGAE é possível recorrer a uma comissão arbitral nos termos do artigo seguinte.

Artigo 9.º
Comissão arbitral

1 – Para resolução de conflitos relacionados com a aplicação do disposto no artigo 8.º, desde que os mesmos não resultem de parecer desfavorável das entidades a que se refere o n.º 2 do artigo 7.º, os interessados podem recorrer à intervenção de uma comissão arbitral, constituída por:

a) Um representante da câmara municipal;

b) Um representante da DGAE ou em quem esta expressamente delegar;

c) Um representante do interessado;

d) Um representante de associação de empregadores representativa do sector; e

Decreto-Lei n.º 234/2007 de 19 de Junho 23

e) Um técnico designado por cooptação, especialista na matéria sobre a qual incide o litígio e que preside.

2 – Na falta de acordo, o técnico é nomeado pelo presidente do tribunal central administrativo competente na circunscrição administrativa do município.

3 – À constituição e funcionamento da comissão arbitral aplica-se o disposto na lei da arbitragem voluntária.

Notas:

    1. Esta é uma das principais inovações do regime instituído por este diploma. Assim, no caso de existir desacordo do requerente relativamente à posição do município ou da DGAE relativamente à dispensa de requisitos, e desde que esse conflito não incida sobre matérias objecto de parecer desfavorável das entidades referidas no n.º 2 do artigo 7.º (Autoridade Nacional de Protecção Civil, autoridades de saúde e governos civis) é possível recorrer à intervenção de uma comissão arbitral.

    2. A comissão arbitral é composta pelos elementos indicados nas alíneas a) a e) do n.º 1 do presente artigo. Na impossibilidade de acordo quanto à designação por cooptação do técnico especialista na matéria sobre a qual incide o litígio e que preside à comissão, a sua designação compete ao presidente do tribunal central administrativo competente na circunscrição administrativa do município.

    3. A constituição e funcionamento da comissão arbitral são regulados pelo disposto na lei da arbitragem voluntária, aprovada pela Lei n.º 31/86, de 29 de Agosto, com as alterações introduzidas pelo Decreto-Lei n.º 38/2003, de 8 de Março.

    4. O recurso à intervenção da comissão arbitral tem natureza facultativa, pois nada impede o requerente de procurar uma solução judicial para a questão.

ARTIGO 10.º
Licença ou autorização de utilização

1 – Concluída a obra e equipado o estabelecimento em condições de iniciar o seu funcionamento, o interessado requer a concessão da licença ou da autorização para estabelecimento de restauração ou de bebidas, nos termos do RJUE.

2 – O alvará de licença ou de autorização de utilização para estabelecimento de restauração ou de bebidas deve conter os elementos referidos no n.º 5 do artigo 77.º do RJUE.

3 – Decorridos os prazos de 30 dias para concessão da licença ou de 20 dias para autorização de utilização, previstos respectivamente na alínea d) do n.º 1 do artigo 23.º ou na alínea b) do n.º 1 do artigo 30.º do RJUE,

24 *Novo Regime da Instalação e Funcionamento dos Estab. de Rest. ou de Bebidas*

sem que tenha sido concedida, o interessado pode comunicar à câmara municipal a sua decisão de abrir ao público.

4 – Para o efeito, deve remeter à câmara municipal competente, com cópia à DGAE ou em quem esta expressamente delegar, a declaração prévia prevista no n.º 1 do artigo 11.º do presente decreto-lei, acompanhada dos seguintes elementos adicionais:

a) Termo de responsabilidade do director técnico de obra previsto no artigo 63.º do RJUE, caso ainda não tenha sido entregue com o pedido a que se refere o n.º 1 do artigo 10.º deste diploma;

b) Termo de responsabilidade subscrito pelo autor do projecto de segurança contra incêndios declarando que a obra foi executada de acordo com o projecto aprovado e, se for caso disso, que as alterações efectuadas estão em conformidade com as normas legais e regulamentares aplicáveis em matéria de segurança contra riscos de incêndio, caso não tenha sido entregue com o pedido a que se refere o n.º 1 do artigo 10.º deste diploma;

c) Termo de responsabilidade subscrito pelos autores dos projectos de especialidades, nomeadamente, relativos a instalações eléctricas, acústicas, acessibilidades do edifício, quando obrigatórios e ainda não entregues;

d) Auto de vistoria de teor favorável à abertura do estabelecimento elaborado pelas entidades que tenham realizado a vistoria prevista nos artigos 62.º e 64.º do RJUE, quando tenha ocorrido;

e) No caso de a vistoria ter imposto condicionantes, termo de responsabilidade assinado pelo responsável da direcção técnica da obra assegurando que as mesmas foram respeitadas.

5 – Caso se venha a verificar grave ou significativa desconformidade do estabelecimento em funcionamento com o projecto aprovado, os subscritores dos termos de responsabilidade mencionados no n.º 2 do presente artigo respondem solidariamente com a entidade exploradora do estabelecimento, nos termos estabelecidos nos artigos 98.º a 101.º do RJUE.

Notas:

1. Concluída a obra e equipado o estabelecimento em condições de iniciar o seu funcionamento, o interessado requer a concessão da autorização de utilização para estabelecimento de restauração ou de bebidas, nos termos do RJUE, juntando para o efeito um termo de responsabilidade subscrito pelos autores de projecto de obra e do director de fiscalização de obra. Nesse termo devem aqueles declarar que a obra foi executada de acordo com o projecto aprovado e com as condições da licença ou da comunicação prévia e, se for caso disso, que as alterações efectuadas ao projecto estão em conformidade com as normas legais e regulamentares que lhe são aplicáveis.

Decreto-Lei n.º 234/2007 de 19 de Junho 25

2. De acordo com o n.º 1 do artigo 62.º do RJUE a autorização de utilização de edifícios ou suas fracções autónomas destina-se a verificar a conformidade da obra concluída com o projecto aprovado e com as condições do licenciamento ou da comunicação prévia. Por sua vez o n.º 2 do mesmo artigo refere que, quando não haja lugar à realização de obras ou quando se trate de alteração da utilização ou de autorização de arrendamento para fins não habitacionais de prédios ou fracções não licenciados, nos termos do n.º 4 do artigo 5.º do Decreto-Lei n.º 160/2006, de 8 de Agosto, a autorização destina-se a verificar a conformidade do uso previsto com as normas legais e regulamentares aplicáveis, designadamente os requisitos mínimos dos estabelecimentos e as condições sanitárias e de segurança contra incêndios, e a idoneidade do edifício ou sua fracção autónoma para o fim pretendido.

3. O alvará de licença ou de autorização de utilização para estabelecimento de restauração ou de bebidas deve conter os elementos referidos no n.º 5 do artigo 77.º do RJUE, ou seja, a identificação do titular da licença, a identificação do edifício ou fracção autónoma e o uso a que se destina o edifício ou fracção autónoma.

4. Os estabelecimentos deste tipo dependem assim da concessão de autorização de utilização para serviços de restauração ou de bebidas, a qual não depende, em regra, de vistoria (artigo 64.º do RJUE). Esta dispensa de vistoria constitui outra das inovações do actual regime, pois o n.º 3 do artigo 11.º do Decreto-Lei n.º 168/97, de 4 de Julho, obrigava sempre a realização de vistoria, derrogando expressamente o artigo 64.º do RJUE.

5. O artigo 64.º do RJUE dispõe que a autorização de utilização é concedida, no prazo de 10 dias a contar do recebimento do requerimento, com base nos termos de responsabilidade apresentados. Porém, o presidente da câmara municipal, oficiosamente ou a requerimento do gestor do procedimento e no mesmo prazo, pode determinar a realização de vistoria quando se verifique alguma das seguintes situações:

a. O pedido de autorização de utilização não se encontrar instruído com os termos de responsabilidade previstos na lei;

b. Existirem indícios sérios, nomeadamente com base nos elementos constantes do processo ou do livro de obra, a concretizar no despacho que determina a vistoria, de que a obra se encontra em desconformidade com o respectivo projecto ou condições estabelecidas;

c. Tratando-se da autorização em situação onde não haja lugar à realização de obras ou se trate de alteração da utilização ou de autorização de arrendamento para fins não habitacionais de prédios ou fracções não licenciados (n.º 2 do artigo 62.º), existam indícios sérios de que o edifício, ou sua fracção autónoma, não é idóneo para o fim pretendido.

Havendo lugar à realização de vistoria, a mesma terá lugar no prazo de 15 dias a contar da decisão do presidente da câmara, decorrendo sempre que possível em data a acordar com o requerente. A vistoria é efectuada por uma comissão composta, no mínimo, por três técnicos, a designar pela câmara municipal e pode ser acompanhada pelos autores dos projectos e do técnico responsável pela direcção técnica da obra, mas sem direito a voto. No caso de a vistoria concluir pela imposição de obras de alteração, a emissão da autorização requerida depende da verificação da adequada realização dessas obras, mediante nova

26 *Novo Regime da Instalação e Funcionamento dos Estab. de Rest. ou de Bebidas*

vistoria a requerer pelo interessado, a qual deve decorrer no prazo de 15 dias a contar do respectivo requerimento.

Por fim, caso a vistoria não seja realizada nos prazos previstos, o requerente pode solicitar a emissão do título de autorização de utilização, mediante a apresentação do comprovativo do requerimento da mesma nos termos do artigo 63.º ou do n.º 5 do artigo 65.º, ambos do RJUE, o qual será obrigatoriamente emitido no prazo de cinco dias, sem a prévia realização de vistoria.

6. O n.º 3 deste artigo constitui outra das principais inovações deste novo regime e deve ser interpretado com cautela em virtude das alterações entretanto introduzidas no RJUE pela Lei n.º 60/2007, de 4 de Setembro. Em primeiro lugar haverá que ter em atenção que a alínea d) do n.º 1 do artigo 23.º do RJUE, na redacção que lhe foi dada pelo Decreto-Lei n.º 555/99, de 4 de Junho, foi expressamente revogada pela Lei n.º 60/2007. Tal norma referia-se à licença para a alteração da utilização de edifícios ou suas fracções exigida pela antiga alínea e) do nº 2 do art.º 4º do RJUE. A situação anteriormente prevista nesta última alínea deixou de merecer, no novo RJUE, tratamento autónomo por parte da lei, passando a estar sujeita ao regime da autorização previsto no actual n.º 4 do artigo 4.º. Por isso, este n.º 3 deve considerar-se revogado na parte em que faz menção àquela alínea d) e aos 30 dias. Por outro lado, o anterior artigo 30.º do RJUE foi integralmente revogado, sendo o regime nele vertido substituído pelo constante do artigo 64.º n.º 1 do novo diploma. O prazo de 20 dias referido neste n.º 3 do artigo 10.º altera-se, portanto, para 10 dias, e este deve ser contado, tal como antigamente acontecia na vigência do n.º 3 do artigo 30.º do RJUE, da data do recebimento do requerimento, ou da data da realização da vistoria, quando a ela houver lugar, nos termos do artigo 64.º n.º 2 e 65.º do novo RJUE.

7. Para beneficiar da possibilidade conferida pelo n.º 3 do presente artigo, o interessado deve remeter à câmara municipal competente, com cópia à DGAE, a declaração prévia prevista no n.º 1 do artigo 11.º acompanhada dos elementos adicionais mencionados nas alíneas a) a e) do n.º 4. Tal procedimento confere ao interessado a possibilidade de abrir o seu estabelecimento de restauração ou de bebidas ao público mesmo antes de obtida a respectiva autorização municipal e emitido o respectivo alvará. A declaração prévia não substitui a necessária autorização de utilização a obter nos termos do RJUE, porém, como já não é obrigatória a vistoria, é agora permitida a abertura do estabelecimento depois de efectuada a declaração prévia.

8. Alerta-se para o facto de os subscritores dos termos de responsabilidade mencionados no n.º 4 do presente artigo (e não no n.º 2 como, certamente por lapso, vem indicado na letra da lei) responderem solidariamente com a entidade exploradora do estabelecimento, nos termos estabelecidos nos artigos 98.º a 101.º do RJUE, caso se venha a verificar grave ou significativa desconformidade do estabelecimento em funcionamento com o projecto aprovado. Esta responsabilidade poderá revestir-se de natureza contra-ordenacional (coimas e sanções acessórias) ou até de natureza criminal (crime de falsificação de documentos).

ARTIGO 11.º
Declaração prévia

1 – Existindo licença de utilização ou autorização para estabelecimento de restauração ou de bebidas, o titular da exploração dos estabelecimentos abrangidos pelo presente decreto-lei deve, antes do início da actividade, apresentar uma declaração na Câmara Municipal competente, com cópia à DGAE ou em quem esta expressamente delegar, na qual se responsabiliza que o estabelecimento cumpre todos os requisitos adequados ao exercício da respectiva actividade.

2 – A declaração a que se refere o número anterior é efectuada através de modelo próprio, a aprovar por portaria dos membros do Governo com a tutela do turismo e das autarquias locais e disponibilizado, electronicamente ou em papel, pelas câmaras municipais e pela DGAE ou em quem esta expressamente delegar.

Notas:

1. A situação descrita nesta norma é diferente da anterior. Aqui se refere que depois de obtida a autorização de utilização e emitido o respectivo alvará pelo município nos termos do RJUE, o titular da exploração dos estabelecimentos de restauração ou de bebidas deve, antes do início da actividade, apresentar uma declaração na Câmara Municipal competente, com cópia à DGAE ou em quem esta expressamente delegar, na qual se responsabiliza que o estabelecimento cumpre todos os requisitos adequados ao exercício da respectiva actividade.

2. O modelo da declaração a que se refere o presente artigo foi aprovado pela Portaria n.º 573/2007, de 17 de Julho, rectificada pela Rectificação n.º 1474/2007, de 7 de Setembro. Consulte pág. 69.

3. De acordo com o disposto no artigo 17.º, a declaração prévia serve de base para o registo dos estabelecimentos de restauração ou de bebidas organizado pela DGAE. Esta entidade, por sua vez, fica obrigada a disponibilizar no seu sítio da Internet uma relação dos estabelecimentos objecto das declarações de instalação, modificação ou encerramento, actualizada semanalmente, na qual conste a firma ou a denominação social e o nome ou insígnia do estabelecimento, endereço, classificação das actividades económicas (CAE) e data prevista para abertura ou modificação ou data de encerramento.

4. A entrega da declaração prévia impende sobre o titular da exploração e deverá ser feita na câmara municipal, enviando-se cópia à DGAE onde conste o comprovativo da entrega nos serviços do município. Embora a lei não seja clara, julgamos que poderá ser o titular da exploração a enviar a cópia à DGAE ou a própria câmara municipal a encarregar--se de tal tarefa.

28   *Novo Regime da Instalação e Funcionamento dos Estab. de Rest. ou de Bebidas*

5. Nos termos da alínea b) do n.º 1 do artigo 21.º a violação do disposto neste artigo constitui contra-ordenação punível com coima de € 300 a € 3.000, no caso de se tratar de pessoa singular, e de € 1.250 a € 5.000, no caso de se tratar de pessoa colectiva.

Artigo 12.º

Título de abertura

1 – Constitui título válido de abertura do estabelecimento a posse, pelo respectivo explorador, de comprovativo de ter efectuado a declaração prévia prevista no artigo 10.º ou no artigo 11.º do presente decreto-lei.

2 – Os documentos referidos no número anterior constituem título bastante e suficiente para efeitos de identificação do estabelecimento, legitimidade de funcionamento, respectiva transmissão e registo, não podendo o funcionamento do mesmo bem como as transacções comerciais e imobiliárias a ele respeitantes ser prejudicados pela inexistência de um título formal emitido pela Câmara Municipal.

3 – Aos contratos de arrendamento relativos a imóveis ou suas fracções, onde se pretenda instalar estabelecimento de restauração ou de bebidas, aplica-se, com as necessárias adaptações, o disposto no Decreto-Lei n.º 160/2006, de 8 de Agosto.

Notas:

1. Esta norma esclarece de forma inequívoca que a posse do comprovativo de ter efectuado a declaração prévia prevista nos artigos 10.º (comunicação da decisão de abertura ao público) ou 11.º (comunicação de abertura acompanhada de declaração de responsabilidade pelo cumprimento dos requisitos) constitui título bastante e suficiente para efeitos de identificação do estabelecimento, legitimidade de funcionamento, respectiva transmissão e registo, não podendo o funcionamento do mesmo, bem como as transacções comerciais e imobiliárias a ele respeitantes, ser prejudicados pela inexistência de um título formal emitido pela Câmara Municipal. A lei indica expressamente que para os estabelecimentos de restauração ou de bebidas a posse do comprovativo da declaração prévia substitui o alvará de autorização de utilização emitido pela câmara municipal ao abrigo do RJUE. Assim, e de acordo com o disposto no n.º 2, a falta do alvará não pode afectar, de forma alguma, qualquer negócio relativo ao estabelecimento, quer seja ele um trespasse, cessão de exploração ou mesmo venda.

2. De acordo com o n.º 4 do artigo 5.º do Decreto-Lei n.º 160/2006, de 8 de Agosto, que aprovou os elementos do contrato de arrendamento e os requisitos a que obedece a sua celebração, a mudança de finalidade e o arrendamento para fim não habitacional de prédios ou fracções não licenciados devem ser sempre previamente autorizados pela câmara municipal. Porém, findo o prazo para emissão de autorização por parte da autarquia, sem que a mesma tenha sido emitida, poderá o proprietário do imóvel comunicar à câmara municipal a sua intenção de proceder ao arrendamento do local para o exercício da actividade de restauração ou de bebidas, anexando os elementos indicados no n.º 4 do artigo 10.º. O comprovativo de ter efectuado essa declaração permitir-lhe-á outorgar o respectivo contrato de arrendamento.

3. Nos termos da alínea a) do n.º 1 do artigo 21.º a violação do disposto no n.º 1 deste artigo constitui contra-ordenação punível com coima de € 1.250 a € 3.740,98, no caso de se tratar de pessoa singular, e de € 2.500 a € 30.000, no caso de se tratar de pessoa colectiva.

CAPÍTULO III
Exploração e funcionamento

ARTIGO 13.º
Nome dos estabelecimentos

1 – Em toda a publicidade, correspondência, *merchandising* e documentação do estabelecimento não podem ser sugeridas designações, características, tipologia ou classificação que este não possua, sendo obrigatória a referência ao nome e tipo de estabelecimento.

2 – Salvo quando pertençam a uma mesma organização, os estabelecimentos de restauração ou de bebidas não podem adoptar nomes e marcas nominativas ou figurativas iguais ou de tal forma semelhantes a outros existentes ou requeridos que possam induzir em erro ou ser susceptíveis de confusão.

Notas:

1. O nome do estabelecimento não deverá induzir em erro quanto ao tipo do estabelecimento, nem quanto à classificação que eventualmente lhe tenha sido atribuída. Por outro lado, também em toda a publicidade, correspondência, *merchandising* e documentação do estabelecimento não podem ser sugeridas designações, características, tipologia ou classificação que não correspondam à verdade, nem nomes ou marcas, nominativas ou figurativas, de tal forma semelhantes a outros existentes que possam induzir o consumidor em erro ou ser susceptíveis de confusão, excepto se pertencerem a uma mesma organização.

2. Os diversos tipos de estabelecimentos encontram-se referidos no artigo 2.º

3. Nos termos da alínea c) do n.º 1 artigo 21.º a violação do disposto neste artigo constitui contra-ordenação punível com coima de € 125 a € 1.000, no caso de se tratar de pessoa singular, e de € 500 a € 5.000, no caso de se tratar de pessoa colectiva.

Artigo 14.º
Acesso aos estabelecimentos

1 – É livre o acesso aos estabelecimentos de restauração ou de bebidas, salvo o disposto nos números seguintes.

2 – Pode ser recusado o acesso ou permanência nos estabelecimentos a quem perturbe o seu funcionamento normal, designadamente por:

a) Não manifestar a intenção de utilizar os serviços neles prestados;

b) Se recusar a cumprir as normas de funcionamento impostas por disposições legais ou privativas do estabelecimento, desde que essas restrições sejam devidamente publicitadas;

c) Entrar nas áreas de acesso reservado.

3 – Nos estabelecimentos de restauração ou de bebidas pode ser recusado o acesso a pessoas que se façam acompanhar por animais, salvo quando se tratar de cães de guia e desde que essa restrição esteja devidamente publicitada.

4 – O disposto no n.º 1 não prejudica, desde que devidamente publicitadas:

a) A possibilidade de afectação total ou parcial dos estabelecimentos de restauração ou de bebidas à utilização exclusiva por associados ou beneficiários das entidades proprietárias ou da entidade exploradora;

b) A reserva temporária de parte ou da totalidade dos estabelecimentos.

5 – As entidades exploradoras dos estabelecimentos de restauração ou de bebidas não podem permitir o acesso a um número de utentes superior ao da respectiva capacidade.

Notas:

1. Norma semelhante ao disposto no artigo 30.º do Decreto-Lei n.º 168/97.

2. Em regra, o acesso aos estabelecimentos de restauração ou de bebidas é livre. No entanto, pode ser recusado o acesso ou a permanência a quem perturbar o seu funcionamento normal, designadamente, por não manifestar a intenção de utilizar os serviços; entrar em áreas de acesso vedado; recusar-se a cumprir as normas de funcionamento impostas por disposições legais ou privativas do estabelecimento (desde que estas últimas estejam devidamente publicitadas); ou que se façam acompanhar por animais (desde que essa proibição seja devidamente publicitada).

3. O artigo 16.º do Decreto Regulamentar n.º 20/2008, de 27 de Novembro (pág. 47) estabelece a obrigatoriedade de afixação de informações à entrada do estabelecimento, designadamente as que se referem às restrições de acesso.

Decreto-Lei n.° 234/2007 de 19 de Junho 31

4. Nos termos do n.° 4 o acesso à totalidade ou parte do espaço do estabelecimento pode ainda ser vedado quando exista uma reserva temporária ou quando esteja afecto à utilização exclusiva por associados ou beneficiários das entidades proprietárias ou da entidade exploradora, e tal se encontre devidamente publicitado.

5. Apenas é interdita a entrada de animais se tal estiver devidamente publicitado, salvo quando se tratar de cães de guia conforme dispõe o Decreto-Lei n.° 74/2007, de 27 de Março.

6. Nos termos da alínea c) do n.° 1 do artigo 21.°, a violação do disposto no n.° 1 deste artigo, bem como a não publicitação das restrições de acesso previstas nos n.°s 2 e 3 constitui contra-ordenação punível com coima de € 125 a € 1.000, no caso de se tratar de pessoa singular, e de € 500 a € 5.000, no caso de se tratar de pessoa colectiva.

7. O excesso de lotação constitui contra-ordenação nos termos da alínea b) do n.° 1 do artigo 21.°, punível com coima de € 300 a € 3.000, no caso de se tratar de pessoa singular, e de € 1.250 a € 5.000, no caso de se tratar de pessoa colectiva.

8. De acordo com o disposto na alínea q) do n.° 1 do artigo 4.° da Lei n.° 37/2007, de 14 de Agosto, (consulte pág. 165) não é permitido fumar nos estabelecimentos de restauração ou de bebidas, incluindo os que possuam salas ou espaços destinados a dança, excepto se forem cumpridas as condições expressas nos n.°s 6 e 7 do artigo 5.° da referida Lei. A interdição, condicionamento ou permissão de fumar no interior dos estabelecimentos de restauração ou de bebidas deve ser assinalada mediante a afixação de dísticos. Existe permissão de fumar nos estabelecimentos de restauração ou de bebidas, incluindo os que possuem salas ou espaços destinados a dança, nas seguintes situações:

   a. Nos estabelecimentos com área destinada ao público inferior a 100 m2, o proprietário pode optar por estabelecer a permissão de fumar que deve, sempre que possível, proporcionar a existência de espaços separados para fumadores e não fumadores;

   b. Nos estabelecimentos com área destinada ao público igual ou superior a 100 m2, podem ser criadas áreas para fumadores, até um máximo de 30% do total respectivo, ou espaço fisicamente separado não superior a 40% do total respectivo, e não abranjam as áreas destinadas ao pessoal nem as áreas onde os trabalhadores tenham de trabalhar em permanência;

A permissão de fumar nos locais indicados depende do cumprimento das seguintes condições:

   a. Estarem os espaços devidamente sinalizados, com afixação de dísticos em locais visíveis;

   b. Serem separados fisicamente das restantes instalações, ou disporem de dispositivo de ventilação, ou qualquer outro, desde que autónomo, que evite que o fumo se espalhe às áreas contíguas;

   c. Encontrar-se garantida a ventilação directa para o exterior, através de sistema de extracção de ar que proteja dos efeitos do fumo os trabalhadores e os clientes não fumadores.

Artigo 15.º
Período e horário de funcionamento

O período de funcionamento e horário adoptado bem como eventuais períodos anuais de encerramento do estabelecimento devem estar devidamente publicitados, através de afixação em local visível destinado ao efeito.

Notas:

1. Ao contrário do estabelecido no regime anterior, esta norma não determina o dever de funcionamento anual ininterrupto dos estabelecimentos de restauração ou de bebidas.

2. O horário de funcionamento dos estabelecimentos de restauração e bebidas encontra-se fixado no Decreto-Lei n.º 48/96, de 15 de Maio com as alterações introduzidas pelo Decreto-lei n.º 126/96, de 10 de Agosto, e pelo Decreto-Lei n.º 216/96, de 20 de Novembro. Dado que este diploma conferiu aos municípios a possibilidade de fixarem, por via regulamentar, horários de funcionamento diversos dos previstos, é conveniente consultar a câmara municipal respectiva para averiguar qual o horário de funcionamento permitido no concelho. Consulte pág. 159.

3. Nos termos do artigo n.º 1 do artigo 5.º do Decreto-Lei n.º 48/96, de 15 de Maio, os estabelecimentos de restauração ou de bebidas devem afixar em lugar bem visível o mapa de horário de funcionamento, o qual deverá estar certificado pela câmara municipal, nos municípios onde tal é exigido. Também os eventuais períodos de encerramento do estabelecimento devem estar devidamente publicitados, através de afixação em local visível.

4. Nos termos da alínea c) do n.º 1 do artigo 21.º, a violação do disposto neste artigo constitui contra-ordenação punível com coima de € 125 a € 1.000, no caso de se tratar de pessoa singular, e de € 500 a € 5.000, no caso de se tratar de pessoa colectiva.

Artigo 16.º
Livro de reclamações

1 – Em todos os estabelecimentos de restauração ou de bebidas deve existir um livro de reclamações, nos termos e condições estabelecidos no Decreto-Lei n.º 156/2005, de 15 de Setembro, que regula esta matéria.

2 – Sem prejuízo do disposto no n.º 3 do artigo 15.º do diploma referido no número anterior, um duplicado das observações e reclamações formuladas deve ser enviado à Autoridade de Segurança Alimentar e Económica (ASAE), entidade competente para fiscalizar e instruir eventuais processos de contra-ordenação, nos termos dos artigos 6.º e 11.º daquele diploma.

Decreto-Lei n.º 234/2007 de 19 de Junho 33

Notas:

1. A obrigatoriedade da existência de um livro de reclamações nos estabelecimentos de restauração ou de bebidas decorre não apenas do disposto neste artigo mas também do previsto no Decreto-Lei n.º 156/2005, de 15 de Setembro, com as alterações introduzidas pelo Decreto-Lei n.º 371/2007, de 6 de Novembro. Consulte pág. 127.

2. Com a publicação do Decreto-Lei n.º 371/2007, de 6 de Novembro, foi alargada a obrigação de disponibilização do livro de reclamações a todos os fornecedores de bens e prestadores de serviços que cumulativamente reúnam os seguintes requisitos:

    a. Se encontrem instalados em estabelecimentos fixos ou permanentes e neles exerçam a respectiva actividade;

    b. Tenham contacto com o público, designadamente, através de serviços de atendimento ao público destinado à oferta de produtos ou de serviços ou de manutenção das relações de clientela.

3. Ao contrário do previsto no regime introduzido pelo Decreto-Lei n.º 168/97, a entidade competente para fiscalizar e instruir eventuais processos de contra-ordenação no âmbito dos estabelecimentos de restauração ou de bebidas é agora a Autoridade de Segurança Alimentar e Económica (ASAE).

4. O livro de reclamações é editado e distribuído pela Imprensa Nacional – Casa da Moeda, S. A., e pela Direcção-Geral do Consumidor, constituindo modelo exclusivo da Imprensa Nacional – Casa da Moeda, S. A, e pode ser vendido pelas entidades reguladoras e entidades de controlo de mercado competentes mencionadas no Decreto-Lei n.º 156/2005, de 15 de Setembro, com as alterações introduzidas pelo Decreto-Lei n.º 371/2007, de 6 de Novembro, e ainda pelas associações representativas dos profissionais dos sectores de actividades abrangidos pelo regime constante no referido decreto-lei, devendo estas para esse efeito estar autorizadas por despacho do Director-geral do Consumidor. Apesar da entrada em vigor deste diploma em 1 de Janeiro de 2006, salienta-se que, nos termos do n.º 3 do artigo 15.º, o novo regime não prejudica a manutenção do livro de reclamações do modelo que, à data da entrada em vigor deste diploma, estiver a ser utilizado até ao respectivo encerramento

5. Nos termos do artigo 3.º do Decreto-Lei n.º 156/2005, de 15 de Setembro, o fornecedor de bens ou prestador de serviços é obrigado a:

    a. Possuir o livro de reclamações nos estabelecimentos a que respeita a actividade;

    b. Facultar imediata e gratuitamente ao utente o livro de reclamações sempre que por este tal lhe seja solicitado;

    c. Afixar no seu estabelecimento, em local bem visível e com caracteres facilmente legíveis pelo utente, um letreiro com a seguinte informação: «Este estabelecimento dispõe de livro de reclamações»;

    d. Manter, por um período mínimo de três anos, um arquivo organizado dos livros de reclamações que tenha encerrado.

6. Nos termos do artigo 9.º do Decreto-Lei n.º 156/2005, com a redacção dada pelo Decreto-Lei n.º 371/2007, de 6 de Novembro, a falta do livro de reclamações nos estabelecimentos a que respeita a actividade; a não afixação no estabelecimento, em local bem visível, de letreiro a informar da existência do livro de reclamações ou a recusa em o facul-

34   *Novo Regime da Instalação e Funcionamento dos Estab. de Rest. ou de Bebidas*

tar imediata e gratuitamente ao utente sempre que por este tal lhe seja solicitado; a falta de envio do original da reclamação, no prazo de 10 dias úteis, à ASAE assim como a recusa da entrega ao utente do duplicado constitui contra-ordenação punível com coima de € 250 a € 3.500, no caso de se tratar de pessoa singular, e de € 3.500 a € 30.000, no caso de se tratar de pessoa colectiva.

7. De igual modo são punidas com coima de € 250 a € 2.500, no caso de se tratar de pessoa singular, e de € 500 a € 5.000, consoante o infractor seja pessoa singular ou colectiva, as seguintes infracções: não manter, por um período mínimo de três anos, um arquivo organizado dos livros de reclamações que tenha encerrado; não prestar ao reclamante todos os elementos necessários ao correcto preenchimento dos campos relativos à identificação do fornecedor do bem ou prestador de serviços; não preencher no letreiro que está obrigado a afixar a identificação completa e a morada da entidade junto da qual o utente deve apresentar a reclamação.

8. A entidade responsável pelo estabelecimento não pode, em caso algum, justificar a falta de livro de reclamações no estabelecimento onde o utente o solicita pelo facto de o mesmo se encontrar disponível noutros estabelecimentos, dependências ou sucursais nem pode condicionar a apresentação do livro de reclamações, designadamente à necessidade de identificação do utente.

9. O utente que faz a reclamação deve remeter o duplicado na sua posse à ASAE sempre que tenha dúvidas sobre o cumprimento do dever de remessa do original por parte da entidade exploradora do estabelecimento.

10. O modelo, edição, preço, fornecimento e distribuição do novo livro de reclamações foi aprovado pela Portaria n.º 1288/2005, de 15 de Dezembro, alterada pelas Portarias n.ºs 70/2008, de 23 de Janeiro, e 896/2008, de 18 de Agosto. Consulte pág. 145.

11. O Decreto Legislativo Regional n.º 20/2008/M adapta à Região Autónoma da Madeira o Decreto-Lei n.º 156/2005, de 15 de Setembro, que estabelece a obrigatoriedade de disponibilização do livro de reclamações a todos os fornecedores de bens e prestadores de serviços que tenham contacto com o público em geral.

ARTIGO 17.º
Registo de estabelecimentos

1 – A declaração prévia serve de base para o registo dos estabelecimentos de restauração ou de bebidas organizado pela DGAE.

2 – A DGAE disponibiliza no seu sítio Internet uma relação dos estabelecimentos objecto das declarações de instalação, modificação ou encerramento, actualizada semanalmente, na qual conste a firma ou a denominação social e o nome ou insígnia do estabelecimento, endereço, classificação das actividades económicas (CAE) e data prevista para abertura ou modificação ou data de encerramento.

Decreto-Lei n.º 234/2007 de 19 de Junho   35

Notas:
   1. Quer a declaração prévia prevista no artigo 11.º, quer a declaração prevista no artigo 24.º, servirão de base ao registo dos estabelecimentos de restauração ou de bebidas organizado pela DGAE.
   2. A DGAE organizará um cadastro nacional dos estabelecimentos de restauração ou de bebidas, disponibilizando no seu sítio Internet uma relação dos estabelecimentos objecto das declarações de instalação, modificação ou encerramento. Essa lista deverá ser actualizada semanalmente e nela deve constar a firma ou a denominação social e o nome ou insígnia do estabelecimento, endereço, classificação das actividades económicas (CAE) e data prevista para abertura ou modificação ou data de encerramento. Até à presente data, porém, nada consta no sítio da Internet da DGAE.
   3. Sobre o modelo da declaração veja-se a Portaria n.º 573/2007, de 17 de Julho. Consulte pág. 69.

ARTIGO 18.º
Comunicação de encerramento

O encerramento de estabelecimentos abrangidos pelo presente decreto-lei deve ser comunicado pelo titular da exploração à câmara municipal respectiva e à DGAE ou em quem esta expressamente delegar, até 30 dias após a sua ocorrência, através do modelo previsto no n.º 2 do artigo 11.º

Notas:
   1. O encerramento do estabelecimento deve ser comunicado pelo titular da exploração à câmara municipal e à DGAE, ou em quem esta expressamente delegar, no prazo de 30 dias após a data efectiva de encerramento. Este facto irá constar do registo dos estabelecimentos previsto no artigo anterior.
   2. A comunicação de encerramento deve ser efectuada através do modelo previsto na Portaria n.º 573/2007, de 17 de Julho.
   3. De acordo com o disposto na alínea b) do n.º 1 do artigo 21.º, a falta de comunicação, pelo titular da exploração respectiva, à câmara municipal e à DGAE, ou em quem esta expressamente delegar, do encerramento de estabelecimento, até 30 dias após a sua ocorrência, através do modelo previsto no n.º 2 do artigo 11.º constitui contra-ordenação punível com coima de € 300 a € 3.000, no caso de se tratar de pessoa singular, e de € 1.250 a € 5.000, no caso de se tratar de pessoa colectiva.

ARTIGO 19.º
Regime especial para serviços de restauração
ou de bebidas ocasionais e ou esporádicos

1 – A prestação de serviços de restauração ou de bebidas com carácter esporádico e ou ocasional, devidamente remunerada e anunciada junto ao

36 *Novo Regime da Instalação e Funcionamento dos Estab. de Rest. ou de Bebidas*

público, independentemente de ser prestada em instalações fixas ou em instalações amovíveis ou pré-fabricadas, fica sujeita a um regime extraordinário de autorização nos termos dos números seguintes.

2 – Relativamente às instalações fixas, nas quais se realizem até 10 eventos anuais, ou às instalações móveis ou amovíveis, localizadas em recintos de espectáculos, feiras, exposições ou outros espaços, será dirigido requerimento à câmara municipal competente relativo ao serviço a prestar com cópia à DGAE, ou em quem esta expressamente delegar, sendo promovido um processo especial de autorização para a respectiva realização, observando-se o procedimento estabelecido no artigo 19.º do Decreto-Lei n.º 309/2002, de 16 de Dezembro, com as especificações previstas no presente articulado.

3 – A câmara municipal organizará o processo e convoca para vistoriar o local a DGAE, ou em quem esta expressamente delegar, uma associação de empregadores representativa do sector, bem como as autoridades referidas no artigo 7.º, que devam pronunciar-se, a fim de emitir autorização para o evento pretendido.

4 – A falta de comparência de qualquer convocado não desonera a Câmara Municipal de proceder à emissão de autorização do evento.

Notas:

1. Esta norma determina um regime especial para a prestação de serviços de restauração ou de bebidas com carácter esporádico e ou ocasional, devidamente remunerada e anunciada junto ao público, independentemente de ser prestada em instalações fixas ou em instalações amovíveis ou pré-fabricadas. Para este tipo de estabelecimentos a lei estabeleceu um regime extraordinário de autorização que deverá ser interpretado com cautela, face à dispensa de licenciamento prevista no n.º 1 do artigo 3.º, quando se refere às instalações fixas onde se prestem serviços de restauração ou de bebidas até 10 eventos anuais. Desde logo surge a dificuldade de avaliar, para efeito de sujeição ao procedimento de licenciamento previsto neste diploma ou ao procedimento de autorização previsto no artigo 19.º do Decreto-Lei n.º 309/2002, de 16 de Dezembro, o número de eventos previstos, pois se esse número for inferior a 10 é aplicável o procedimento de autorização do Decreto-Lei n.º 309/2002, enquanto se for superior deverá seguir-se o procedimento previsto no Decreto--Lei n.º 234/2007.

2. Tratando-se de instalações fixas, onde se realizem até 10 eventos anuais, ou instalações móveis ou amovíveis, localizadas em recintos de espectáculos, feiras, exposições ou outros espaços, o procedimento de autorização é instruído pelos municípios obedecendo ao regime estabelecido no artigo 19.º do Decreto-Lei n.º 309/2002, de 16 de Dezembro, para a instalação e funcionamento dos recintos improvisados. Dispõe o referido artigo 19.º:

Decreto-Lei n.º 234/2007 de 19 de Junho 37

Artigo 19.º
Licença de instalação e de funcionamento de recintos improvisados

1 – A instalação e o funcionamento de recintos improvisados carecem de licenciamento municipal.

2 – Os interessados na obtenção da licença de funcionamento de recintos improvisados devem apresentar requerimento dirigido ao presidente da câmara municipal até ao 15.º dia anterior à data da realização do evento.

3 – O requerimento é acompanhado de memória descritiva e justificativa do recinto, podendo o presidente da câmara municipal solicitar outros elementos que considere necessários no prazo de três dias após a sua recepção.

4 – Sempre que considere necessário e no prazo de três dias após a recepção do pedido, o presidente da câmara municipal pode promover a consulta à Inspecção-Geral das Actividades Culturais ou ao governador civil competente, no âmbito das respectivas competências, devendo aquelas entidades pronunciar-se no prazo de cinco dias.

5 – A licença de instalação e de funcionamento dos recintos improvisados é emitida no prazo de 10 dias a contar da data da apresentação do requerimento, dos elementos complementares enviados nos termos do n.º 3 ou dos pareceres das entidades emitidos nos termos do número anterior.

6 – Sempre que a entidade licenciadora entenda necessária a realização de vistoria, deve esta efectuar-se no decurso do prazo referido no número anterior.

7 - A licença de funcionamento do recinto é válida pelo período que for fixado pela entidade licenciadora.

8 – Os bilhetes para espectáculos e divertimentos públicos a realizar em recintos improvisados licenciados para o efeito devem ser apresentados para autenticação à câmara municipal sempre que esta assim o determinar e nas condições que fixar.

3. O procedimento inicia-se com a entrega na câmara municipal de um requerimento acompanhado de memória descritiva e justificativa do recinto, o qual deverá ser apresentado até ao 15.º dia anterior à data da realização do evento.

4. O procedimento de autorização previsto neste artigo difere do estabelecido no artigo 19.º do Decreto-Lei n.º 309/2002 quanto à obrigatoriedade de realização da vistoria, a qual deverá ser efectuada conjuntamente com as entidades referidas no n.º 3.º do presente artigo, onde se incluem as entidades externas indicadas no artigo 7.º. A falta de comparência de qualquer convocado para a vistoria não impede a Câmara Municipal de autorizar o evento.

5. Sendo a validade da licença fixada pela entidade autorizadora deverá o requerente indicar previamente a duração pretendida.

6. De acordo com o disposto na alínea b) do n.º 1 do artigo 21.º a falta de autorização emitida pelo município para a prestação de serviços de restauração ou de bebidas com carácter esporádico e ou ocasional constitui contra-ordenação punível com coima de € 300 a € 3.000, no caso de se tratar de pessoa singular, e de € 1.250 a € 5.000, no caso de se tratar de pessoa colectiva.

CAPÍTULO IV
Fiscalização e sanções

Artigo 20.º
Competência para a fiscalização

Compete à ASAE a fiscalização do cumprimento das obrigações previstas no presente decreto-lei e no regulamento a que se refere o artigo 5.º, sem prejuízo das competências próprias dos municípios no âmbito do RJUE, bem como das competências das entidades que intervêm no domínio dos requisitos específicos aplicáveis.

Notas:

1. Sem prejuízo das competências próprias dos municípios no âmbito do RJUE, bem como das competências das entidades que intervêm no domínio dos requisitos específicos aplicáveis, optou o legislador por conferir à ASAE a competência para a fiscalização do cumprimento das obrigações previstas no presente decreto-lei e no regulamento a que se refere o artigo 5.º. Desta forma deixaram os municípios de ter competência nesta matéria, ao invés do que sucedia no regime do Decreto-Lei n.º 168/97.

2. À ASAE compete igualmente a fiscalização das regras de higiene a que estão sujeitos os géneros alimentícios, nos termos do Regulamento (CE) n.º 852/2004 do Parlamento Europeu e do Conselho, de 29 de Abril de 2004, do Decreto-lei nº 113/2006, de 12 de Junho, e da Portaria n.º 699/2008, de 29 de Julho. Consulte págs. 77 e 113.

3. A competência das autoridades de saúde encontra-se prevista no Decreto-Lei n.º 336/93, de 29 de Setembro. Veja-se a nota 9 ao artigo 7.º e o artigo 21.º do Decreto Regulamentar n.º 20/2008, de 27 de Novembro.

4. A ASAE resultou da extinção da Direcção-Geral do Controlo e Fiscalização da Qualidade Alimentar, da Agência Portuguesa de Segurança Alimentar e da Inspecção-Geral das Actividades Económicas e foi instituída pelo Decreto-Lei n.º 237/2005, de 30 de Dezembro, posteriormente revogado pelo Decreto-Lei n.º 274/2007, de 30 de Julho. O regime jurídico da actividade de inspecção, auditoria e fiscalização dos serviços da administração directa e indirecta do Estado encontra-se previsto no Decreto-Lei n.º 276/2007, de 31 de Julho.

Artigo 21.º
Regime sancionatório

1 – Constituem contra-ordenações:

a) As infracções ao disposto no artigo 4.º e no n.º 1 do artigo 12.º, puníveis com coima de € 1.250 a € 3.740,98, no caso de se tratar de pessoa singular, e de € 2.500 a € 30.000, no caso de se tratar de pessoa colectiva;

b) As infracções ao disposto no artigo 11.º, no n.º 5 do artigo 14.º, no artigo 18.º, nos n.ºs 1 e 2 do artigo 19.º e no n.º 1 do artigo 24.º, puníveis com coima de € 300 a € 3.000, no caso de se tratar de pessoa singular, e de € 1.250 a € 5.000, no caso de se tratar de pessoa colectiva;

c) As infracções ao disposto no artigo 13.º, no n.º 1 do artigo 14.º, bem como a falta de publicitação das restrições de acesso previstas nos n.ºs 2 e 3 desse mesmo artigo e ao disposto no artigo 15.º, puníveis com coima de € 125 a € 1.000, no caso de se tratar de pessoa singular, e de € 500 a € 5.000, no caso de se tratar de pessoa colectiva;

d) As infracções decorrentes do incumprimento dos requisitos específicos de instalação, funcionamento e classificação previstos no regulamento a que se refere o artigo 5.º, puníveis com coima de € 125 a € 3.740, no caso de se tratar de pessoa singular, e de € 500 a € 30.000, no caso de se tratar de pessoa colectiva.

2 – A negligência é sempre punível nos termos gerais.

3 – A instrução dos processos compete à ASAE e a competência para aplicar as respectivas coimas cabe à Comissão de Aplicação de Coimas em Matéria Económica e de Publicidade (CACMEP).

4 – Os produtos das coimas são distribuídos da seguinte forma:

a) 60% para os cofres do Estado;

b) 30% para a ASAE;

c) 10% para a CACMEP.

5 – O presente regime sancionatório não prejudica eventual responsabilidade civil ou criminal a que haja lugar, nos termos da lei geral.

Notas:

1. Esta norma estabelece o regime sancionatório das infracções ao disposto no presente diploma. Nos locais próprios foram assinaladas as respectivas condutas e sanções aplicáveis.

2. À semelhança do estabelecido no artigo anterior quanto à entidade competente para a fiscalização, também aqui a competência para a instrução dos processos de contra-ordenação foi transferida para a ASAE. Já a competência para a aplicação das respectivas coimas foi conferida à Comissão de Aplicação de Coimas em Matéria Económica e de Publicidade (CACMEP), cuja orgânica foi aprovada pelo Decreto-Lei n.º 143/2007, de 27 de Abril.

3. Nos termos do disposto no n.º 3 do presente artigo a negligência é sempre punível. Refere o artigo 15.º do Código Penal que age com negligência quem, por não proceder

40 *Novo Regime da Instalação e Funcionamento dos Estab. de Rest. ou de Bebidas*

com o cuidado a que, segundo as circunstâncias, está obrigado e de que é capaz, representar como possível a realização de um facto que preenche um tipo de crime mas actuar sem se conformar com essa realização ou não chegar sequer a representar a possibilidade de realização do facto. Nos termos do artigo 8.º do Regime Geral das Contra-ordenações só é punível o facto praticado por negligência nos casos expressamente previstos na lei.

4. De acordo com o artigo 20.º do Decreto Regulamentar n.º 20/2008, de 27 de Novembro, a classificação com vista à diferenciação dos estabelecimentos de restauração ou de bebidas é voluntária e da responsabilidade exclusiva das associações e agentes do sector, não sendo por essa razão objecto de sanção contra-ordenacional ao abrigo da presente lei.

ARTIGO 22.º
Sanções acessórias

1 – Em função da gravidade das infracções, da culpa e da reincidência do agente, nas contra-ordenações previstas no artigo anterior, pode ser aplicada a sanção acessória de encerramento por um período máximo de dois anos, nas situações previstas no número seguinte.

2 – O encerramento do estabelecimento pode ser determinado nos termos do n.º 1 do artigo 7.º do Decreto-Lei n.º 113/2006, de 12 de Junho, e ainda quando ocorra violação do n.º 1 do artigo 11.º, do artigo 12.º e dos n.º 1 e 2 do artigo 19.º do presente decreto-lei.

3 – Pode ser determinada a publicidade da aplicação da sanção por contra-ordenação mediante a afixação de cópia da decisão no próprio estabelecimento e em lugar bem visível pelo período de 30 dias.

Notas:

1. A sanção acessória de encerramento por um período máximo de dois anos poderá ser determinada pela CACMEP, tendo em consideração a gravidade das infracções, a culpa e a reincidência do agente, nas seguintes situações:

a. Falta de apresentação, antes do início da actividade, da declaração na Câmara Municipal competente, com cópia à DGAE ou em quem esta expressamente delegar, na qual se responsabiliza que o estabelecimento cumpre todos os requisitos adequados ao exercício da respectiva actividade;

b. Falta de título válido de abertura devido à não apresentação da declaração prévia prevista no artigo 10.º ou no artigo 11.º;

c. Falta de autorização para a prestação de serviços de restauração ou de bebidas com carácter esporádico e ou ocasional, previstos no artigo 19.º;

Decreto-Lei n.º 234/2007 de 19 de Junho 41

d. Violação de normas relativas à higiene dos géneros alimentícios previstas no Decreto-Lei n.º 113/2006, de 12 de Junho. Consulte pág. 113.

2. Falta de autorização para a prestação de serviços de restauração ou de bebidas com Para além da aplicação da sanção acessória de encerramento por um período máximo de dois anos, poderá ainda ser determinada a publicidade da aplicação da sanção por contra-ordenação, mediante a afixação de cópia da decisão no próprio estabelecimento e em lugar bem visível pelo período de 30 dias.

3. Não confundir a aplicação da sanção acessória prevista nesta norma com a suspensão imediata e temporária do exercício da actividade do estabelecimento. De facto, a aplicação de sanção acessória de encerramento por um período máximo de dois anos aqui prevista, é determinada na fase decisória do procedimento contra-ordenacional e aplicada conjuntamente com a coima, sendo possível recorrer através de impugnação judicial nos termos do artigo 59.º e seguintes do Regime Geral das Contra-ordenações (RGCO), aprovado pelo Decreto-Lei n.º 433/82, de 27 de Outubro, com as alterações introduzidas pelo Decreto-Lei n.º 244/95, de 14 de Setembro, e Lei n.º 109/2001, de 24 de Dezembro, suspendendo-se a aplicação da sanção acessória e a cobrança da coima.

4. Diversamente, a determinação da suspensão imediata e temporária do exercício da actividade do estabelecimento configurar-se-á como uma medida de natureza cautelar no âmbito de um processo de contra-ordenação e poderá ser impugnada judicialmente, por se tratar de uma medida lesiva de direitos ou interesses dos particulares, nos termos das disposições conjugadas do artigo 46.º, dos n.ºs 1 e 3 do artigo 55.º, do n.º 3 do artigo 59.º e dos artigos 60.º e 61.º do RGCO. A impugnação, feita por escrito e dirigida ao tribunal competente, deverá ser apresentada junto da autoridade administrativa competente para a instrução do processo de contra-ordenação, no prazo de vinte dias úteis após a notificação.

5. A medida cautelar de suspensão imediata da actividade de um estabelecimento de restauração ou de bebidas poderá ser determinada pelas entidades fiscalizadoras, sempre que se verifique um incumprimento das disposições legais respeitantes à higiene dos géneros alimentícios, incluindo-se aqui, por força da alínea e) do n.º 2 do artigo 54.º do Regulamento (CE) 882/2004, de 29 de Abril, as situações em que os estabelecimentos se encontrem a laborar sem que possuam título válido de abertura, ou seja, a ausência de posse de comprovativo de ter efectuado a declaração prévia prevista no artigo 10.º ou no artigo 11.º do presente decreto-lei, uma vez que a exigência de título de abertura visa assegurar que se mostram garantidas as condições de higiene e segurança de um estabelecimento perante os consumidores e as autoridades de controlo, condição imposta pelo artigo 6.º do Regulamento (CE) n.º 852/2004, de 29 de Abril, relativo à higiene dos géneros alimentícios. Consulte pág. 77.

QUADRO I

Tabela de contra-ordenações – Decreto-Lei n.º 234/2007, de 19 de Junho			
Infracção	**Norma violada**	**Previsão legal**	**Valor da coima (€)**
Instalação de estabelecimentos de bebidas onde se vendam bebidas alcoólicas para consumo no próprio estabelecimento ou fora dele junto de escolas do ensino básico e secundário.	N.º 1 do art.º 4.º	al. a) do n.º 1 do art.º 21.º	De 1.250 a 3.740,98 PS De 2.500 a 30.000 PC
Falta de título válido de abertura devido à não apresentação d declaração prévia prevista no artigo 10.º ou no artigo 11.º	N.º 1 do art.º 12.º	al. a) do n.º 1 do art.º 21.º	De 1.250 a 3.740,98 PS De 2.500 a 30.000 PC
Falta de apresentação, antes do início da actividade, da declaração na Câmara Municipal competente, com cópia à DGAE ou em quem esta expressamente delegar, na qual se responsabiliza que o estabelecimento cumpre todos os requisitos adequados ao exercício da respectiva actividade.	Art.º 11.º	al. b) do n.º 1 do art.º 21.º	De 300 a 3.000 PS De 1.250 a 5.000 PC
Autorizar o acesso a um número de utentes superior ao da respectiva capacidade.	N.º 4 do art.º 14.º	al. b) do n.º 1 do art.º 21.º	De 300 a 3.000 PS De 1.250 a 5.000 PC
Falta de comunicação, pelo titular da exploração respectiva, à câmara municipal e à DGAE (ou em quem esta expressamente delegar) do encerramento de estabelecimento, até 30 dias após a sua ocorrência, através do modelo previsto no n.º 2 do artigo 11.º	Art.º 18.º	al. b) do n.º 1 do art.º 21.º	De 300 a 3.000 PS De 1.250 a 5.000 PC
Falta de autorização para a prestação de serviços de restauração ou de bebidas com carácter esporádico e ou ocasional, previstos no artigo 19.º	N.ºs 1 e 2 do art.º 19.º	al. b) do n.º 1 do art.º 21.º	De 300 a 3.000 PS De 1.250 a 5.000 PC
Falta de comunicação, no prazo legal, da declaração para efeitos de registo prevista no n.º 2 do artigo 17.º, para os estabelecimentos em funcionamento com autorização de abertura ou alvará de licença ou autorização de utilização.	N.º 1 do art.º 24.º	al. b) do n.º 1 do art.º 21.º	De 300 a 3.000 PS De 1.250 a 5.000 PC
Utilização ou sugestão, em toda a publicidade, correspondência, *merchandising* e documentação do estabelecimento, de designações, características, tipologia ou classificação que este não possua e ausência de menção obrigatória ao nome e tipo de estabelecimento.	N.º 1 do art.º 13.º	al. c) do n.º 1 do art.º 21.º	De 125 a 1.000 PS De 500 a 5.000 PC
Utilização de nomes e marcas nominativas ou figurativas iguais ou de tal forma semelhantes a outros existentes ou requeridos que possam induzir em erro ou ser susceptíveis de confusão.	N.º 1 do art.º 13.º	al. c) do n.º 1 do art.º 21.º	De 125 a 1.000 PS De 500 a 5.000 PC
A restrição de livre acesso aos estabelecimentos, salvo nas situações previstas no artigo 14.º	N.º 1 do art.º 14.º	al. c) do n.º 1 do art.º 21.º	De 125 a 1.000 PS De 500 a 5.000 PC
Incumprimento dos requisitos específicos de instalação, funcionamento e classificação previstos no Decreto Regulamentar n.º 20/2008, de 27 de Novembro	Art.º 5.º	al. d) do n.º 1 do art.º 21.º	De 125 a 3.740 PS De 500 a 30.000 PC

CAPÍTULO V
Disposições finais e transitórias

ARTIGO 23.º
Processos pendentes

Aos processos de licenciamento de estabelecimentos de restauração ou de bebidas que à data de entrada em vigor do presente decreto-lei estejam pendentes aplica-se o regime previsto no presente decreto-lei, devendo o titular da exploração proceder ao envio da declaração prévia, nos termos dos artigos 10.º ou 11.º, consoante o caso.

Notas:

1. O regime aprovado pelo presente decreto-lei é imediatamente aplicável aos processos de licenciamento ou autorização dos estabelecimentos de restauração ou de bebidas que se encontrem pendentes. Desta forma, podem os respectivos proprietários ou titulares da exploração proceder ao envio da declaração prévia prevista nos artigos 10.º ou 11.º e iniciar a correspondente actividade.

ARTIGO 24.º
Estabelecimentos com licença ou autorização de utilização

1 – Para efeitos de registo, os estabelecimentos em funcionamento com autorização de abertura ou alvará de licença ou autorização de utilização têm o prazo de 120 dias a contar da data da entrada em vigor da portaria de regulamentação prevista no n.º 2 do artigo 11.º para enviar a comunicação a que respeita o n.º 2 do artigo 17.º do presente decreto-lei.

2 – Sem prejuízo do disposto no número anterior, as autorizações de abertura, alvarás sanitários ou alvarás de licença ou autorização de utilização de estabelecimento de restauração ou de bebidas emitidas ao abrigo de legislação anterior, mantêm-se válidas até à realização de obras de modificação do estabelecimento.

Notas:

1. De acordo com esta norma o dever de efectuar a declaração prévia incide também sobre os estabelecimentos em funcionamento com autorização de abertura ou alvará de licença ou autorização de utilização. Esta declaração deveria ter sido efectuada no prazo de 120 dias a contar da data da entrada em vigor da Portaria n.º 573/2007, de 17 de Julho.

44 *Novo Regime da Instalação e Funcionamento dos Estab. de Rest. ou de Bebidas*

2. Nos termos da alínea b) do n.º 1 do artigo 21.º a violação do disposto neste artigo constitui contra-ordenação punível com coima de € 300 a € 3.000, no caso de se tratar de pessoa singular, e de € 1.250 a € 5.000, no caso de se tratar de pessoa colectiva.

3. Sem prejuízo da obrigação de efectuar a declaração prévia para efeitos de registo, conforme dispõe o n.º 1 deste artigo, as autorizações de abertura emitidas ao abrigo do Decreto-Lei n.º 328/86, de 30 de Setembro, os alvarás sanitários emitidos ao abrigo da Portaria n.º 6065, de 30 de Março de 1929, ou os alvarás de licença ou autorização de utilização de estabelecimento de restauração ou de bebidas emitidas ao abrigo do Decreto-Lei n.º 168/97, de 4 de Julho, mantêm-se válidos até à realização de obras de modificação do estabelecimento.

ARTIGO 25.º
Regiões Autónomas

O regime previsto no presente decreto-lei é aplicável nas Regiões Autónomas dos Açores e da Madeira, sem prejuízo das adaptações decorrentes da estrutura da administração regional, a introduzir por diploma legislativo próprio.

Notas:
1. Os governos regionais têm a faculdade de proceder a adaptações da presente lei, em função da estrutura da administração regional, devendo tais adaptações ser efectuadas através de diplomas legislativos regionais.

ARTIGO 26.º
Norma revogatória

São revogados:

a) O Decreto-Lei n.º 168/97, de 4 de Julho;
b) O Decreto Regulamentar n.º 38/97, de 25 de Setembro.

Notas:
1. O Decreto Regulamentar n.º 38/97, de 25 de Setembro, foi substituído pelo Decreto Regulamentar n.º 20/2008, de 27 de Novembro.

ARTIGO 27.º
Disposições transitórias

Até à data de entrada em vigor do decreto regulamentar previsto no artigo 5.º do presente decreto-lei continuam a observar-se os requisitos de instalação e funcionamento dos estabelecimentos de restauração ou de bebidas previstos no Decreto Regulamentar n.º 38/97, de 25 de Setembro, com as alterações introduzidas pelo Decreto Regulamentar n.º 4/99, de 21 de Abril, bem como o regime de classificação dos estabelecimentos de restauração ou de bebidas a que alude os artigos 20.º e seguintes do Decreto-Lei n.º 168/97, de 4 de Julho, alterado pelos Decretos-Lei n.ºs 139/99, de 24 de Abril, 222/2000, de 9 de Setembro, e 57/2002, de 11 de Março.

Notas:
   1. Esta é uma norma transitória que deixou de ter aplicação desde a data em que entrou em vigor o Decreto Regulamentar n.º 20/2008, de 27 de Novembro.

ARTIGO 28.º
Entrada em vigor

O presente decreto-lei entra em vigor 30 dias após a sua publicação.

Notas:
   1. O presente Decreto-Lei entrou em vigor em 19 de Julho de 2007.

Visto e aprovado em Conselho de Ministros de 22 de Março de 2007. – *José Sócrates Carvalho Pinto de Sousa — António Luís Santos Costa — Alberto Bernardes Costa — Francisco Carlos da Graça Nunes Correia — Manuel António Gomes de Almeida de Pinho — Luís Medeiros Vieira — António Fernando Correia de Campos — Maria de Lurdes Reis Rodrigues.* – Promulgado em 5 de Junho de 2007. – Publique-se. – O Presidente da República, ANÍBAL CAVACO SILVA. – Referendado em 6 de Junho de 2007. – O Primeiro-Ministro, *José Sócrates Carvalho Pinto de Sousa.*

Decreto Regulamentar n.º 20/2008

de 27 de Novembro

O Decreto-Lei n.º 234/2007, de 19 de Junho, que estabelece o regime jurídico a que fica sujeita a instalação e a modificação de estabelecimentos de restauração ou de bebidas, bem como o regime aplicável à respectiva exploração e funcionamento, prevê que os requisitos específicos da actividade sejam definidos por decreto regulamentar.

Os requisitos de instalação e funcionamento dos estabelecimentos de restauração ou de bebidas contidos no Decreto Regulamentar n.º 38/97, de 25 de Setembro, e posteriores alterações, com uma década de existência apresentam-se hoje desajustados, tendo em conta a evolução económica e social registada e respectivas repercussões neste sector de actividade.

Por outro lado, a União Europeia tem vindo a assumir cada vez maior protagonismo na área alimentar, impondo aos Estados membros a adopção de medidas e de mecanismos uniformes de exercício e de controlo desta actividade económica, através dos seus regulamentos e directivas, os primeiros de aplicação directa e imediata no nosso ordenamento jurídico.

Assim, em articulação e em consonância com as orientações comunitárias sobre a matéria, sem descurar as preocupações de simplificação e de agilização de processos e procedimentos que tem caracterizado a função normativa do XVII Governo Constitucional, estabelecem-se as características gerais e específicas de cada tipo de estabelecimento, conceitos e princípios a obedecer na instalação, na modificação e no funcionamento dos estabelecimentos de restauração ou de bebidas.

Foram ouvidos os órgãos de Governo próprio das Regiões Autónomas e a Associação Nacional de Municípios Portugueses.

Assim:

Ao abrigo do disposto no artigo 5.º do Decreto-Lei n.º 234/2007, de 19 de Junho, e nos termos da alínea c) do artigo 199.º da Constituição, o Governo decreta o seguinte:

CAPÍTULO I
Disposições gerais

ARTIGO 1.º
Objecto

O presente decreto regulamentar estabelece os requisitos específicos relativos às instalações, funcionamento e regime de classificação de estabelecimentos de restauração ou de bebidas.

Notas:

1. O presente Decreto Regulamentar veio substituir o regime instituído pelo Decreto regulamentar n.º 38/97, de 25 de Setembro, entretanto revogado, que estabelecia os requisitos das instalações, classificação e funcionamento dos estabelecimentos de restauração ou de bebidas.

2. Apesar de se dizer neste artigo que o presente decreto regulamentar estabelece o regime de classificação dos estabelecimentos de restauração ou de bebidas, de acordo com o artigo 20.º a adopção de uma classificação com vista à diferenciação deste tipo de estabelecimentos é agora voluntária e da responsabilidade exclusiva das associações e agentes do sector, deixando assim de estar regulamentada por lei.

ARTIGO 2.º
Âmbito de aplicação

O presente decreto regulamentar aplica-se aos estabelecimentos de restauração ou de bebidas, sem prejuízo da demais legislação aplicável, nomeadamente relativa a:

a) Edificação do estabelecimento, incluindo os regimes especiais de segurança contra incêndio, emissão de fumo e ruído, acesso a fumadores e a utentes com deficiências e ou mobilidade condicionada;

b) Licenciamento do estabelecimento tendo em conta as actividades desenvolvidas no mesmo, designadamente quando se trata de estabelecimento que disponha de zona de fabrico próprio com potência eléctrica contratada superior a 50 kVA, ou de espaço de esplanada com ocupação da via pública;

c) Condições técnico-funcionais relativas ao tratamento, higiene e salubridade dos géneros alimentícios;

d) Gestão de resíduos;

Decreto Regulamentar n.º 20/2008 de 27 de Novembro

e) Sistemas e actividades de segurança privada em estabelecimentos de restauração ou de bebidas que disponham de espaços ou salas destinados a dança ou onde habitualmente se dance, e regras relativas à realização de espectáculos e divertimentos públicos;

f) Organização de serviços e prescrições mínimas de segurança e saúde nos locais de trabalho e outras regras de segurança, higiene e saúde pública aplicáveis aos utentes.

Notas:

1. Esta norma esclarece que para além dos requisitos estabelecidos no presente diploma, os estabelecimentos de restauração ou de bebidas estão ainda sujeitos à regulamentação existente no que diz respeito, designadamente, às áreas indicadas nas suas diferentes alíneas.

2. Quanto à legislação sobre edificação consulte-se o Regime Jurídico da Urbanização e da Edificação (RJUE) aprovado pelo Decreto-Lei n.º 555/99, de 16 de Dezembro, com a redacção dada pela Lei n.º 60/2007, de 4 de Setembro. A Portaria n.º 232/2008, de 11 de Março, determina quais os elementos que devem instruir os pedidos de informação prévia, de licenciamento e de autorização referentes a todos os tipos de operações urbanísticas.

3. O Decreto-Lei n.º 220/2008, de 12 de Novembro estabelece o regime jurídico da segurança contra incêndios em edifícios. Consulte pág. 199.

4. Sobre o ruído veja-se o Decreto-Lei n.º 9/2007 de 17 de Janeiro, que aprovou o Regulamento Geral do Ruído.

5. A Lei n.º 37/2007, de 14 de Agosto, aprovou normas para a protecção dos cidadãos da exposição involuntária ao fumo do tabaco e medidas de redução da procura relacionadas com a dependência e a cessação do seu consumo. Consulte pág. 165.

6. O regime do exercício da actividade industrial encontra-se regulado no Decreto-Lei n.º 209/2008, de 29 de Outubro.

7. Sobre as condições técnico-funcionais relativas ao tratamento, higiene e salubridade dos géneros alimentícios consulte-se o Anexo II do Regulamento (CE) 852/2004 – pág. 77.

8. O Decreto-Lei n.º 178/2006, de 5 de Setembro, estabelece o regime geral da gestão de resíduos.

9. Sobre os sistemas e actividades de segurança privada em estabelecimentos de restauração ou de bebidas que disponham de espaços ou salas destinados a dança ou onde habitualmente se dance, consulte-se o Decreto-Lei n.º 101/2008, de 16 de Junho – pág. 247.

CAPÍTULO II
Dos requisitos dos estabelecimentos de restauração ou de bebidas

SECÇÃO I
Dos requisitos das instalações

ARTIGO 3.º
Infra-estruturas

1 – Os estabelecimentos de restauração ou de bebidas devem possuir infra-estruturas básicas de fornecimento de água, gás, electricidade e rede de esgotos com as respectivas ligações às redes gerais.

2 – Sempre que não exista rede pública de abastecimento de água, os estabelecimentos de restauração ou de bebidas devem dispor de reservatórios de água próprios com capacidade suficiente para satisfazer as necessidades correntes dos serviços que prestam.

3 – Para efeitos do número anterior, a captação e a reserva de água devem possuir adequadas condições de protecção sanitária e o sistema ser dotado dos processos de tratamento requeridos para potabilização da água ou para a manutenção dessa potabilização, de acordo com as normas de qualidade da água para consumo humano definidas na legislação aplicável, devendo para o efeito ser efectuadas análises físico-químicas e microbiológicas por entidade devidamente credenciada, de acordo com o disposto no Decreto-Lei n.º 306/2007, de 27 de Agosto.

4 – As áreas do estabelecimento, circundantes e de acesso ao mesmo devem apresentar-se livres e limpas, com pavimentação apropriada à não estagnação de águas, e devidamente conservadas.

Notas:
 1. Os estabelecimentos de restauração ou de bebidas são obrigados a possuir as infra-estruturas básicas de fornecimento de água, gás, electricidade e rede de esgotos com as respectivas ligações às redes gerais
 2. Se não existir abastecimento público de água, os estabelecimentos de restauração e de bebidas devem dispor de reservatórios de água próprios e com capacidade suficiente para satisfazer às necessidades correntes dos seus serviços devendo ser asseguradas as adequadas condições de protecção sanitária.
 3. As infracções decorrentes do incumprimento dos requisitos estabelecidos nesta norma são puníveis nos termos da alínea d) n.º 1 do artigo 21.º do Decreto-lei n.º 234/2007,

Decreto Regulamentar n.º 20/2008 de 27 de Novembro

de 19 de Junho, com coima de € 125 a € 3.740, no caso de se tratar de pessoa singular, e de € 500 a € 30.000, no caso de se tratar de pessoa colectiva.

ARTIGO 4.º
Área de serviço

1 – A área de serviço compreende as zonas de recepção e armazenagem de géneros alimentícios, cozinha, copa e zona de fabrico, bem como os vestiários e instalações sanitárias destinadas ao uso do pessoal.

2 – A área de serviço é de acesso reservado ao pessoal do estabelecimento, sendo estritamente proibida a entrada e permanência de animais vivos nas zonas que a integram.

3 – Nos estabelecimentos de restauração ou de bebidas, a área de serviço deve estar completamente separada da área destinada ao público e instalada de forma a evitar-se a propagação de fumos e cheiros.

4 – Os estabelecimentos de restauração e bebidas devem ser dotados de equipamentos que permitam assegurar a separação dos resíduos na origem de forma a promover a sua valorização por fluxos e fileiras.

5 – As zonas integrantes da área de serviço devem obrigatoriamente observar os requisitos gerais e específicos aplicáveis às instalações do sector alimentar nos termos previstos na legislação nacional e comunitária em vigor.

6 – Quando existente e em funcionamento, o sistema de climatização deve ser regulado no sentido de estabilizar a temperatura média do ambiente a cerca de 22º C, admitindo-se uma variação negativa ou positiva de 3º C, devendo o equipamento manter-se em bom estado de higiene e de conservação.

Notas:

1. O número 1 define quais os espaços que integram a área de serviço. A área de serviço é de acesso reservado ao pessoal do estabelecimento e deve estar completamente separada da área destinada ao público.

2. A climatização não é obrigatória mas, quando existente, deve assegurar uma temperatura média do ambiente a cerca de 22.º e manter-se em bom estado de higiene e conservação.

3. De acordo com o artigo seguinte as zonas de serviço que compõem a área de serviço podem estar integradas, desde que o circuito adoptado e equipamentos utilizados garantam o fim específico a que se destina cada zona, e não seja posta em causa a higiene e segurança alimentar.

52 Novo Regime da Instalação e Funcionamento dos Estab. de Rest. ou de Bebidas

4. Sobre os requisitos gerais aplicáveis às instalações do sector alimentar consulte-se o Regulamento (CE) 852/2004 (pág. 77) e o Decreto-Lei n.º 113/2006, de 12 de Junho (pág. 113).

5. As infracções decorrentes do incumprimento dos requisitos estabelecidos nesta norma são puníveis nos termos da alínea d) n.º 1 do artigo 21.º do Decreto-lei n.º 234/2007, de 19 de Junho, com coima de € 125 a € 3.740, no caso de se tratar de pessoa singular, e de € 500 a € 30.000, no caso de se tratar de pessoa colectiva.

ARTIGO 5.º

Zonas integradas

1 – Nos estabelecimentos de restauração ou de bebidas as zonas de serviço que compõem a área de serviço podem estar integradas, desde que o circuito adoptado e equipamentos utilizados garantam o fim específico a que se destina cada zona, e não seja posta em causa a higiene e segurança alimentar.

2 – Nas salas de refeição dos estabelecimentos de restauração podem existir zonas destinadas à confecção de alimentos, desde que o tipo de equipamentos utilizados e a qualidade da solução adoptada não ponha em causa a segurança e a higiene alimentar.

3 – Nos estabelecimentos de bebidas em que sejam servidos produtos confeccionados ou pré-confeccionados, nos termos previstos no n.º 3 do artigo 14.º, devem existir os equipamentos adequados, nomeadamente, microondas, forno, chapa, sistema de exaustão fritadeira eléctrica, torradeira, máquina de café, máquina de sumos e outros equiparados.

Notas:

1. É permitida a confecção de alimentos na sala de refeições desde que o tipo de equipamentos utilizados e a qualidade da solução adoptada não ponha em causa a segurança e a higiene alimentar

2. De acordo com o n.º 3 do artigo 14.º os estabelecimentos de bebidas que não disponham de zona de fabrico, apenas podem operar com produtos confeccionados ou pré-confeccionados, acabados ou que possam ser acabados no estabelecimento, através de equipamentos adequados, designadamente os previstos nesta norma.

3. As infracções decorrentes do incumprimento dos requisitos estabelecidos nesta norma são puníveis nos termos da alínea d) n.º 1 do artigo 21.º do Decreto-lei n.º 234/2007, de 19 de Junho, com coima de € 125 a € 3.740, no caso de se tratar de pessoa singular, e de € 500 a € 30.000, no caso de se tratar de pessoa colectiva.

ARTIGO 6.º
Cozinhas, copas e zonas de fabrico

1 – A zona de cozinha corresponde à zona destinada à preparação e confecção de alimentos, podendo também destinar-se ao respectivo empratamento e distribuição.

2 – A copa limpa corresponde à zona destinada ao empratamento e distribuição do serviço, podendo também dar apoio na preparação de alimentos, e a copa suja corresponde à zona destinada à lavagem de louças e de utensílios.

3 – A zona de fabrico corresponde ao local destinado à preparação, confecção e embalagem de produtos de pastelaria, padaria ou de gelados.

4 – As cozinhas, as copas e as zonas de fabrico devem estar equipadas com lavatórios e torneiras com sistema de accionamento não manual destinadas à higienização das mãos, podendo existir apenas uma torneira com aquele sistema na cuba de lavagem da copa suja, quando se trate de zonas contíguas ou integradas.

5 – As prateleiras, mesas, balcões e bancadas das cozinhas e zonas de fabrico devem ser de material liso, resistente, lavável e impermeável, e os talheres e todos os utensílios para a preparação dos alimentos devem ser de fácil lavagem e ser mantidos em bom estado de higiene e conservação.

6 – Nas cozinhas deve, preferencialmente, existir uma zona de preparação distinta da zona de confecção.

7 – A cozinha deve ser próxima das copas, devendo ambas ser instaladas de forma a permitir uma comunicação rápida com as salas de refeição com trajectos diferenciados para sujos e limpos, sempre que possível, e através de acessos verticais quando o trajecto envolver mais de um piso.

8 – Na copa suja deve existir pelo menos uma cuba de lavagem equipada com água quente e fria e máquina de lavar a loiça.

Notas:

1. Esta norma define o que se deve entender por zona de cozinha, copa limpa e zona de fabrico. De notar que a zona de fabrico corresponde apenas ao local destinado à preparação, confecção e embalagem de produtos de pastelaria, padaria ou de gelados.

2. Este artigo estabelece diversas exigências aplicáveis as cozinhas, copas e zonas de fabrico.

3. As infracções decorrentes do incumprimento dos requisitos estabelecidos nesta norma são puníveis nos termos da alínea d) n.º 1 do artigo 21.º do Decreto-lei n.º 234/2007, de 19 de Junho, com coima de € 125 a € 3.740, no caso de se tratar de pessoa singular, e de € 500 a € 30.000, no caso de se tratar de pessoa colectiva.

Artigo 7.º
Vestiários e instalações sanitárias destinadas ao uso do pessoal

1 – Na área de serviço devem existir locais reservados ou armários para guarda de roupa e bens pessoais dos trabalhadores.

2 – Os estabelecimentos de restauração ou de bebidas devem dispor de instalações sanitárias destinadas ao uso do pessoal, separadas das zonas de manuseamento de alimentos, dotadas de lavatórios com sistema de accionamento de água não manual e, sempre que possível, com sanitários separados por sexos.

3 – A existência de instalações sanitárias destinadas ao uso do pessoal não é obrigatória:

a) Nos estabelecimentos integrados em área comercial, empreendimento turístico ou habitacional que disponha de instalações reservadas, equipadas e adequadas ao uso do pessoal do estabelecimento;

b) Nos estabelecimentos com área total igual ou inferior a 100 m², desde que as instalações sanitárias destinadas ao público observem os requisitos exigidos para as instalações do pessoal, previstos no número anterior.

Notas:

1. É obrigatória a existência de instalações sanitárias destinadas ao uso do pessoal, salvo se o estabelecimento se encontrar integrado em área comercial, empreendimento turístico ou habitacional, que disponha de instalações reservadas, equipadas e adequadas ao uso do pessoal do estabelecimento. Nos estabelecimentos com área total igual ou inferior a 100 m2, a existência de instalações sanitárias destinadas ao uso do pessoal não é obrigatória desde que as instalações sanitárias destinadas ao público sejam dotadas de lavatórios com sistema de accionamento de água não manual e, sempre que possível, com sanitários separados por sexos.

2. As infracções decorrentes do incumprimento dos requisitos estabelecidos nesta norma são puníveis nos termos da alínea d) n.º 1 do artigo 21.º do Decreto-lei n.º 234/2007, de 19 de Junho, com coima de € 125 a € 3.740, no caso de se tratar de pessoa singular, e de € 500 a € 30.000, no caso de se tratar de pessoa colectiva.

Artigo 8.º
Fornecimentos

Sempre que não exista entrada de serviço, os fornecimentos devem fazer-se fora dos períodos em que o estabelecimento esteja aberto ao público ou, não sendo possível, nos períodos de menor frequência.

Decreto Regulamentar n.º 20/2008 de 27 de Novembro   55

Notas:

1. Quando não exista entrada de serviço, e de modo a não causar incómodo aos utentes, os fornecimentos dos estabelecimentos de restauração ou de bebidas devem fazer-se fora dos períodos em que o estabelecimento esteja aberto ao público ou nos períodos de menos frequência.

2. A infracção decorrente do incumprimento do estabelecido nesta norma é punível nos termos da alínea d) n.º 1 do artigo 21.º do Decreto-lei n.º 234/2007, de 19 de Junho, com coima de € 125 a € 3.740, no caso de se tratar de pessoa singular, e de € 500 a € 30.000, no caso de se tratar de pessoa colectiva.

ARTIGO 9.º
Área destinada aos utentes

1 – A área destinada aos utentes do estabelecimento corresponde ao espaço reservado ao público que compreende as salas de refeição, zona de acolhimento e de recepção, bar, balcão, bengaleiro, instalações sanitárias e, quando existentes, as esplanadas e as salas ou espaços destinados a dança e ou espectáculo.

2 – As zonas destinadas aos utentes devem manter-se em bom estado de higiene e conservação e dispor de ventilação natural e ou artificial capaz de garantir uma adequada renovação do ar e a eliminação de fumos e cheiros.

3 – Quando existente e em funcionamento, o sistema de climatização deve ser regulado no sentido de estabilizar a temperatura média do ambiente a cerca de 22º C, admitindo-se uma variação negativa ou positiva de 3º C, devendo o respectivo equipamento manter-se em bom estado de higiene e conservação.

4 – As zonas destinadas aos utentes devem cumprir todas as regras em matéria de acessibilidades a pessoas com deficiências e ou mobilidade condicionada, quando aplicáveis.

Notas:

1. O n.º 1 define os espaços que integram a área destinada aos utentes.

2. A climatização não é obrigatória mas, quando existente, deve assegurar uma temperatura média do ambiente a cerca de 22.º e manter-se em bom estado de higiene e conservação.

3. O Decreto-Lei n.º 163/2006, de 8 de Agosto, aprovou o regime da acessibilidade aos edifícios e estabelecimentos que recebem público, via pública e edifícios habitacionais.

4. As infracções decorrentes do incumprimento dos requisitos estabelecidos nesta norma são puníveis nos termos da alínea d) n.º 1 do artigo 21.º do Decreto-lei n.º 234/2007,

56 *Novo Regime da Instalação e Funcionamento dos Estab. de Rest. ou de Bebidas*

de 19 de Junho, com coima de € 125 a € 3.740, no caso de se tratar de pessoa singular, e de € 500 a € 30.000, no caso de se tratar de pessoa colectiva.

ARTIGO 10.º
Instalações sanitárias destinadas aos utentes

1 – As instalações sanitárias destinadas aos utentes devem encontrar-se no interior do estabelecimento, separadas das salas de refeição e das zonas de manuseamento de alimentos.

2 – As instalações sanitárias destinadas aos utentes devem dispor dos equipamentos e utensílios necessários à sua cómoda e eficiente utilização e ser mantidas em permanente bom estado de higiene e conservação.

3 – As instalações sanitárias não podem ter acesso directo com as zonas de serviço, salas de refeição ou salas destinadas ao serviço de bebidas, devendo ser instaladas de forma a garantir o seu necessário isolamento do exterior.

4 – Nos estabelecimentos com capacidade igual ou superior a 25 lugares, as instalações sanitárias são obrigatoriamente separadas por sexo e devem dispor de retretes em cabines individualizadas e lavatórios em número adequado à capacidade do estabelecimento.

5 – A existência de instalações sanitárias destinadas aos utentes não é exigível:

a) Aos estabelecimentos integrados em área comercial ou empreendimento turístico que disponha de instalações sanitárias comuns que preencham os requisitos previstos nos n.ºs 1 e 2;

b) Aos estabelecimentos que confeccionem refeições para consumo exclusivo fora do estabelecimento.

Notas:

1. As instalações sanitárias separadas por sexo apenas são exigíveis nos estabelecimentos com capacidade igual ou superior a 25 lugares.

2. As instalações sanitárias privativas dos estabelecimentos de restauração e de bebidas são dispensáveis, quando estes se situarem em centro comercial ou empreendimento turístico que disponha de instalações sanitárias comuns que preencham os requisitos previstos neste diploma. Aos estabelecimentos que confeccionem refeições para consumo exclusivo fora do estabelecimento não é exigível a existência de sanitários destinados aos utentes.

3. As infracções decorrentes do incumprimento dos requisitos estabelecidos nesta norma são puníveis nos termos da alínea d) n.º 1 do artigo 21.º do Decreto-lei n.º 234/2007,

Decreto Regulamentar n.º 20/2008 de 27 de Novembro

de 19 de Junho, com coima de € 125 a € 3.740, no caso de se tratar de pessoa singular, e de € 500 a € 30.000, no caso de se tratar de pessoa colectiva.

SECÇÃO II
Dos requisitos de funcionamento

ARTIGO 11.º
Tipologia e designação

1 – Os estabelecimentos devem adoptar a tipologia que mais se adequa ao serviço que prestam.

2 – Sem prejuízo do disposto no artigo 13.º do Decreto-Lei n.º 234/2007, de 19 de Junho, os estabelecimentos de restauração ou de bebidas podem usar qualquer designação consagrada nacional ou internacionalmente pelos usos da actividade que exerçam, em função do serviço ou serviços que se destinem a presta.

Notas:

1. No caso de num estabelecimento se exercerem simultaneamente as actividades de restauração e de bebidas deverão ser cumpridos os requisitos exigidos para os dois tipos.

2. Os estabelecimentos de restauração ou de bebidas podem adoptar livremente a sua designação, desde que seja consagrada nacional ou internacionalmente pelos usos da actividade que exerçam, e não induza em erro quanto ao serviço ou serviços que se destinem a prestar.

3. O artigo 13.º do Decreto-Lei n.º 234/2007, de 19 de Junho dispõe que toda a publicidade, correspondência, *merchandising* e documentação do estabelecimento não pode sugeridas designações, características, tipologia ou classificação que este não possua, sendo obrigatória a referência ao nome e tipo de estabelecimento.

4. As infracções decorrentes do incumprimento dos requisitos estabelecidos nesta norma são puníveis nos termos da alínea d) n.º 1 do artigo 21.º do Decreto-lei n.º 234/2007, de 19 de Junho, com coima de € 125 a € 3.740, no caso de se tratar de pessoa singular, e de € 500 a € 30.000, no caso de se tratar de pessoa colectiva.

ARTIGO 12.º
Licenciamento

1 – As disposições relativas ao processo de licenciamento dos empreendimentos turísticos aplicam-se aos estabelecimentos de restauração ou de bebidas que deles façam parte integrante.

58 *Novo Regime da Instalação e Funcionamento dos Estab. de Rest. ou de Bebidas*

2 – As disposições relativas ao processo de licenciamento dos estabelecimentos de comércio aplicam-se às secções acessórias de restauração ou de bebidas que deles façam parte integrante.

3 – O previsto nos números anteriores não dispensa o cumprimento dos requisitos específicos relativos à instalação, modificação e funcionamento dos estabelecimentos, previstas no Decreto-Lei n.º 234/2007, de 19 de Junho, e do presente decreto regulamentar.

4 – Os estabelecimentos que pretendam confeccionar alimentos devem necessariamente licenciar -se como estabelecimentos de restauração.

5 – Os estabelecimentos que pretendam servir alimentos confeccionadas no exterior por operador do sector alimentar, podem optar por licenciar-se como estabelecimentos de restauração ou como estabelecimentos de bebidas.

Notas:

1. O novo regime jurídico da instalação, exploração e funcionamento dos empreendimentos turísticos encontra-se regulado no Decreto-Lei n.º 39/2008, de 7 de Março.

2. O regime da instalação e modificação dos estabelecimentos de comércio ou de armazenagem de produtos alimentares, bem como dos estabelecimentos de comércio de produtos não alimentares e de prestação de serviços cujo funcionamento pode envolver riscos para a saúde e segurança das pessoas encontra-se consagrado no Decreto-Lei n.º 259/2007, de 17 de Julho.

3. O respeito pelas disposições relativas ao processo de licenciamento dos empreendimentos turísticos ou pelas disposições relativas ao processo de licenciamento dos estabelecimentos de comércio, não dispensa o cumprimento dos requisitos específicos relativos à instalação, modificação e funcionamento dos estabelecimentos, previstas no Decreto-Lei n.º 234/2007, de 19 de Junho, e do presente decreto regulamentar.

4. O licenciamento como estabelecimento de restauração é obrigatório para os estabelecimentos que pretendam confeccionar alimentos. Os estabelecimentos que pretendam servir alimentos confeccionadas no exterior, podem optar por licenciar-se como estabelecimentos de restauração ou como estabelecimentos de bebidas.

Artigo 13.º
Serviço nos estabelecimentos de restauração

1 – O serviço prestado nos estabelecimentos de restauração consiste, essencialmente, na confecção e fornecimento de alimentação, acompanhado ou não de bebidas, com ou sem fabrico de padaria, pastelaria ou gelados.

2 – O serviço de restauração é prestado directamente aos utentes no estabelecimento, em lugares sentados ou em pé, ou através da entrega de alimentação e bebidas devidamente acondicionadas, no estabelecimento ou ao domicílio.

Notas:
   1. De acordo com o n.º 1 do artigo 2.º do Decreto-Lei n.º 234/2007, de 19 de Junho, são estabelecimentos de restauração, qualquer que seja a sua denominação, os estabelecimentos destinados a prestar, mediante remuneração, serviços de alimentação e de bebidas no próprio estabelecimento ou fora dele. O serviço de restauração pode ser prestado para consumo no próprio estabelecimento, em lugares sentados ou em pé, ou para venda para fora (*take away*).
   2. De acordo com o n.º 3 do artigo 2.º do mesmo diploma, os estabelecimentos de restauração podem dispor de salas ou espaços destinados a dança.
   3. Os estabelecimentos de restauração que disponham de instalações destinadas ao fabrico próprio de pastelaria, panificação e gelados, ou que vendam produtos alimentares, ficam sujeitos, exclusivamente, ao regime da instalação previsto no Decreto-Lei n.º 234/2007, quando a potência contratada não exceda os 50 kVA.

ARTIGO 14.º
Serviço nos estabelecimentos de bebidas

1 – O serviço prestado nos estabelecimentos de bebidas consiste, essencialmente, no fornecimento de bebidas directamente aos utentes, em lugares sentados ou em pé, acompanhadas ou não de produtos de cafetaria, padaria, pastelaria ou de gelados.

2 – Os estabelecimentos de bebidas com fabrico de padaria, pastelaria ou gelados devem dispor de secções de fabrico próprias.

3 – Os estabelecimentos de bebidas que não disponham de zona de fabrico, apenas podem operar com produtos confeccionados ou pré-confeccionados, acabados ou que possam ser acabados no estabelecimento, através de equipamentos adequados, designadamente os previstos no n.º 3 do artigo 5.º

Notas:
   1. Conforme dispõe o n.º 2 do artigo 2.º do Decreto-Lei n.º 234/2007, são estabelecimentos de bebidas, qualquer que seja a sua denominação, os estabelecimentos destinados a prestar, mediante remuneração, serviços de bebidas e cafetaria no próprio estabelecimento ou fora dele.

60 *Novo Regime da Instalação e Funcionamento dos Estab. de Rest. ou de Bebidas*

2. Refere o n.º 3 do artigo 2.º do Decreto-Lei n.º 234/2007 que os estabelecimentos de bebidas podem dispor de salas ou espaços destinados a dança.

3. Tal como os estabelecimentos de restauração, os estabelecimentos de bebidas que disponham de instalações destinadas ao fabrico próprio de pastelaria, panificação e gelados, ou que vendam produtos alimentares, ficam sujeitos, exclusivamente, ao regime da instalação previsto no Decreto-Lei n.º 234/2007, quando a potência contratada não exceda os 50 kVA.

4. Se não dispuserem de zona de fabrico, os estabelecimentos de bebidas apenas podem operar com produtos confeccionados ou pré-confeccionados, acabados ou que possam ser acabados no estabelecimento através de equipamentos adequados, designadamente, microondas, forno, chapa, sistema de exaustão, fritadeira eléctrica, torradeira, máquina de café, máquina de sumos e outros equiparados.

5. As infracções decorrentes do incumprimento dos requisitos estabelecidos nesta norma são puníveis nos termos da alínea d) n.º 1 do artigo 21.º do Decreto-lei n.º 234/2007, de 19 de Junho, com coima de € 125 a € 3.740, no caso de se tratar de pessoa singular, e de € 500 a € 30.000, no caso de se tratar de pessoa colectiva.

ARTIGO 15.º
Condições gerais de funcionamento

1 – Os estabelecimentos de restauração ou de bebidas devem possuir o equipamento, o mobiliário e os utensílios necessários ao tipo e às características do serviço que se destinam a prestar, devendo apresentar-se permanentemente limpos e arrumados.

2 – Os estabelecimentos devem dispor de telefone com ligação permanente ao exterior, através de rede fixa ou móvel.

3 – Nos serviços prestados nos estabelecimentos de restauração ou de bebidas deve observar-se o seguinte:

a) Na confecção das refeições só podem utilizar-se produtos em perfeito estado de conservação e salubridade;

b) Os alimentos e produtos de pastelaria e semelhantes destinados ao público devem estar colocados em vitrinas, expositores ou outros equipamentos com ventilação e à temperatura adequada, de forma a impedir o contacto directo do público com aqueles, excepto tratando-se de serviço de *self-service* e de *buffet*, e a permitir a manutenção da salubridade e o seu resguardo de insectos ou de outras fontes de contaminação;

c) Quando não estejam embalados, os produtos alimentares devem ser manuseados com luvas ou por meio de pinças, colheres, garfos, facas, pás ou outros utensílios de material de fácil lavagem e que se apresentem devidamente higienizados;

Decreto Regulamentar n.º 20/2008 de 27 de Novembro

d) Só podem ser fornecidos géneros alimentícios e bebidas que estejam dentro dos respectivos prazos de validade para consumo.

Notas:

1. Esta norma traduz a obrigatoriedade de os estabelecimentos possuir todos os equipamentos necessários ao respectivo tipo e às características do serviço que se propõem prestar.

2. Nos estabelecimentos de restauração ou de bebidas é obrigatória a existência de telefone com ligação permanente ao exterior, através de rede fixa ou móvel.

3. Os estabelecimentos devem apresentar-se permanentemente limpos e arrumados.

4. A fiscalização e controle das normas de higiene dos produtos alimentares compete à Autoridade de Segurança Alimentar e Económica (Decreto-Lei n.º 274/2007, de 30 de Julho). A higiene dos géneros alimentícios está regulamentada no Regulamento (CE) n.º 852/2004, do Parlamento Europeu e do Conselho de 29 de Abril de 2004, no Decreto-Lei n.º 113/2006, de 12 de Junho, e na Portaria n.º 699/2008, de 29 de Julho. Consulte págs. 77 e 113.

5. As infracções decorrentes do incumprimento dos requisitos estabelecidos nesta norma são puníveis nos termos da alínea d) n.º 1 do artigo 21.º do Decreto-lei n.º 234/2007, de 19 de Junho, com coima de € 125 a € 3.740, no caso de se tratar de pessoa singular, e de € 500 a € 30.000, no caso de se tratar de pessoa colectiva. O regime sancionatório respeitante à higiene e segurança dos alimentos não prejudica eventual responsabilidade civil ou criminal a que haja lugar, nos termos da lei geral.

ARTIGO 16.º
Informações

1 – Junto à entrada dos estabelecimentos de restauração ou de bebidas devem afixar-se, em local destacado, as seguintes indicações:

a) O nome, a entidade exploradora, o tipo e a capacidade máxima do estabelecimento;

b) A existência de livro de reclamações;

c) Qualquer restrição de acesso ou permanência no estabelecimento decorrente de imposição legal ou normas de funcionamento do próprio estabelecimento, designadamente relativas à admissão de menores e fumadores;

d) Restrição à admissão de animais, exceptuando os cães de assistência;

e) Símbolo internacional de acessibilidades, quando aplicável;

f) O horário de funcionamento, período de encerramento semanal ou anual;

62 *Novo Regime da Instalação e Funcionamento dos Estab. de Rest. ou de Bebidas*

g) A lista de produtos disponíveis no estabelecimento e respectivos preços;

h) O tipo de serviço prestado, designadamente, serviço de mesa, *self-service* ou misto;

i) A exigência de consumo ou despesa mínima obrigatória, quando existente, nos estabelecimentos com salas ou espaços destinados a dança ou espectáculo.

2 – O disposto no número anterior não prejudica o cumprimento de normas específicas que obriguem a informação a ser visível do exterior.

3 – A informação referida na alínea i) do n.º 1 é obrigatoriamente visível do exterior do estabelecimento.

4 – Sem prejuízo do disposto nos números anteriores, podem ser afixadas nos estabelecimentos outras informações consideradas relevantes para o público em geral, designadamente línguas faladas, existência de sistema de climatização, especialidades da casa, classificação ou distinções atribuídas ao estabelecimento.

Notas:

1. De realçar o facto de a indicação sobre a exigência de consumo ou despesa mínima ser obrigatória no caso dos estabelecimentos com salas ou espaços destinados a dança ou com espectáculo, e dever ser visível do exterior do estabelecimento.

2. Quanto ao livro de reclamações consulte-se o artigo 16.º do Decreto-Lei n.º 234/2007 e respectivas anotações e o Decreto-Lei n.º 156/2005, de 15 de Setembro, com a redacção dada pelo Decreto-Lei n.º 371/2007, de 6 de Novembro. Consulte pág. 127.

3. A Portaria n.º 262/2000, de 13 de Maio, determina que em todos os estabelecimentos de restauração e de bebidas que prestam serviços de cafetaria seja obrigatória a afixação, em local perfeitamente visível, e de forma clara e bem legível, de uma tabela de preços e as condições de prestação de serviços. Determina ainda que é livre o regime dos preços dos serviços de cafetaria. Consulte pág. 253.

4. O acesso aos estabelecimentos encontra-se regulado no artigo 14.º do Decreto-lei n.º 234/2007, de 19 de Junho.

5. Sobre a admissão dos fumadores consulte-se a Lei n.º 37/2007, de 14 de Agosto (pág. 165).

6. A entrada de animais é interdita desde que devidamente publicitada. Não poderá ser interditado o acesso a pessoas acompanhadas de cães-guia.

7. Nos termos do artigo 20.º a adopção de uma classificação com vista à diferenciação dos estabelecimentos de restauração ou de bebidas é voluntária e da responsabilidade exclusiva das associações e agentes do sector.

8. As infracções decorrentes do incumprimento das obrigações estabelecidas nesta norma são puníveis nos termos da alínea d) n.º 1 do artigo 21.º do Decreto-lei n.º 234/2007,

Decreto Regulamentar n.º 20/2008 de 27 de Novembro 63

de 19 de Junho, com coima de € 125 a € 3.740, no caso de se tratar de pessoa singular, e de € 500 a € 30.000, no caso de se tratar de pessoa colectiva.

ARTIGO 17.º
Lista de preços

1 – Nos estabelecimentos de restauração deve existir ao dispor dos utentes uma lista de preços, obrigatoriamente redigida em português, com as indicações seguintes:

a) A existência de *couvert*, respectiva composição e preço;

b) Todos os pratos, produtos alimentares e bebidas que o estabelecimento forneça e respectivos preços.

2 – Nas zonas turísticas, designadamente nos centros históricos das cidades, marinas e apoios de praia, a lista referida no número anterior deve ser redigida também em língua inglesa ou noutra língua oficial da União Europeia.

3 – Quando o estabelecimento dispuser de equipamento adequado para o efeito, a lista referida no n.º 1 deve ser redigida em braille de modo a facilitar informação a utentes cegos e amblíopes.

Notas:

1. A existência de *couvert* e sua composição, assim como todos os pratos, produtos alimentares e bebidas deverão constar na lista de preços dos estabelecimentos de restauração.

2. A redacção da lista de preços em braille não é obrigatória.

3. A Portaria n.º 262/2000, de 13 de Maio, determina que em todos os estabelecimentos de restauração e de bebidas que prestam serviços de cafetaria seja obrigatória a afixação, em local perfeitamente visível, e de forma clara e bem legível, de uma tabela de preços e as condições de prestação de serviços.

4. As infracções decorrentes do incumprimento das obrigações estabelecidas nesta norma são puníveis nos termos da alínea d) n.º 1 do artigo 21.º do Decreto-lei n.º 234/2007, de 19 de Junho, com coima de € 125 a € 3.740, no caso de se tratar de pessoa singular, e de € 500 a € 30.000, no caso de se tratar de pessoa colectiva.

ARTIGO 18.º
Capacidade do estabelecimento

O número máximo de lugares dos estabelecimentos é calculado em função da área destinada ao serviço dos utentes, deduzida da área correspondente aos corredores de circulação obrigatórios, nos termos seguintes:

a) Nos estabelecimentos com lugares sentados, 0,75 m² por lugar;

b) Nos estabelecimentos com lugares de pé, 0,50 m² por lugar;

c) Não se considera área destinada aos utentes, para efeitos exclusivos do disposto nas alíneas anteriores, as zonas de recepção, incluindo sala de espera;

d) Nos estabelecimentos que disponham de salas ou espaços destinados a dança, estas não podem exceder 90 % da área destinada aos utentes.

Notas:

1. Esta norma define as regras para cálculo da capacidade dos estabelecimentos.

2. De acordo com o n.º 5 do artigo 14.º do Decreto-Lei n.º 234/2007, de 19 de Junho, as entidades exploradoras dos estabelecimentos de restauração ou de bebidas não podem permitir o acesso a um número de utentes superior ao da respectiva capacidade.

3. As infracções decorrentes do incumprimento das obrigações estabelecidas nesta norma são puníveis nos termos da alínea d) n.º 1 do artigo 21.º do Decreto-lei n.º 234/2007, de 19 de Junho, com coima de € 125 a € 3.740, no caso de se tratar de pessoa singular, e de € 500 a € 30.000, no caso de se tratar de pessoa colectiva.

Artigo 19.º
Pessoal de serviço

1 – Os estabelecimentos de restauração ou de bebidas devem dispor do pessoal necessário à correcta execução do serviço, de acordo com a sua capacidade, devendo o atendimento de utentes fazer-se com a adequada correcção e eficiência.

2 – Em todos os estabelecimentos os responsáveis e restante pessoal devem cumprir os preceitos elementares de higiene pessoal, nomeadamente no que respeita:

a) Ao uso de vestuário adequado, roupas e calçado, em perfeito estado de limpeza;

b) Ao uso de toucas ou de outro tipo de protecção para o cabelo pelo pessoal que manipula os alimentos;

c) À lavagem de mãos antes do início dos períodos de serviço e após utilização dos sanitários por todo o pessoal do estabelecimento, sempre que necessário e sempre que se mude de tarefa ou actividade pelo pessoal que manuseia, prepara ou confecciona os alimentos;

d) À prevenção de hábitos pessoais susceptíveis de pôr em causa a higiene e salubridade dos alimentos.

Notas:

1. O uso de uniforme não é obrigatório, exigindo-se apenas ao uso de vestuário adequado e em perfeito estado de limpeza.

2. As infracções decorrentes do incumprimento das obrigações estabelecidas nesta norma são puníveis nos termos da alínea d) n.º 1 do artigo 21.º do Decreto-lei n.º 234/2007, de 19 de Junho, com coima de € 125 a € 3.740, no caso de se tratar de pessoa singular, e de € 500 a € 30.000, no caso de se tratar de pessoa colectiva.

CAPÍTULO III
Regime de classificação

ARTIGO 20.º
Classificação voluntária

A adopção de uma classificação com vista à diferenciação dos estabelecimentos de restauração ou de bebidas é voluntária e da responsabilidade exclusiva das associações e agentes do sector.

Notas:

1. Apesar de o artigo 5.º do Decreto-Lei n.º 234/2007, referir que o regime de classificação de estabelecimentos de restauração ou de bebidas será definido por decreto regulamentar, o legislador optou por atribuir às associações e agentes do sector a possibilidade de adoptar uma classificação com vista à diferenciação dos estabelecimentos de restauração ou de bebidas.

CAPÍTULO IV
Fiscalização

ARTIGO 21.º
Fiscalização e cooperação

1 – Nos termos do disposto no artigo 20.º do Decreto-Lei n.º 234/2007, de 19 de Junho, compete aos médicos que desempenham as funções de autoridades de saúde vigiar e fiscalizar o nível sanitário dos estabelecimentos de restauração e bebidas de maneira a evitar situações de grave risco para a saúde pública, de acordo com o estipulado na base XIX da Lei n.º 48/90, de 24 de Agosto.

66 Novo Regime da Instalação e Funcionamento dos Estab. de Rest. ou de Bebidas

2 – As competências de fiscalização referidas no número anterior são exercidas em cooperação com as demais entidades com competências de fiscalização no sector.

Notas:
1. Refere o artigo 20.º do Decreto-Lei n.º 234/2007 que compete à ASAE a fiscalização do cumprimento das obrigações previstas nesse decreto-lei e no presente regulamento, sem prejuízo das competências próprias dos municípios no âmbito do RJUE, bem como das competências das entidades que intervêm no domínio dos requisitos específicos aplicáveis.

2. De acordo com a base XIX da Lei n.º 48/90, de 24 de Agosto, às autoridades de saúde compete vigiar o nível sanitário dos serviços, estabelecimentos e locais de utilização pública para defesa da saúde pública assim como ordenar a suspensão da actividade ou o encerramento desses serviços, estabelecimentos ou locais, quando funcionem em condições de grave risco para a saúde pública. Das decisões das autoridades de saúde há sempre recurso hierárquico e contencioso nos termos da lei. A regulamentação da base XIX da lei n.º 48/90, de 24 de Agosto, foi efectuada através do Decreto-Lei n.º 336/93, de 29 de Setembro.

CAPÍTULO IV
Disposições finais e transitórias

ARTIGO 22.º
Estabelecimentos de restauração e de bebidas em funcionamento

1 – Os estabelecimentos de restauração ou de bebidas existentes à data da entrada em vigor do presente decreto regulamentar dispõem do prazo de seis meses para se adaptarem e darem cumprimento aos requisitos estabelecidos no presente decreto regulamentar.

2 – Os estabelecimentos em funcionamento que, à data da entrada em vigor do presente decreto regulamentar, estejam classificados como restaurantes típicos ou estabelecimentos de luxo, mantêm as respectivas classificações por um prazo de cinco anos, findo o qual não podem ostentar e ou publicitar a classificação atribuída ao abrigo do regime anterior.

Notas:
1. Os estabelecimentos existentes devem cumprir os requisitos estabelecidos neste decreto regulamentar no prazo de seis meses sob pena de praticarem a infracção prevista na alínea d) do n.º 1 do artigo 21.º do Decreto-lei n.º 234/2007, punível com coima de € 125 a

€ 3.740, no caso de se tratar de pessoa singular, e de € 500 a € 30.000, no caso de se tratar de pessoa colectiva, sem prejuízo da eventual responsabilidade civil ou criminal que possa existir nos termos da lei geral.

2. Os estabelecimentos existentes que se encontrem classificados como restaurantes típicos ou estabelecimentos de luxo, mantêm as respectivas classificações por um prazo de cinco anos, findo o qual não podem ostentar e ou publicitar a classificação atribuída ao abrigo do regime anterior.

ARTIGO 23.º
Norma revogatória

É revogada a Portaria n.º 255/84, de 19 de Abril.

Notas:

1. A Portaria n.º 255/84, de 19 de Abril, agora expressamente revogada, estabelecia a obrigatoriedade da existência e disponibilidade em restaurantes de 2.ª e de 3.ª, em estabelecimentos de bebidas de 2.ª e de 3.ª e em estabelecimentos sem interesse para o turismo de "vinho da casa" e de fazer constar, quer da carta de vinhos quer das ementas das refeições, o respectivo preçário.

ARTIGO 24.º
Entrada em vigor

O presente decreto regulamentar entra em vigor 30 dias após a data da sua publicação.

Visto e aprovado em Conselho de Ministros de 18 de Setembro de 2008. — *José Sócrates Carvalho Pinto de Sousa — Rui Carlos Pereira — Alberto Bernardes Costa — Francisco Carlos da Graça Nunes Correia — Manuel António Gomes de Almeida de Pinho — Jaime de Jesus Lopes Silva — Ana Maria Teodoro Jorge — Jorge Miguel de Melo Viana Pedreira.*

Promulgado em 19 de Novembro de 2008.

Publique-se.

O Presidente da República, ANÍBAL CAVACO SILVA.

Referendado em 21 de Novembro de 2008.

O Primeiro-Ministro, *José Sócrates Carvalho Pinto de Sousa.*

Portaria n.º 573/2007
de 17 de Julho[1]

O Decreto-Lei n.º 234/2007, de 19 de Junho, que estabelece o regime jurídico a que fica sujeita a instalação e a modificação dos estabelecimentos de restauração ou de bebidas, bem como o regime aplicável à respectiva exploração e funcionamento, prevê a obrigação de entrega de declaração prévia para o exercício da actividade dos estabelecimentos, a qual, em simultâneo, servirá de base ao registo e cadastro dos estabelecimentos deste sector, a disponibilizar ao público, no sítio Internet da Direcção-Geral das Actividades Económicas (DGAE) .

Determina igualmente que o encerramento de estabelecimentos de restauração e bebidas seja comunicado através do referido modelo de declaração.

Mais prevê que o modelo da referida declaração seja aprovado por portaria conjunta dos membros do Governo com a tutela do turismo e das autarquias locais.

Assim, ao abrigo do disposto no n.º 2 do artigo 11.º do Decreto-Lei n.º 234/2007, de 19 de Junho:

Manda o Governo, pela Presidência do Conselho de Ministros e pelo Ministro da Economia e da Inovação, o seguinte:

1.º O modelo da declaração instituída pelo Decreto-Lei n.º 234/2007, de 19 de Junho, é o constante do anexo a esta portaria e que dela faz parte integrante.

2.º A presente portaria entra em vigor no dia seguinte ao da sua publicação.

10 de Julho de 2007. – O Secretário de Estado Adjunto e da Administração Local, *Eduardo Arménio do Nascimento Cabrita*. – O Secretário de Estado do Turismo, *Bernardo Luís Amador Trindade*.

---

[1] Rectificada pela Rectificação n.º 1474/2007.

ANEXO

Declaração de instalação, de modificação e de encerramento dos estabelecimentos de restauração ou de bebidas abrangidos pelo regime instituído pelo Decreto-Lei n.º 234/2007, de 19 de Junho.

PRESIDÊNCIA DO CONSELHO DE MINISTROS E MINISTÉRIO DA ECONOMIA E DA INOVAÇÃO

ANEXO

Declaração de Instalação, Modificação e de Encerramento dos Estabelecimentos de Restauração ou de Bebidas

abrangidos pelo regime instituído pelo Decreto-Lei n.º 234/2007, de 19 de Junho

Uso exclusivo da DGAE / Câmara Municipial

DATA   /   /
Nº do Processo ⎵⎵⎵⎵⎵
CAE ⎵⎵⎵⎵⎵

A preencher pela empresa

1. DECLARAÇÃO DE INSTALAÇÃO, MODIFICAÇÃO E DE ENCERRAMENTO

Instalação do estabelecimento ☐

Modificação:
- Alteração do tipo de actividade ☐
- Mudança da pessoa ou entidade titular da exploração ☐
- Ampliação / redução do estabelecimento ☐

Encerramento do estabelecimento ☐

Comunicação para efeitos de registo nos termos do art. 24º ☐

2. ELEMENTOS DE IDENTIFICAÇÃO DO TITULAR DA EXPLORAÇÃO DO ESTABELECIMENTO

2.1. Firma/Denominação social ⎵⎵⎵⎵⎵⎵⎵⎵⎵⎵⎵⎵⎵⎵⎵⎵⎵⎵⎵⎵⎵⎵⎵⎵⎵⎵⎵⎵⎵⎵⎵⎵⎵⎵⎵⎵⎵

2.2. Número de identificação de pessoa colectiva (NIPC) / Número Fiscal de Pessoa Singular ⎵⎵⎵⎵⎵⎵⎵⎵⎵

2.3. Endereço da sede ⎵⎵⎵⎵⎵⎵⎵⎵⎵⎵⎵⎵⎵⎵⎵⎵⎵⎵⎵⎵⎵⎵⎵⎵⎵⎵⎵⎵

2.3.1. Localidade ⎵⎵⎵⎵⎵⎵⎵⎵⎵⎵⎵⎵⎵⎵

2.3.2. Código Postal ⎵⎵⎵⎵-⎵⎵⎵

2.3.3. Distrito ⎵⎵⎵⎵⎵⎵⎵⎵⎵⎵⎵⎵⎵⎵⎵

2.3.4. Concelho ⎵⎵⎵⎵⎵⎵⎵⎵⎵⎵⎵⎵⎵⎵⎵

2.3.5. Freguesia ⎵⎵⎵⎵⎵⎵⎵⎵⎵⎵⎵⎵⎵⎵⎵

2.4 Telefone ⎵⎵⎵⎵⎵⎵⎵⎵   2.5. Fax ⎵⎵⎵⎵⎵⎵⎵⎵

2.6. E-mail ⎵⎵⎵⎵⎵⎵⎵⎵⎵⎵⎵⎵⎵⎵⎵⎵⎵⎵⎵⎵⎵⎵⎵⎵⎵⎵⎵⎵⎵⎵

PRESIDÊNCIA DO CONSELHO DE MINISTROS E MINISTÉRIO DA ECONOMIA E DA INOVAÇÃO

3. ELEMENTOS DE IDENTIFICAÇÃO DO ESTABELECIMENTO

3.1. Nome/Insígnia

3.2. Endereço

3.2.1. Localidade

3.2.2. Código Postal

3.2.3. Distrito

3.2.4. Concelho

3.2.5. Freguesia

3.3. Telefone   3.4. Fax

3.5. E-mail

3.6. Alvará de

N.º

4. CARACTERIZAÇÃO DA ACTIVIDADE DO ESTABELECIMENTO

Estabelecimento Misto de Restauração e Bebidas ☐

Estabelecimento de Restauração ☐

Estabelecimento de Bebidas ☐

Área pública (espaço destinado aos utentes) ⃞ m2

Capacidade do Estabelecimento ⃞

Número médio de pessoas ao serviço ⃞

4.1. O estabelecimento dispõe de:

Fabrico próprio de pastelaria ☐

Fabrico próprio de panificação ☐

Fabrico próprio de gelados ☐

Potência contratada superior a 50 kVA ☐

Sala ou espaço de dança ☐

Esplanada na via pública ☐

PRESIDÊNCIA DO CONSELHO DE MINISTROS E MINISTÉRIO DA ECONOMIA E DA INOVAÇÃO

4.2. Classificação da Actividade Económica exercida no estabelecimento - CAE

4.2.1. Actividade principal

4.2.2. Actividades secundárias

PRESIDÊNCIA DO CONSELHO DE MINISTROS E MINISTÉRIO DA ECONOMIA E DA INOVAÇÃO

_____ titular da exploração do estabelecimento declara, com plena responsabilidade, que este cumpre os requisitos legais exigidos para o exercício da respectiva actividade, nomeadamente em matéria de instalações, equipamentos, higiene e segurança.

Data ____ / ____ / ____

Assinatura _____

(Carimbo da empresa)

Documentos de junção obrigatória

Documentos comuns a qualquer declaração:

- Fotocópia do cartão de pessoa colectiva ou, no caso de empresário em nome individual, do bilhete de identidade

- Tratando-se de pessoa colectiva, código de acesso à certidão permanente, ou em alternativa, fotocópia de certidão do Registo Comercial actualizada e em vigor. No caso de empresário em nome individual, declaração do interessado a indicar endereço do sítio onde este documento possa ser consultado e a autorizar, se for caso disso, essa consulta, ou em alternativa, fotocópia da declaração de início de actividade

- Planta de implantação do estabelecimento com indicação de áreas, localização, de equipamentos e das diferentes secções que o compõem, quando existente

- Fotocópia de alvará de licença ou de autorização de utilização, alvará sanitário ou autorização de abertura, quando existente

Documentos específicos para a declaração efectuada nos termos do n.º 3 e seguintes do art.º 10.º:

- Termo de responsabilidade do director técnico de obra, nos termos do artigo 63º do RJUE

- Termo de responsabilidade subscrito pelo autor do projecto de segurança contra incêndios declarando que a obra foi executada de acordo com o projecto aprovado e, se for caso disso, que as alterações efectuadas estão em conformidade com as normas legais e regulamentares aplicáveis

- Termo de responsabilidade subscrito pelos autores dos projectos de especialidades (instalações eléctricas, acústicas, acessibilidades do edifício) quando obrigatórios

- Auto de vistoria de teor favorável à abertura do estabelecimento, quando esta tenha ocorrido

- No caso da vistoria ter imposto condicionantes, termo de responsabilidade assinado pelo responsável da direcção técnica da obra, assegurando que as mesmas foram respeitadas.

LEGISLAÇÃO COMPLEMENTAR

Regulamento (CE) n.º 852/2004 do Parlamento Europeu e do Conselho de 29 de Abril de 2004 relativo à higiene dos géneros alimentícios

O PARLAMENTO EUROPEU E O CONSELHO DA UNIÃO EUROPEIA,

Tendo em conta o Tratado que institui a Comunidade Europeia e, nomeadamente, o seu artigo 95.º e a alínea b) do n.º 4 do seu artigo 152.º,

Tendo em conta a proposta da Comissão,

Tendo em conta o parecer do Comité Económico e Social Europeu·

Após consulta ao Comité das Regiões,

Deliberando nos termos do artigo 251.º do Tratado,

Considerando o seguinte:

(1) A procura de um elevado nível de protecção da vida e da saúde humanas é um dos objectivos fundamentais da legislação alimentar, tal como se encontra estabelecida no Regulamento (CE) n.º 178/2002. Este regulamento estabelece igualmente os princípios e definições comuns para a legislação alimentar nacional e comunitária, incluindo o objectivo de alcançar a livre circulação dos alimentos na Comunidade.

(2) A Directiva 93/43/CEE do Conselho, de 14 de Junho de 1993, relativa à higiene dos géneros alimentícios, estabelece as regras gerais de higiene aplicáveis aos alimentos e os processos de controlo do cumprimento dessas regras.

(3) A experiência indicou que estas regras e estes processos constituem uma base sólida para garantir a segurança alimentar. No âmbito da política agrícola comum, foram aprovadas muitas directivas destinadas a estabelecer regras sanitárias específicas para a produção e a colocação no mercado dos produtos enumerados no anexo I do Tratado. Essas regras sanitárias reduziram os entraves comerciais aos produtos em questão, contribuindo para a criação do mercado interno enquanto asseguravam simultaneamente um elevado nível de protecção da saúde pública.

78 *Novo Regime da Instalação e Funcionamento dos Estab. de Rest. ou de Bebidas*

(4) Essas regras e esses processos contêm princípios comuns em matéria de saúde pública, em especial em relação às responsabilidades dos fabricantes e das autoridades competentes, aos requisitos estruturais, operacionais e em matéria de higiene para os estabelecimentos, aos processos para a aprovação de estabelecimentos, aos requisitos de armazenagem e transporte e à marcação de salubridade.

(5) Esses princípios constituem uma base comum para a produção higiénica de todos os géneros alimentícios, incluindo os produtos de origem animal enumerados no anexo I do Tratado.

(6) Além desta base comum são necessárias regras específicas de higiene para certos géneros alimentícios. Essas regras estão previstas no Regulamento (CE) n.º 853/2004 do Parlamento Europeu e do Conselho, de 29 de Abril de 2004, que estabelece regras específicas de higiene aplicáveis aos géneros alimentícios de origem animal.

(7) As novas regras gerais e específicas de higiene têm por principal objectivo garantir um elevado nível de protecção do consumidor em matéria de segurança dos géneros alimentícios.

(8) É necessária uma abordagem integrada para garantir a segurança alimentar desde o local da produção primária até à colocação no mercado ou à exportação, inclusive. Todos os operadores de empresas do sector alimentar ao longo da cadeia de produção devem garantir que a segurança dos géneros alimentícios não seja comprometida.

(9) As regras comunitárias não se deverão aplicar nem à produção primária para consumo doméstico, nem à preparação, manuseamento ou armazenagem domésticos de géneros alimentícios para consumo doméstico privado. Além disso, aplicar-se-ão unicamente às empresas, o que implica uma certa continuidade nas actividades e um certo grau de organização.

(10) Os riscos alimentares presentes a nível da produção primária devem ser identificados e controlados adequadamente, a fim de assegurar a consecução dos objectivos do presente regulamento. Todavia, em caso de fornecimento directo de pequenas quantidades de produtos

Regulamento (CE) n.º 852/2004, 29 de Abril de 2004   79

da produção primária pelo operador da empresa do sector alimentar que os produz ao consumidor final ou a um estabelecimento local de venda a retalho, é adequado proteger a saúde pública através da legislação nacional, em especial devido à relação estreita entre o produtor e o consumidor.

(11) A aplicação dos princípios da análise dos perigos e do controlo dos pontos críticos (HACCP) à produção primária não é ainda exequível de um modo geral. No entanto, os códigos de boas práticas deverão incentivar a utilização das práticas higiénicas adequadas nas explorações agrícolas. Sempre que necessário, tais códigos serão complementados por regras específicas de higiene para a produção primária. É apropriado que os requisitos de higiene aplicáveis à produção primária e às operações associadas sejam diversos dos requisitos aplicáveis a outras operações.

(12) A segurança dos géneros alimentícios é resultado de vários factores: a legislação deve determinar os requisitos mínimos de higiene, deverão ser instaurados controlos oficiais para verificar a sua observância por parte dos operadores de empresas do sector alimentar e os operadores de empresas do sector alimentar deverão ainda criar e aplicar programas de segurança dos géneros alimentícios e processos baseados nos princípios HACCP.

(13) A implementação bem sucedida dos processos baseados nos princípios HACCP requer a plena cooperação e o empenhamento do pessoal das empresas do sector alimentar. Para tanto, esse pessoal deverá receber formação. O sistema HACCP é um instrumento que auxilia os operadores de empresas do sector alimentar a alcançar padrões mais elevados de segurança dos géneros alimentícios. O sistema HACCP não deve ser encarado como um método de autoregulação e não substitui os controlos oficiais.

(14) Os requisitos para estabelecer processos baseados nos princípios HACCP não deverão inicialmente aplicar-se à produção primária, porém a viabilidade da sua extensão será um dos elementos da revisão que a Comunidade levará a cabo na sequência da implementação do presente regulamento. Todavia, convém que os Estados-Membros

80 *Novo Regime da Instalação e Funcionamento dos Estab. de Rest. ou de Bebidas*

encorajem os operadores a nível da produção primária a aplicar esses princípios na medida do possível.

(15) Os requisitos do sistema HACCP deverão tomar em consideração os princípios constantes do Codex Alimentarius. Deverão ter a flexibilidade suficiente para ser aplicáveis em todas as situações, incluindo em pequenas empresas. Em especial, é necessário reconhecer que, em certas empresas do sector alimentar, não é possível identificar pontos críticos de controlo e que, em certos casos, as boas práticas de higiene podem substituir a monitorização dos pontos críticos de controlo. Do mesmo modo, o requisito que estabelece «limites críticos» não implica que é necessário fixar um limite numérico em cada caso. Além disso, o requisito de conservar documentos tem de ser flexível para evitar uma sobrecarga desnecessária para as empresas muito pequenas.

(16) A flexibilidade é também apropriada para permitir a continuação da utilização de métodos tradicionais em qualquer das fases de produção e em relação aos requisitos estruturais para os estabelecimentos. A flexibilidade é particularmente importante para as regiões sujeitas a condicionalismos geográficos especiais, incluindo as regiões ultraperiféricas a que se refere o artigo 299.º do Tratado. No entanto, a flexibilidade não deve comprometer os objectivos de higiene dos géneros alimentícios. Além do mais, uma vez que todos os géneros alimentícios produzidos de acordo com as regras de higiene estarão em livre circulação em toda a Comunidade, o processo que permite aos Estados-Membros darem mostras de flexibilidade deverá ser plenamente transparente. O processo deverá prever, sempre que necessário, para resolver qualquer diferendo, a possibilidade de discussão a nível do Comité Permanente da Cadeia Alimentar e da Saúde Animal, instituído pelo Regulamento (CE) n.º 178/2002.

(17) O estabelecimento de objectivos, tais como a redução dos organismos patogénicos ou a definição de níveis de desempenho deverá orientar a implementação de regras de higiene. É por conseguinte necessário prever os processos necessários para esse efeito. Estes objectivos complementarão a legislação alimentar existente, tal como o Regulamento (CEE) n.º 315/93 do Conselho, de 8 de Fevereiro de 1993, que

Regulamento (CE) n.° 852/2004, 29 de Abril de 2004   81

estabelece procedimentos comunitários para os contaminantes presentes nos géneros alimentícios, que prevê o estabelecimento de tolerâncias máximas para contaminantes específicos, e o Regulamento (CE) n.° 178/2002, que proíbe a colocação no mercado de géneros alimentícios não seguros e prevê uma base uniforme para a aplicação do princípio de precaução.

(18) Para tomar em consideração o progresso científico e técnico, deve assegurar-se uma cooperação estreita e eficaz entre a Comissão e os Estados-Membros no âmbito do Comité Permanente da Cadeia Alimentar e da Saúde Animal. O presente regulamento tem em conta as obrigações internacionais estabelecidas no Acordo Sanitário e Fitossanitário da OMC e as normas internacionais de segurança dos alimentos constantes do Codex Alimentarius.

(19) O registo dos estabelecimentos e a cooperação dos operadores das empresas do sector alimentar são necessários para permitir que as autoridades competentes levem a cabo com eficácia os controlos oficiais.

(20) A rastreabilidade dos géneros alimentícios e respectivos ingredientes ao longo da cadeia alimentar constitui um elemento essencial para garantir a segurança dos mesmos. Constam do Regulamento (CE) n.° 178/2002 regras em matéria de rastreabilidade dos géneros alimentícios e dos seus ingredientes, bem como o procedimento para a adopção das regras de execução a aplicar a esses princípios no que se refere a sectores específicos.

(21) Os géneros alimentícios importados na Comunidade devem respeitar as disposições gerais do Regulamento (CE) n.° 178/2002 ou disposições equivalentes às disposições comunitárias. O presente regulamento define certos requisitos de higiene específicos para os géneros alimentícios importados na Comunidade.

(22) Os géneros alimentícios exportados da Comunidade para países terceiros devem respeitar as disposições gerais do Regulamento (CE) n.° 178/2002. O presente regulamento define certos requisitos de higiene específicos para os géneros alimentícios exportados da Comunidade.

82 *Novo Regime da Instalação e Funcionamento dos Estab. de Rest. ou de Bebidas*

(23) A legislação comunitária sobre higiene alimentar deve ser sustentada por pareceres científicos. Para tanto, a Autoridade Europeia para a Segurança dos Alimentos deve ser consultada sempre que necessário.

(24) Uma vez que o presente regulamento substitui a Directiva 93/43/CEE, esta deve ser revogada.

(25) Os requisitos do presente regulamento só deverão aplicar-se quando todas as partes da nova legislação em matéria de higiene alimentar tiverem entrado em vigor. É também adequado prever um período de tempo de, pelo menos, 18 meses entre a entrada em vigor e a aplicação das novas regras, de forma a dar tempo as indústrias afectadas para se adaptarem.

(26) As medidas necessárias à execução do presente regulamento serão aprovadas nos termos da Decisão 1999/468/CE do Conselho, de 28 de Junho de 1999, que estabelece os procedimentos necessários para o exercício das competências de execução atribuídas à Comissão,

ADOPTARAM O PRESENTE REGULAMENTO:

CAPÍTULO I
Disposições Gerais

ARTIGO 1.º
Âmbito de aplicação

1. O presente regulamento estabelece as regras gerais destinadas aos operadores das empresas do sector alimentar no que se refere à higiene dos géneros alimentícios, tendo em particular consideração os seguintes princípios:

a) Os operadores do sector alimentar são os principais responsáveis pela segurança dos géneros alimentícios;

b) A necessidade de garantir a segurança dos géneros alimentícios ao longo da cadeia alimentar, com início na produção primária;

c) No caso dos géneros alimentícios que não possam ser armazenados com segurança à temperatura ambiente, a importância da manutenção da cadeia do frio, em especialmente para os alimentos congelados;

d) A aplicação geral dos procedimentos baseados nos princípios HACCP, associadas à observância de boas práticas de higiene, deve reforçar a responsabilidade dos operadores das empresas do sector alimentar;

e) Os códigos de boas práticas constituem um instrumento valioso para auxiliar os operadores das empresas do sector alimentar, a todos os níveis da cadeia alimentar, na observância das regras de higiene e dos princípios HACCP;

f) A necessidade de serem estabelecidos critérios microbiológicos e requisitos de controlo da temperatura baseados numa avaliação científica do risco;

g) A necessidade de assegurar que os géneros alimentícios importados respeitem, pelo menos, os mesmos padrões em termos de higiene que os géneros alimentícios produzidos na Comunidade ou padrões equivalentes.

O presente regulamento aplica-se em todas as fases da produção, transformação e distribuição de alimentos, sem prejuízo de requisitos mais específicos em matéria de higiene dos géneros alimentícios.

2. O presente regulamento não se aplica:

a) À produção primária destinada a uso doméstico privado;

b) À preparação, manipulação e armazenagem doméstica de alimentos para consumo doméstico privado;

c) Ao fornecimento directo, pelo produtor, de pequenas quantidades de produtos de produção primária ao consumidor final ou ao comércio a retalho local que fornece directamente o consumidor final;

d) Aos centros de recolha e fábricas de curtumes abrangidos pela definição de empresa do sector alimentar apenas por tratarem materiais crus para a produção de gelatina ou colagéneo.

3. Ao abrigo da legislação nacional, os Estados-Membros estabelecem regras que regulamentem as actividades referidas na alínea c) do n.º 2. Essas regras nacionais devem assegurar a realização dos objectivos do presente regulamento.

ARTIGO 2.º
Definições

1. Para efeitos do presente regulamento, entende-se por:

a) «Higiene dos géneros alimentícios», a seguir designada por «higiene», as medidas e condições necessárias para controlar os riscos e assegurar que os géneros alimentícios sejam próprios para consumo humano tendo em conta a sua utilização;

b) «Produtos primários»: produtos da produção primária, incluindo os produtos da agricultura, da pecuária, da caça e da pesca;

c) «Estabelecimento», qualquer unidade de uma empresa do sector alimentar;

d) «Autoridade competente», a autoridade central de um Estado-Membro competente para assegurar o respeito dos requisitos do presente regulamento ou qualquer outra autoridade em que essa autoridade central tenha delegado essa competência; inclui, se for caso disso, a autoridade correspondente de um país terceiro;

e) «Equivalente», em relação a diferentes sistemas, capaz de alcançar os mesmos objectivos;

f) «Contaminação», a presença ou introdução de um risco;

g) «Água potável», água que cumpre os requisitos estabelecidos na Directiva 98/83/CE do Conselho, de 3 de Novembro de 1998, para a água destinada ao consumo humano;

h) «Água do mar limpa», água do mar ou salobre, natural, artificial ou depurada, que não contenha microrganismos, substâncias nocivas nem plâncton marinho tóxico em quantidades susceptíveis de terem uma incidência directa ou indirecta sobre a qualidade sanitária dos géneros alimentícios;

i) «Água limpa», água do mar limpa e água doce limpa, de qualidade semelhante;

j) «Acondicionamento», colocação de um produto num invólucro inicial ou recipiente inicial em contacto directo com o produto em questão, bem como o próprio invólucro ou recipiente inicial;

k) «Embalagem», colocação de um ou mais géneros alimentícios acondicionados num segundo recipiente, bem como o próprio recipiente;

l) «Recipiente hermeticamente fechado», um recipiente concebido para impedir a entrada de substâncias ou organismos perigosos;

m) «Transformação», acção que assegura uma modificação substancial do produto inicial por aquecimento, fumagem, cura, maturação, secagem, marinagem, extracção, extrusão ou uma combinação destes processos;

Regulamento (CE) n.º 852/2004, 29 de Abril de 2004

n) «Produtos não transformados», géneros alimentícios que não tenham sofrido transformação, incluindo produtos que tenham sido divididos, separados, seccionados, desossados, picados, esfolados, moídos, cortados, limpos, aparados, descascados, triturados, refrigerados, congelados ou ultracongelados;

o) «Produtos transformados», géneros alimentícios resultantes da transformação de produtos não transformados. Estes produtos podem conter ingredientes que sejam necessários ao seu fabrico, por forma a dar-lhes características específicas.

2. São aplicáveis igualmente as definições estabelecidas no Regulamento (CE) n.º 178/2002.

3. Nos anexos, as expressões «sempre que necessário», «sempre que adequado» «apropriado» e «suficiente» significam, respectivamente, sempre que necessário, sempre que adequado, apropriado ou suficiente para alcançar os objectivos do presente regulamento.

CAPÍTULO II
Obrigações dos operadores das empresas do sector alimentar

ARTIGO 3.º
Obrigação geral

Os operadores das empresas do sector alimentar asseguram que todas as fases da produção, transformação e distribuição de géneros alimentícios sob o seu controlo satisfaçam os requisitos pertinentes em matéria de higiene estabelecidos no presente regulamento.

ARTIGO 4.º
Requisitos gerais e específicos de higiene

1. Os operadores das empresas do sector alimentar que se dediquem à produção primária e a determinadas actividades conexas enumeradas no anexo I cumprem as disposições gerais de higiene previstas na parte A do anexo I e em quaisquer outras disposições específicas previstas no Regulamento (CE) n.º 853/2004.

86 *Novo Regime da Instalação e Funcionamento dos Estab. de Rest. ou de Bebidas*

2. Os operadores das empresas do sector alimentar que se dediquem a qualquer fase da produção, transformação e distribuição de géneros alimentícios a seguir às fases a que se aplica o n.º 1, cumprem os requisitos gerais de higiene previstos no anexo II e em quaisquer outras disposições específicas previstas no Regulamento (CE) n.º 853/2004.

3. Os operadores das empresas do sector alimentar, tomarão, se for caso disso, as seguintes medidas específicas de higiene:

a) Respeito dos critérios microbiológicos aplicáveis aos géneros alimentícios;

b) Os processos necessários para respeitar os alvos estabelecidos para cumprir os objectivos do presente regulamento;

c) Respeito dos critérios de temperatura aplicáveis aos géneros alimentícios;

d) Manutenção da cadeia de frio;

e) Recolha de amostras e análises.

4. Os critérios, requisitos e alvos a que se refere o n.º 3 são adoptados nos termos do n.º 2 do artigo 14.º

Os métodos de amostragem e análise que lhes estão associados são estabelecidos nos mesmos termos.

5. Quando o presente regulamento, o Regulamento (CE) n.º 853/2004, e as suas medidas de execução não especificarem os métodos de amostragem ou de análise, os operadores das empresas do sector alimentar podem utilizar métodos adequados estabelecidos noutras regulamentações comunitárias ou nacionais ou, à falta destes, métodos que atinjam resultados equivalentes aos obtidos com o método de referência, caso sejam cientificamente validados em conformidade com regras ou protocolos internacionalmente reconhecidos.

6. Os operadores das empresas do sector alimentar podem utilizar os códigos previstos nos artigos 7.º, 8.º e 9.º para os auxiliar no cumprimento das suas obrigações a título do presente regulamento.

ARTIGO 5.º
Análise dos perigos e controlo dos pontos críticos

1. Os operadores das empresas do sector alimentar criam, aplicam e mantêm um processo ou processos permanentes baseados nos princípios HACCP.

Regulamento (CE) n.º 852/2004, 29 de Abril de 2004

2. Os princípios HACCP referidos no n.º 1 são os seguintes:

a) Identificação de quaisquer perigos que devam ser evitados, eliminados ou reduzidos para níveis aceitáveis;

b) Identificação dos pontos críticos de controlo na fase ou fases em que o controlo é essencial para evitar ou eliminar um risco ou para o reduzir para níveis aceitáveis;

c) Estabelecimento de limites críticos em pontos críticos de controlo, que separem a aceitabilidade da não aceitabilidade com vista à prevenção, eliminação ou redução dos riscos identificados;

d) Estabelecimento e aplicação de processos eficazes de vigilância em pontos críticos de controlo;

e) Estabelecimento de medidas correctivas quando a vigilância indicar que um ponto crítico de controlo não se encontra sob controlo;

f) Estabelecimento de processos, a efectuar regularmente, para verificar que as medidas referidas nas alíneas a) a e) funcionam eficazmente; e

g) Elaboração de documentos e registos adequados à natureza e dimensão das empresas, a fim de demonstrar a aplicação eficaz das medidas referidas nas alíneas a) a f).

Sempre que seja efectuada qualquer alteração nos produtos, no processo, ou em qualquer fase da produção, os operadores das empresas do sector alimentar procedem a uma revisão do processo e introduzem as alterações necessárias.

3. O n.º 1 apenas se aplica aos operadores das empresas do sector alimentar que efectuem qualquer fase de produção, transformação e distribuição dos géneros alimentícios a seguir à produção primária e às operações conexas enumeradas no anexo I.

4. Os operadores das empresas do sector alimentar:

a) Fornecem à autoridade competente as provas da sua observância do requisito estabelecido no n.º 1, sob a forma exigida pela autoridade competente, tendo em conta a natureza e a dimensão da empresa do sector alimentar;

b) Asseguram que todos os documentos que descrevem os processos desenvolvidos em conformidade com o presente artigo se encontram sempre actualizados;

c) Conservam quaisquer outros documentos e registos durante um período adequado.

88 *Novo Regime da Instalação e Funcionamento dos Estab. de Rest. ou de Bebidas*

5. Podem ser aprovadas nos termos do n.º 2 do artigo 14.º regras de execução do presente artigo. Tais regras podem facilitar a execução do presente artigo por certos operadores de empresas do sector alimentar, em especial estabelecendo a utilização de processos estabelecidos nos códigos para a aplicação dos princípios HACCP para dar cumprimento ao n.º 1. Essas regras podem igualmente especificar o período durante o qual os operadores das empresas do sector alimentar devem conservar os documentos e registos em conformidade com a alínea c) do n.º 4.

ARTIGO 6.º
Controlos oficiais, registo e aprovação dos estabelecimentos

1. Os operadores das empresas do sector alimentar cooperam com as autoridades competentes em conformidade com a demais legislação comunitária aplicável ou, caso esta não exista, com a legislação nacional.

2. Em particular, os operadores das empresas do sector alimentar notificam a autoridade competente, sob a forma por esta requerida, de todos os estabelecimentos sob o seu controlo que se dedicam a qualquer das fases de produção, transformação e distribuição de géneros alimentícios, tendo em vista o registo de cada estabelecimento.

Os operadores das empresas do sector alimentar asseguram igualmente que a autoridade competente disponha em permanência de informações actualizadas sobre os estabelecimentos, incluindo mediante a notificação de qualquer alteração significativa das actividades e do eventual encerramento de um estabelecimento existente.

3. Todavia, os operadores das empresas do sector alimentar asseguram que os estabelecimentos são aprovados pela autoridade competente, na sequência de pelo menos uma visita *in loco*, sempre que a aprovação seja exigida:

a) Pela legislação nacional dos Estados-Membros em que o estabelecimento está situado;

b) Pelo Regulamento (CE) n.º 853/2004;

ou

c) Por uma decisão aprovada nos termos do n.º 2 do artigo 14.º

Os Estados-Membros que, nos termos da sua legislação nacional, obrigarem à aprovação de determinados estabelecimentos situados no seu território, como previsto na alínea a), informam a Comissão e os restantes Estados-Membros das regras nacionais relevantes.

CAPÍTULO III
Códigos de boas práticas

Artigo 7.º
Elaboração, divulgação e utilização dos códigos

Os Estados-Membros incentivam a elaboração de códigos nacionais de boas práticas para a higiene e aplicação dos princípios HACCP em conformidade com o artigo 8.º Os códigos comunitários serão elaborados em conformidade com o artigo 9.º

A divulgação e utilização dos códigos nacionais e comunitários são incentivadas. Todavia, estes códigos podem ser utilizados voluntariamente pelos operadores das empresas do sector alimentar.

Artigo 8.º
Códigos nacionais

1. Sempre que forem preparados códigos nacionais de boas práticas, estes são elaborados e divulgados por empresas dos sectores alimentares:

a) Consultando representantes de partes cujos interesses possam ser substancialmente afectados, tais como as autoridades competentes e as associações de consumidores;

b) Tendo em conta os códigos de práticas pertinentes do Codex Alimentarius;

c) Sempre que digam respeito à produção primária e às operações conexas enumeradas no anexo I, tomando em consideração as recomendações estabelecidas na parte B do anexo I.

2. Os códigos nacionais podem ser elaborados sob a égide de um dos organismos nacionais de normalização referidos no anexo II da Directiva 98/34/CE.

3. Os Estados-Membros avaliam os códigos nacionais para se assegurarem de que:

a) Foram elaborados em conformidade com o n.º 1;

b) O seu teor permite que sejam aplicados na prática pelos sectores a que se destinam;

e

c) São adequados enquanto códigos para o cumprimento dos artigos 3.º, 4.º e 5.º nos sectores e para os géneros alimentícios abrangidos.

4. Os Estados-Membros enviam à Comissão os códigos nacionais que estejam em conformidade com os requisitos estabelecidos no n.º 3. A Comissão cria e mantém um sistema de registo desses códigos, que põe à disposição dos Estados-Membros.

5. Os códigos de boas práticas elaborados em conformidade com as disposições da Directiva 93/43/CEE continuam a ser aplicáveis após a entrada em vigor do presente regulamento, desde que sejam compatíveis com os seus objectivos.

ARTIGO 9.º
Códigos comunitários

1. Antes de serem elaborados códigos comunitários de boas práticas em matéria de higiene ou de aplicação dos princípios HACCP, a Comissão consultará o comité a que se refere o artigo 14.º Essa consulta terá por objectivo determinar o interesse desses códigos e os respectivos âmbito e teor.

2. Sempre que forem preparados códigos comunitários, a Comissão assegura que estes sejam elaborados e divulgados:

a) Por, ou em consulta com, representantes adequados das empresas dos sectores alimentares europeus, incluindo PME, e de outras partes interessadas, tais como associações de consumidores;

b) Em colaboração com partes cujos interesses possam ser substancialmente afectados, incluindo as autoridades competentes;

c) Tendo em conta os códigos de práticas pertinentes do Codex Alimentarius;

d) Sempre que digam respeito à produção primária e às operações conexas enumeradas no anexo I, tomando em consideração as recomendações estabelecidas na parte B do anexo I.

3. O comité a que se refere o artigo 14.º avalia os projectos de códigos comunitários para se assegurar de que:

a) Foram elaborados em conformidade com o n.º 2;

b) O seu teor permite que sejam aplicados na prática, em toda a Comunidade, pelos sectores a que se destinam;

e

c) São adequados enquanto códigos para o cumprimento dos artigos 3.º, 4.º e 5.º nos sectores e para os géneros alimentícios abrangidos.

Regulamento (CE) n.º 852/2004, 29 de Abril de 2004 91

4. A Comissão convidará o comité a que se refere o artigo 14.º a rever periodicamente quaisquer códigos comunitários preparados em conformidade com o presente artigo, em cooperação com os organismos mencionados no n.º 2.

O objectivo desta revisão é assegurar que os códigos continuam a ser aplicados na prática e a tomar em consideração os desenvolvimentos científicos e tecnológicos.

5. Os títulos e as referências dos códigos comunitários preparados de acordo com o presente artigo serão publicados na série C do Jornal Oficial da União Europeia.

CAPÍTULO IV
Importações e exportações

ARTIGO 10.º
Importações

No que se refere à higiene dos géneros alimentícios importados, os requisitos pertinentes da legislação alimentar referidos no artigo 11.º do Regulamento (CE) n.º 178/2002 incluem os requisitos estabelecidos nos artigos 3.º a 6.º do presente regulamento.

ARTIGO 11.º
Exportações

No que se refere à higiene dos géneros alimentícios destinados à exportação ou à reexportação, os requisitos pertinentes da legislação alimentar referidos no artigo 12.º do Regulamento (CE) n.º 178/2002 incluem os requisitos estabelecidos nos artigos 3.º a 6.º do presente regulamento.

CAPÍTULO V
Disposições finais

ARTIGO 12.º
Medidas de execução e disposições transitórias

Podem ser estabelecidas medidas de execução e disposições transitórias nos termos do n.º 2 do artigo 14.º

Artigo 13.º
Alteração e adaptação dos anexos I e II

1. As disposições dos anexos I e II podem ser adaptadas ou actualizadas nos termos do n.º 2 do artigo 14.º, tomando em consideração:

a) A necessidade de rever as recomendações do n.º 2 da parte B do anexo I;

b) A experiência adquirida com a implementação de sistemas baseados no sistema HACCP nos termos do artigo 5.º;

c) O desenvolvimento tecnológico e as suas consequências práticas bem como as expectativas dos consumidores relativamente à composição dos alimentos;

d) Pareceres científicos, nomeadamente novas avaliações de risco; e

e) Os critérios microbiológicos e de temperatura relativos aos géneros alimentícios.

2. Podem ser concedidas derrogações do disposto nos anexos I e II, especialmente para facilitar a aplicação do artigo 5.º às pequenas empresas, nos termos do n.º 2 do artigo 14.º, tendo em conta os factores de risco relevantes, desde que essas derrogações não afectem a concretização dos objectivos do presente regulamento.

3. Desde que não comprometam a concretização dos objectivos do presente regulamento, os Estados-Membros podem adoptar medidas nacionais para adaptar os requisitos previstos no anexo II, nos termos dos n.ºs 4 a 7 do presente artigo.

4. a) As medidas nacionais a que se refere o n.º 3 devem ter por objectivo:

i) Permitir a continuação da utilização dos métodos tradicionais em qualquer das fases da produção, transformação ou distribuição dos géneros alimentícios;

ou

ii) Satisfazer as necessidades das empresas do sector alimentar situadas em regiões sujeitas a condicionalismos geográficos especiais.

b) Noutras circunstâncias, estas medidas nacionais apenas se aplicam à construção, concepção e equipamento dos estabelecimentos.

5. Qualquer Estado-Membro que pretenda adoptar medidas nacionais para adaptar os requisitos estabelecidos no anexo II, tal como referido no

Regulamento (CE) n.º 852/2004, 29 de Abril de 2004

n.º 4, notifica do facto a Comissão e os restantes Estados-Membros. Da notificação consta:

a) A descrição pormenorizada dos requisitos que o Estado-Membro considere que devem ser adaptados e a natureza da adaptação pretendida;

b) A descrição dos géneros alimentícios e dos estabelecimentos m causa;

c) A explicação das razões da adaptação, incluindo, se relevante, um resumo da análise dos perigos efectuada e quaisquer medidas a tomar para garantir que a adaptação não comprometa os objectivos do presente regulamento;

d) Qualquer outra informação pertinente.

6. Os outros Estados-Membros dispõem do prazo de três meses a contar da recepção da notificação referida no n.º 5 para enviar os seus comentários por escrito à Comissão. No caso das adaptações referidas na alínea b) do n.º 4, o prazo é aumentado para quatro meses a pedido de qualquer Estado-Membro. A Comissão pode consultar os Estados-Membros no âmbito do comité a que se refere o n.º 1 do artigo 14.º, devendo efectuar essa consulta ao receber comentários por escrito de um ou mais Estados--Membros. A Comissão pode decidir, nos termos do n.º 2 do artigo 14.º, se as medidas previstas podem ser postas em prática, se necessário, após as devidas alterações. Se for adequado, a Comissão pode propor medidas de aplicação geral em conformidade com os n.ºs 1 ou 2 do presente artigo.

7. Um Estado-Membro só pode adoptar medidas nacionais para adaptar os requisitos do anexo II:

a) Para dar cumprimento a uma decisão aprovada nos termos do n.º 6;

b) Se, um mês após o termo do prazo referido no n.º 6, a Comissão não tiver informado os Estados-Membros de que recebeu quaisquer comentários por escrito ou de que tenciona propor a aprovação de uma decisão, nos termos do n.º 6.

ARTIGO 14.º
Comité

1. A Comissão é assistida pelo Comité Permanente da Cadeia Alimentar e da Saúde Animal.

2. Sempre que se faça referência ao presente número, são aplicáveis os artigos 5.º e 7.º da Decisão 1999/468/CE, tendo-se em conta o seu artigo 8.º

Novo Regime da Instalação e Funcionamento dos Estab. de Rest. ou de Bebidas

O prazo previsto no n.º 6 do artigo 5.º da Decisão 1999/468/CE é de três meses.

3. O comité aprovará o seu regulamento interno.

Artigo 15.º
Consulta da Autoridade Europeia da Segurança dos Alimentos

A Comissão consulta a Autoridade Europeia para a Segurança dos Alimentos sobre qualquer questão do âmbito do presente regulamento que possa ter um impacto significativo na saúde pública, especialmente antes de propor critérios, requisitos ou alvos em conformidade com o n.º 4 do artigo 4.º

Artigo 16.º
Relatório ao Parlamento Europeu e ao Conselho

1. A Comissão apresentará um relatório ao Parlamento Europeu e ao Conselho, até 20 de Maio de 2009.

2. O relatório analisará, em especial, a experiência adquirida com a aplicação do presente regulamento e ponderará se é desejável e viável prever o alargamento dos requisitos do artigo 5.º aos operadores das empresas do sector alimentar que se dedicam à produção primária e às operações conexas enumeradas no anexo I.

3. Se adequado, a Comissão pode fazer acompanhar o relatório de propostas pertinentes.

Artigo 17.º
Revogação

1. A Directiva 93/43/CEE é revogada com efeitos à data de aplicação do presente regulamento.

2. As remissões feitas para a directiva revogada entendem-se feitas para o presente regulamento.

3. Todavia, as decisões aprovadas nos termos do n.º 3 do artigo 3.º e do artigo 10.º da Directiva 93/43/CEE continuarão em vigor até serem substituídas por decisões aprovadas em conformidade com o presente regulamento ou com o Regulamento (CE) n.º 178/2002. Na pendência da fixação dos critérios ou requisitos a que se referem as alíneas a) a e) do

Regulamento (CE) n.º 852/2004, 29 de Abril de 2004   95

n.º 3 do artigo 4.º do presente regulamento, os Estados-Membros podem manter quaisquer regras nacionais para a fixação de tais critérios ou requisitos que tenham aprovado em conformidade com a Directiva 93/43/CEE.

4. Até à aplicação da nova legislação comunitária que estabelece regras para os controlos oficiais de géneros alimentícios, os Estados-Membros tomam as medidas adequadas para assegurar o cumprimento das obrigações estabelecidas no presente regulamento ou por força do mesmo.

ARTIGO 18.º
Entrada em vigor

O presente regulamento entra em vigor no vigésimo dia seguinte ao da sua publicação no Jornal Oficial da União Europeia.

É aplicável 18 meses após a data de entrada em vigor dos seguintes actos:

a) Regulamento (CE) n.º 853/2004;

b) Regulamento (CE) n.º 854/2004 do Parlamento Europeu e do Conselho, de 29 de Abril de 2004, que estabelece as regras específicas de execução dos controlos oficiais de produtos de origem animal destinados ao consumo humano;

e

c) Directiva 2004/41/CE do Parlamento Europeu e do Conselho, de 21 de Abril de 2004, que revoga certas directivas relativas à higiene dos géneros alimentícios e às regras sanitárias aplicáveis à produção e à comercialização de determinados produtos de origem animal destinados ao consumo humano.

No entanto, o presente regulamento não é aplicável antes de 1 de Janeiro de 2006.

O presente regulamento é obrigatório em todos os seus elementos e directamente aplicável em todos os Estados-Membros.

Feito em Estrasburgo, em 29 de Abril de 2004.

Pelo Parlamento Europeu   Pelo Conselho
O Presidente   O Presidente
P. COX   M. McDOWELL

ANEXO I
Produção Primária

PARTE A
DISPOSIÇÕES GERAIS DE HIGIENE APLICÁVEIS À PRODUÇÃO PRIMÁRIA E OPERAÇÕES CONEXAS

I – Âmbito

1. O disposto na presente parte aplica-se à produção primária e às seguintes operações conexas:

a) Transporte, armazenagem e manuseamento de produtos de produção primária produzidos no local de produção, desde que tal não altere substancialmente a sua natureza;

b) Transporte de animais vivos, sempre que tal seja necessário para alcançar os objectivos do presente regulamento;

e

c) No caso dos produtos de origem vegetal, dos produtos da pesca e da caça selvagem, operações de transporte para entrega de produtos da produção primária cuja natureza não foi substancialmente alterada, desde o local de produção até ao estabelecimento.

II – Disposições relativas à higiene

2. Os operadores das empresas do sector alimentar devem assegurar, tanto quanto possível, que os produtos da produção primária sejam protegidos de contaminações, atendendo a qualquer transformação que esses produtos sofram posteriormente.

3. Não obstante a obrigação geral prevista no ponto anterior, os operadores das empresas do sector alimentar devem respeitar as disposições legislativas, comunitárias e nacionais, aplicáveis ao controlo dos riscos na produção primária e operações conexas, incluindo:

a) Medidas para controlar a contaminação pelo ar, pelos solos, pela água, pelos alimentos para animais, pelos fertilizantes, pelos medicamentos veterinários, pelos produtos fitossanitários e biocidas, pela armazenagem, manuseamento e eliminação de resíduos;

e

b) Medidas ligadas à saúde e ao bem-estar dos animais e à fitossanidade que tenham implicações para a saúde humana, incluindo programas de vigilância e controlo das zoonoses e agentes zoonóticos.

Regulamento (CE) n.º 852/2004, 29 de Abril de 2004 97

4. Os operadores das empresas do sector alimentar que criem, explorem ou cacem animais, ou produzam produtos da produção primária de origem animal, devem tomar as medidas adequadas a fim de:

a) Manter limpas todas as instalações utilizadas na produção primária e operações conexas, incluindo instalações utilizadas na armazenagem e no manuseamento de alimentos para animais e, se necessário, depois de limpas, desinfectá-las devidamente;

b) Manter limpos e, se necessário, depois de limpos, desinfectar devidamente os equipamentos, contentores, grades, veículos e navios;

c) Assegurar, tanto quanto possível, a higiene dos animais que vão ser abatidos e, se necessário, dos animais de rendimento;

d) Utilizar água potável, ou água limpa, sempre que necessário para prevenir qualquer contaminação;

e) Assegurar que o pessoal que vai manusear os géneros alimentícios está de boa saúde e recebe formação em matéria de riscos sanitários;

f) Prevenir, tanto quanto possível, a contaminação causada por animais e parasitas;

g) Manusear os resíduos e as substâncias perigosas de modo a prevenir qualquer contaminação;

h) Evitar a introdução e a propagação de doenças contagiosas transmissíveis ao homem através dos alimentos, incluindo pela tomada de medidas de precaução aquando da introdução de novos animais e dando a conhecer qualquer surto suspeito dessas doenças às autoridades competentes;

i) Ter em conta os resultados de quaisquer análises pertinentes efectuadas em amostras colhidas dos animais ou outras amostras que se possam revestir de importância para a saúde humana; e

j) Utilizar correctamente aditivos nos alimentos para animais e medicamentos veterinários, tal como exigido pela legislação pertinente.

5. Os operadores das empresas do sector alimentar que produzam ou colham produtos vegetais devem tomar as medidas adequadas para:

a) Manter limpos e, se necessário, depois de limpos, desinfectar devidamente as instalações, equipamentos, contentores, grades, veículos e embarcações;

b) Assegurar, se necessário, a higiene da produção, do transporte e das condições de armazenagem dos produtos vegetais, e biolimpeza desses produtos;

98 *Novo Regime da Instalação e Funcionamento dos Estab. de Rest. ou de Bebidas*

c) Utilizar água potável, ou água limpa, sempre que necessário para prevenir qualquer contaminação;

d) Assegurar que o pessoal que vai manusear os géneros alimentícios está de boa saúde e recebe formação em matéria de riscos sanitários;

e) Prevenir, tanto quanto possível, a contaminação causada por animais e parasitas;

f) Manusear os resíduos e as substâncias perigosas de modo a prevenir qualquer contaminação;

g) Ter em conta os resultados de quaisquer análises pertinentes efectuadas em amostras colhidas das plantas ou outras amostras que se possam revestir de importância para a saúde humana;

e

h) Utilizar correctamente os produtos fitossanitários e biocidas, tal como exigido pela legislação pertinente.

6. Os operadores das empresas do sector alimentar devem tomar medidas de reparação adequadas quando sejam informados dos problemas identificados durante os controlos oficiais.

III – Manutenção de registos

7. Os operadores das empresas do sector alimentar devem manter e conservar registos das medidas tomadas para controlar os riscos de forma adequada e durante um período apropriado, compatível com a natureza e dimensão da empresa do sector alimentar. Os operadores das empresas do sector alimentar devem disponibilizar quaisquer informações relevantes contidas nesses registos à autoridade competente e aos operadores das empresas do sector alimentar receptoras, a seu pedido.

8. Os operadores das empresas do sector alimentar que criem animais ou produzam produtos da produção primária de origem animal devem, em especial, manter registos sobre:

a) A natureza e origem dos alimentos com que os animais são alimentados;

b) Os medicamentos veterinários ou outros tratamentos administrados aos animais, data(s) de administração e intervalo(s) de segurança;

c) A ocorrência de doenças que possam afectar a segurança dos produtos de origem animal;

d) Os resultados de quaisquer análises de amostras colhidas dos animais ou de outras amostras para efeitos de diagnóstico que se possam revestir de importância para a saúde humana;

Regulamento (CE) n.º 852/2004, 29 de Abril de 2004 99

e

e) Quaisquer relatórios sobre os controlos efectuados nos animais ou nos produtos de origem animal.

9. Os operadores do sector alimentar que produzam ou colham produtos vegetais devem, em especial, manter registos sobre:

a) Qualquer utilização de produtos fitossanitários e biocidas;

b) Qualquer ocorrência de parasitas ou doenças que possam afectar a segurança dos produtos de origem vegetal;

e

c) Os resultados de quaisquer análises pertinentes efectuadas em amostras colhidas das plantas ou outras amostras que se possam revestir de importância para a saúde humana.

10. Os operadores das empresas do sector alimentar podem ser auxiliados por outras pessoas, tais como veterinários, agrónomos e técnicos agrícolas.

PARTE B
RECOMENDAÇÕES PARA OS CÓDIGOS
DE BOAS PRÁTICAS DE HIGIENE

1. Os códigos nacionais e comunitários a que se referem os artigos 7.º a 9.º do presente regulamento deverão conter orientações sobre as boas práticas de higiene para o controlo dos riscos na produção primária e operações conexas.

2. Os códigos de boas práticas de higiene deverão conter informações adequadas sobre os riscos que possam resultar da produção primária e operações conexas e sobre as acções para controlar os referidos riscos, incluindo as medidas relevantes estabelecidas na legislação nacional e comunitária ou nos programas nacionais e comunitários. Entre esses riscos e medidas podem incluir-se:

a) O controlo da contaminação por produtos tais como micotoxinas, metais pesados e materiais radioactivos;

b) A utilização da água, de resíduos orgânicos e de fertilizantes;

c) O uso correcto e adequado de produtos fitossanitários e biocidas e a sua rastreabilidade;

d) O uso correcto e adequado de medicamentos veterinários e de aditivos de alimentos para animais e a sua rastreabilidade;

e) A preparação, armazenagem e rastreabilidade dos alimentos para animais;

f) A eliminação adequada de animais mortos, resíduos e camas;

g) As medidas de protecção para evitar a introdução de doenças contagiosas transmissíveis ao homem através dos alimentos, assim como qualquer obrigação de notificar as autoridades competentes;

h) Os processos, práticas e métodos para assegurar que os géneros alimentícios são produzidos, manuseados, embalados, armazenados e transportados em condições de higiene adequadas, incluindo uma limpeza eficaz e o controlo de parasitas;

i) Medidas relativas à higiene dos animais para abate e de rendimento; e

j) Medidas relativas à manutenção de registos.

ANEXO II

Requisitos gerais de higiene aplicáveis a todos os operadores das empresas do sector alimentar
(excepto quando se aplica o anexo I)

INTRODUÇÃO

Os capítulos V a XII aplicam-se a todas as fases da produção, transformação e distribuição de géneros alimentícios e os restantes capítulos aplicam-se do seguinte modo:

– o capítulo I aplica-se a todas as instalações do sector alimentar, excepto as abrangidas pelo capítulo III,

– o capítulo II aplica-se a todos os locais onde se procede à preparação, tratamento ou transformação dos alimentos, excepto as salas de refeições e as instalações a que se aplica o capítulo III,

– o capítulo III aplica-se às instalações enumeradas no cabeçalho do capítulo,

– o capítulo IV aplica-se a todos os meios de transporte.

Regulamento (CE) n.° 852/2004, 29 de Abril de 2004

CAPÍTULO I
Requisitos gerais aplicáveis às instalações do sector alimentar (com excepção das especificadas no Capítulo III)

1. As instalações do sector alimentar devem ser mantidas limpas e em boas condições.

2. Pela sua disposição relativa, concepção, construção, localização e dimensões, as instalações do sector alimentar devem:

a) Permitir a manutenção e a limpeza e/ou desinfecção adequadas, evitar ou minimizar a contaminação por via atmosférica e facultar um espaço de trabalho adequado para permitir a execução higiénica de todas as operações;

b) Permitir evitar a acumulação de sujidade, o contacto com materiais tóxicos, a queda de partículas nos géneros alimentícios e a formação de condensação e de bolores indesejáveis nas superfícies;

c) Possibilitar a aplicação de boas práticas de higiene e evitar nomeadamente a contaminação e, em especial, o controlo dos parasitas;

d) Sempre que necessário, proporcionar condições adequadas de manuseamento e armazenagem a temperatura controlada, com uma capacidade suficiente para manter os géneros alimentícios a temperaturas adequadas e ser concebidas de forma a permitir que essas temperaturas sejam controladas e, se necessário, registadas.

3. Devem existir instalações sanitárias em número suficiente, munidas de autoclismo e ligadas a um sistema de esgoto eficaz. As instalações sanitárias não devem dar directamente para os locais onde se manuseiam os alimentos.

4. Deve existir um número adequado de lavatórios devidamente localizados e indicados para a lavagem das mãos. Os lavatórios para a lavagem das mãos devem estar equipados com água corrente quente e fria, materiais de limpeza das mãos e dispositivos de secagem higiénica. Sempre que necessário, as instalações de lavagem dos alimentos devem ser separadas das que se destinam à lavagem das mãos.

5. Deve ser prevista uma ventilação natural ou mecânica adequada e suficiente. Deve ser evitado o fluxo mecânico de ar de zonas contaminadas para zonas limpas. Os sistemas de ventilação devem ser construídos de forma a proporcionar um acesso fácil aos filtros e a outras partes que necessitem de limpeza ou de substituição.

102 Novo Regime da Instalação e Funcionamento dos Estab. de Rest. ou de Bebidas

6. As instalações sanitárias devem ter ventilação adequada, natural ou mecânica.

7. As instalações do sector alimentar devem dispor de luz natural e/ ou artificial adequada.

8. Os sistemas de esgoto devem ser adequados ao fim a que se destinam. Devem ser projectados e construídos de forma a evitar o risco de contaminação. Se os canais de evacuação forem total ou parcialmente abertos, devem ser concebidos de forma a assegurar que não haja fluxos de resíduos de zonas contaminadas para zonas limpas, em especial para zonas onde sejam manuseados alimentos susceptíveis de apresentarem um elevado risco para o consumidor final.

9. Sempre que necessário, o pessoal deverá dispor de vestiários adequados.

10. Os produtos de limpeza e os desinfectantes não devem ser armazenados em áreas onde são manuseados géneros alimentícios.

CAPÍTULO II
Requisitos específicos aplicáveis aos locais em que os géneros alimentícios são preparados, tratados ou transformados (excepto as salas de refeições e as instalações especificadas no Capítulo III)

1. A disposição relativa e a concepção dos locais em que os géneros alimentícios são preparados, tratados ou transformados (excepto as salas de refeições e as instalações especificadas no capítulo III, mas incluindo os locais que fazem parte de meios de transporte) devem permitir a aplicação de boas práticas de higiene, incluindo a protecção contra a contaminação entre e durante as operações, devendo nomeadamente ser cumpridos seguintes requisitos:

a) As superfícies do solo devem ser mantidas em boas condições e poder ser facilmente limpas e, sempre que necessário, desinfectadas. Para o efeito, deverão ser utilizados materiais impermeáveis, não absorventes, laváveis e não tóxicos, a não ser que os operadores das empresas do sector alimentar possam provar à autoridade competente que os outros materiais utilizados são adequados. Se for caso disso, a superfície dos solos deve permitir um escoamento adequado;

b) As superfícies das paredes devem ser mantidas em boas condições e poder ser facilmente limpas e, sempre que necessário, desinfectadas. Para

Regulamento (CE) n.° 852/2004, 29 de Abril de 2004   103

o efeito, deverão ser utilizados materiais impermeáveis, não absorventes, laváveis e não tóxicos, devendo as superfícies ser lisas até uma altura adequada às operações, a não ser que os operadores das empresas do sector alimentar possam provar à autoridade competente que os outros materiais utilizados são adequados;

c) Os tectos (ou caso não haja tectos, a superfície interna do telhado) e equipamentos neles montados devem ser construídos e preparados por forma a evitar a acumulação de sujidade e reduzir a condensação, o desenvolvimento de bolores indesejáveis e o desprendimento de partículas;

d) As janelas e outras aberturas devem ser construídas de modo a evitar a acumulação de sujidade. As que puderem abrir para o exterior devem estar equipadas, sempre que necessário, com redes de protecção contra insectos, facilmente removíveis para limpeza. Se da sua abertura puder resultar qualquer contaminação, as janelas devem ficar fechadas com ferrolho durante a produção;

e) As portas devem poder ser facilmente limpas e, sempre que necessário, desinfectadas. Para o efeito, deverão ser utilizadas superfícies lisas e não absorventes, a menos que os operadores das empresas do sector alimentar possam provar à autoridade competente que os outros materiais utilizados são adequados;

e

f) As superfícies (incluindo as dos equipamentos) das zonas em que os géneros alimentícios são manuseados, nomeadamente as que entram em contacto com os géneros alimentícios, devem ser mantidas em boas condições e devem poder ser facilmente limpas e, sempre que necessário, desinfectadas. Para o efeito, deverão ser utilizados materiais lisos, laváveis, resistentes à corrosão e não tóxicos, a não ser que os operadores das empresas do sector alimentar possam provar à autoridade competente que os outros materiais utilizados são adequados.

2. Sempre que necessário, devem existir instalações adequadas para a limpeza, desinfecção e armazenagem dos utensílios e equipamento de trabalho. Essas instalações devem ser constituídas por materiais resistentes à corrosão, ser fáceis de limpar e dispor de um abastecimento adequado de água quente e fria.

3. Sempre que necessário, devem ser previstos meios adequados para a lavagem dos alimentos. Todos os lavatórios ou outros equipamentos do mesmo tipo destinados à lavagem de alimentos devem dispor de um abastecimento adequado de água potável quente e/ou fria conforme com os

104 Novo Regime da Instalação e Funcionamento dos Estab. de Rest. ou de Bebidas

requisitos do capítulo VII e devem estar limpos e, sempre que necessário, desinfectados.

CAPÍTULO III
Requisitos aplicáveis às instalações amovíveis e/ou temporárias (tais como marquises, tendas de mercado, veículos para venda ambulante), às instalações utilizadas essencialmente como habitação privada mas nas quais os géneros alimentícios são regularmente preparados para a colocação no mercado e às máquinas de venda automática

1. As instalações e as máquinas de venda automática devem, na medida em que for razoavelmente praticável, estar localizadas e ser concebidas, construídas, e mantidas limpas e em boas condições, de forma a evitar o risco de contaminação, nomeadamente através de animais e parasitas.

2. Mais particularmente, sempre que necessário:

a) Devem existir instalações adequadas que permitam a manutenção de uma higiene pessoal adequada (incluindo instalações de lavagem e secagem higiénica das mãos, instalações sanitárias em boas condições de higiene e vestiários);

b) As superfícies em contacto com os alimentos devem ser mantidas em boas condições e devem poder ser facilmente limpas e, sempre que necessário, desinfectadas. Para o efeito, deverão ser utilizados materiais lisos, laváveis, resistentes à corrosão e não tóxicos, a menos que os operadores das empresas do sector alimentar possam provar à autoridade competente que os outros materiais utilizados são adequados;

c) Devem existir meios adequados para a lavagem e, sempre que necessário, desinfecção dos utensílios e equipamentos de trabalho;

d) Sempre que a limpeza dos géneros alimentícios for realizada pela empresa do sector alimentar, devem existir meios adequados para que essa operação possa decorrer de forma higiénica;

e) Deve existir um abastecimento adequado de água potável quente e/ou fria;

f) Devem existir instalações e/ou equipamentos adequados de armazenagem e eliminação higiénicas de substâncias perigosas e/ou não comestíveis, bem como de resíduos (líquidos ou sólidos);

g) Devem existir equipamentos e/ou instalações que permitam a manutenção dos alimentos a temperatura adequada, bem como o controlo dessa temperatura;

Regulamento (CE) n.º 852/2004, 29 de Abril de 2004

h) Os géneros alimentícios devem ser colocados em locais que impeçam, na medida em que for razoavelmente praticável, o risco de contaminação.

CAPÍTULO IV
Transporte

1. Os veículos de transporte e/ou os contentores utilizados para o transporte de géneros alimentícios devem ser mantidos limpos e em boas condições, a fim proteger os géneros alimentícios da contaminação, devendo, sempre que necessário, ser concebidos e construídos de forma a permitir uma limpeza e/ou desinfecção adequadas.

2. As caixas de carga dos veículos e/ou contentores não devem transportar senão géneros alimentícios se desse transporte puder resultar qualquer contaminação.

3. Sempre que os veículos e/ou os contentores forem utilizados para o transporte de outros produtos para além do de géneros alimentícios ou para o transporte simultâneo de diferentes géneros alimentícios, deverá existir, sempre que necessário, uma efectiva separação dos produtos.

4. Os géneros alimentícios a granel no estado líquido, em grânulos ou em pó devem ser transportados em caixas de carga e/ou contentores/cisternas reservados ao transporte de géneros alimentícios. Os contentores devem ostentar uma referência claramente visível e indelével, numa ou mais línguas da Comunidade, indicativa de que se destinam ao transporte de géneros alimentícios, ou a menção «destinado exclusivamente a géneros alimentícios».

5. Sempre que os veículos e/ou os contentores tiverem sido utilizados para o transporte de produtos que não sejam géneros alimentícios ou para o transporte de géneros alimentícios diferentes, dever-se-á proceder a uma limpeza adequada entre os carregamentos, para evitar o risco de contaminação.

6. A colocação e a protecção dos géneros alimentícios dentro dos veículos e/ou contentores devem ser de molde a minimizar o risco de contaminação.

7. Sempre que necessário, os veículos e/ou os contentores utilizados para o transporte de géneros alimentícios devem ser capazes de manter os géneros alimentícios a temperaturas adequadas e permitir que essas temperaturas sejam controladas.

CAPÍTULO V
Requisitos aplicáveis ao equipamento

1. Todos os utensílios, aparelhos e equipamento que entrem em contacto com os alimentos devem:

a) Estar efectivamente limpos e, sempre que necessário, desinfectados. Deverão ser limpos e desinfectados com uma frequência suficiente para evitar qualquer risco de contaminação;

b) Ser fabricados com materiais adequados e mantidos em boas condições de arrumação e bom estado de conservação, de modo a minimizar qualquer risco de contaminação;

c) Exceptuando os recipientes e embalagens não recuperáveis, ser fabricados com materiais adequados e mantidos em boas condições de arrumação e bom estado de conservação, de modo a permitir a sua limpeza e, sempre que necessário, a sua desinfecção;

e

d) Ser instalados de forma a permitir a limpeza adequada do equipamento e da área circundante.

2. Sempre que necessário, o equipamento deve conter dispositivos de controlo capazes de assegurar o cumprimento dos objectivos do presente regulamento.

3. Sempre que devam ser utilizados aditivos químicos para prevenir a corrosão de equipamento e de contentores, deverão ser seguidas as boas práticas de aplicação.

CAPÍTULO VI
Resíduos alimentares

1. Os resíduos alimentares, os subprodutos não comestíveis e os outros resíduos deverão ser retirados das salas em que se encontrem alimentos, o mais depressa possível de forma a evitar a sua acumulação.

2. Os resíduos alimentares, os subprodutos não comestíveis e os demais resíduos devem ser depositados em contentores que se possam fechar, a menos que os operadores das empresas do sector alimentar possam provar à autoridade competente que outros tipos de contentores ou de sistemas de evacuação utilizados são adequados. Esses contentores devem

ser de fabrico conveniente, ser mantidos em boas condições e ser fáceis de limpar e, sempre que necessário, de desinfectar.

3. Devem ser tomadas as medidas adequadas para a recolha e a eliminação dos resíduos alimentares, dos subprodutos não comestíveis e dos outros resíduos. Os locais de recolha dos resíduos devem ser concebidos e utilizados de modo a que possam ser mantidos limpos e, sempre que necessário, livres de animais e parasitas.

4. Todas as águas residuais devem ser eliminadas de um modo higiénico e respeitador do ambiente, em conformidade com a legislação comunitária aplicável para o efeito, e não devem constituir uma fonte directa ou indirecta de contaminação.

CAPÍTULO VII
Abastecimento de água

1. a) Deve ser providenciado um abastecimento adequado de água potável, a qual deve ser utilizada sempre que necessário para garantir a não contaminação dos géneros alimentícios.

b) Pode ser utilizada água limpa nos produtos da pesca inteiros. Pode ser utilizada água do mar limpa nos moluscos bivalves, equinodermes, tunicados e gastrópodes marinhos vivos; pode igualmente ser utilizada água limpa para a lavagem externa. Nos casos em que essa água seja utilizada, deverão existir instalações e procedimentos adequados para o seu fornecimento, de modo a garantir que a sua utilização não constitua fonte de contaminação dos géneros alimentícios.[1]

2. Quando for utilizada água não potável para, por exemplo, o combate a incêndios, a produção de vapor, a refrigeração ou outros objectivos similares, a água deve circular em sistemas separados, devidamente identificados. A água não potável não poderá ter qualquer ligação com os sistemas de água potável, nem possibilidade de refluxo para esses sistemas.

3. A água reciclada utilizada na transformação, ou como ingrediente, não deve acarretar um risco de contaminação. Deve obedecer aos mesmos padrões que a água potável, a não ser que a autoridade competente tenha

---

[1] Redacção dada pelo Regulamento (CE) n.º 1019/2008 da Comissão, de 17 de Outubro de 2008.

garantias de que a qualidade da água não pode afectar a integridade do género alimentício na sua forma final.

4. O gelo que entre em contacto com alimentos ou que possa contaminar os alimentos deve ser fabricado com água potável ou, quando utilizado para refrigerar produtos da pesca inteiros, com água limpa. Esse gelo deve ser fabricado, manuseado e armazenado em condições que o protejam de qualquer contaminação.

5. O vapor utilizado em contacto directo com os alimentos não deve conter substâncias que representem um risco para a saúde ou que possam contaminar os alimentos.

6. Quando o tratamento térmico for aplicado a géneros alimentícios em recipientes hermeticamente fechados, deve assegurar-se que a água utilizada para o arrefecimento dos recipientes após o tratamento térmico não constitui uma fonte de contaminação para o género alimentício.

CAPÍTULO VIII
Higiene pessoal

1. Qualquer pessoa que trabalhe num local em que sejam manuseados alimentos deve manter um elevado grau de higiene pessoal e deverá usar vestuário adequado, limpo e, sempre que necessário, que confira protecção.

2. Qualquer pessoa que sofra ou seja portadora de uma doença facilmente transmissível através dos alimentos ou que esteja afectada, por exemplo, por feridas infectadas, infecções cutâneas, inflamações ou diarreia será proibida de manipular géneros alimentícios e entrar em locais onde se manuseiem alimentos, seja a que título for, se houver probabilidades de contaminação directa ou indirecta. Qualquer pessoa afectada deste modo e empregada no sector alimentar e que possa entrar em contacto com géneros alimentícios deverá informar imediatamente o operador do sector alimentar de tal doença ou sintomas e, se possível, das suas causas.

CAPÍTULO IX
Disposições aplicáveis aos géneros alimentícios

1. Um operador do sector alimentar não deve aceitar matérias-primas nem ingredientes para além de animais vivos, nem quaisquer outras matérias utilizadas para a transformação dos produtos que apresentem ou que

se possa razoavelmente esperar que apresentem contaminação por parasitas, microrganismos patogénicos ou substâncias tóxicas, substâncias em decomposição ou substâncias estranhas na medida em que, mesmo depois de ter aplicado higienicamente os processos normais de triagem e/ou preparação ou transformação, o produto final esteja impróprio para consumo humano.

2. As matérias-primas e todos os ingredientes armazenados nas empresas do sector alimentar devem ser conservados em condições adequadas que evitem a sua deterioração e os protejam de qualquer contaminação.

3. Em todas as fases da produção, transformação e distribuição, os alimentos devem ser protegidos de qualquer contaminação que os possa tornar impróprios para consumo humano, perigosos para a saúde ou contaminados de tal forma que não seja razoável esperar que sejam consumidos nesse estado.

4. Devem ser instituídos procedimentos adequados para controlar os parasitas. Devem ser igualmente instituídos procedimentos adequados para prevenir que animais domésticos tenham acesso a locais onde os alimentos são preparados, manuseados ou armazenados (ou, sempre que a autoridade competente o permita em casos especiais, para prevenir que esse acesso possa ser fonte de contaminação).

5. As matérias-primas, os ingredientes e os produtos intermédios e acabados susceptíveis de permitirem a reprodução de microrganismos patogénicos ou a formação de toxinas não devem ser conservados a temperaturas de que possam resultar riscos para a saúde. A cadeia de frio não deve ser interrompida. No entanto, desde que daí não resulte um risco para a saúde, são permitidos períodos limitados sem controlo da temperatura, sempre que tal seja necessário para permitir o manuseamento durante a preparação, o transporte, a armazenagem, a exposição e a apresentação dos alimentos ao consumidor. As empresas do sector alimentar que fabriquem, manuseiem e acondicionem géneros alimentícios transformados devem dispor de salas com dimensões suficientes para a armazenagem separada de matérias-primas e matérias transformadas e de armazenagem refrigerada separada suficiente.

6. Quando se destinarem a ser conservados ou servidos frios, os géneros alimentícios devem ser arrefecidos o mais rapidamente possível após a fase de transformação pelo calor, ou após a fase final de preparação se a transformação pelo calor não for utilizada, até atingirem uma temperatura de que não resultem riscos para a saúde.

110 *Novo Regime da Instalação e Funcionamento dos Estab. de Rest. ou de Bebidas*

7. A descongelação dos géneros alimentícios deve ser efectuada de forma a minimizar o risco de desenvolvimento de microrganismos patogénicos ou a formação de toxinas nos alimentos. Durante a descongelação, os alimentos devem ser submetidos a temperaturas das quais não resulte um risco para a saúde. Os líquidos de escorrimento resultantes da descongelação devem ser adequadamente drenados caso apresentem um risco para a saúde. Depois da descongelação, os alimentos devem ser manuseados de forma a minimizar o risco de desenvolvimento de microrganismos patogénicos ou a formação de toxinas.

8. As substâncias perigosas e/ou não comestíveis, incluindo os alimentos para animais, devem ser adequadamente rotuladas e armazenadas em contentores separados e seguros.

CAPÍTULO X
Disposições aplicáveis ao acondicionamento e embalagem dos géneros alimentícios

1. Os materiais de acondicionamento e embalagem não devem constituir fonte de contaminação.

2. Todo o material de acondicionamento deve ser armazenado por forma a não ficar exposto a risco de contaminação.

3. As operações de acondicionamento e embalagem devem ser executadas de forma a evitar a contaminação dos produtos. Sempre que necessário, como nomeadamente no caso de os recipientes serem caixas metálicas ou frascos de vidro, a sua integridade e limpeza têm de ser verificadas antes do enchimento.

4. Os materiais de acondicionamento e embalagem reutilizados para os géneros alimentícios devem ser fáceis de limpar e, sempre que necessário, fáceis de desinfectar.

CAPÍTULO XI
Tratamento térmico

Os requisitos a seguir indicados aplicam-se apenas aos alimentos colocados no mercado em recipientes hermeticamente fechados.

1. Qualquer processo de tratamento térmico utilizado para transformar um produto não transformado ou para outra transformação de um produto transformado deve:

Regulamento (CE) n.° 852/2004, 29 de Abril de 2004

a) Fazer subir a temperatura de todas as partes do produto tratado até uma determinada temperatura durante um determinado período de tempo; e

c) Impedir o produto de ser contaminado durante o processo.

2. A fim de assegurar que o processo utilizado atinja os objectivos pretendidos, os operadores das empresas do sector alimentar devem controlar regularmente os principais parâmetros pertinentes (em especial, a temperatura, a pressão, a hermeticidade e a microbiologia), nomeadamente através da utilização de dispositivos automáticos.

3. O processo utilizado deve obedecer a uma norma internacionalmente reconhecida (por exemplo, pasteurização, ultrapasteurização ou esterilização).

CAPÍTULO XII
Formação

Os operadores das empresas do sector alimentar devem assegurar que:

1. O pessoal que manuseia os alimentos seja supervisado e disponha, em matéria de higiene dos géneros alimentícios, de instrução e/ou formação adequadas para o desempenho das sua funções;

2. Os responsáveis pelo desenvolvimento e manutenção do processo referido no n.° 1 do artigo 5.° do presente regulamento ou pela aplicação das orientações pertinentes tenham recebido formação adequada na aplicação dos princípios HACCP; e

3. Todos os requisitos da legislação nacional relacionados com programas de formação de pessoas que trabalhem em determinados sectores alimentares sejam respeitados.

Decreto-Lei n.º 113/2006
de 12 de Junho[1]

O Regulamento (CE) n.º 852/2004, do Parlamento Europeu e do Conselho, de 29 de Abril, estabelece as regras relativas à higiene dos géneros alimentícios, revogando, a partir de 1 de Janeiro de 2006, a Directiva n.º 93/43/CE, transposta para a ordem jurídica nacional pelo Decreto-Lei n.º 67/98, de 18 de Março. Para além das regras gerais de higiene aplicáveis aos géneros alimentícios, encontram-se igualmente fixadas, no Regulamento (CE) n.º 853/2004, do Parlamento Europeu e do Conselho, de 29 de Abril, as regras específicas de higiene aplicáveis aos géneros alimentícios de origem animal.

Não obstante a obrigatoriedade da aplicabilidade directa dos Regulamentos (CE) n.ºs 852/2004 e 853/2004 em todos os Estados membros, torna-se necessário tipificar as infracções e respectivas sanções, que devem ser efectivas, proporcionadas e dissuasivas, em caso de violação das normas dos referidos regulamentos comunitários.

Tendo em vista esse objectivo, há que definir quais as entidades responsáveis pelo controlo da aplicação das normas dos regulamentos supracitados, bem como as constantes do presente decreto-lei, atribuindo-se ainda poderes de fiscalização à Autoridade de Segurança Alimentar e Económica (ASAE) e à Direcção-Geral de Veterinária (DGV).

Igualmente se define o processo de aprovação dos códigos nacionais de boas práticas.

Entendeu-se ainda ser este decreto-lei a sede adequada para fixar o procedimento de recurso em caso de não aprovação ou rejeição de produtos frescos de origem animal aquando da sua inspecção sanitária nos centros de abate e nas salas de desmancha, uma vez que aquele, antes regulado pelo Decreto-Lei n.º 167/96, de 7 de Setembro, foi revogado pelo Decreto-

---

[1] De acordo com a Declaração de Rectificação n.º 49/2006, de 11 de Agosto, e com as alterações introduzidas pelo Decreto-Lei n.º 223/2008, de 18 de Novembro.

114 *Novo Regime da Instalação e Funcionamento dos Estab. de Rest. ou de Bebidas*

-Lei n.º 111/2006, de 9 de Junho, que transpõe a Directiva n.º 2004/41/CE, do Parlamento Europeu e do Conselho, de 21 de Abril.

Prevê-se, ainda, neste decreto-lei, a publicação de normas técnicas que complementem alguns aspectos do regime instituído pelos citados regulamentos.

Nestes termos, o presente decreto-lei estabelece o regime sancionatório aplicável às infracções às normas dos Regulamentos (CE) n.ºs 852/2004 e 853/2004, ambos do Parlamento Europeu e do Conselho, de 29 de Abril, bem como as respectivas normas complementares, e define o processo aplicável à aprovação dos códigos nacionais de boas práticas e ainda o procedimento de recurso em caso de não aprovação ou rejeição de produtos frescos de origem animal aquando da sua inspecção sanitária.

Foi ouvido, a título facultativo, o Instituto do Consumidor.

Assim:

Nos termos da alínea a) do n.º 1 do artigo 198.º da Constituição, o Governo decreta o seguinte:

CAPÍTULO I
Disposições gerais

ARTIGO 1.º
Objecto

O presente decreto-lei visa assegurar a execução e garantir o cumprimento, no ordenamento jurídico nacional, das obrigações decorrentes dos Regulamentos (CE) n.ºs 852/2004 e 853/2004, ambos do Parlamento Europeu e do Conselho, de 29 de Abril, relativos à higiene dos géneros alimentícios e às regras específicas de higiene aplicáveis aos géneros alimentícios de origem animal, respectivamente, a seguir designados por regulamentos.

ARTIGO 2.º
Autoridades competentes

Sem prejuízo das competências especialmente atribuídas por lei a outras entidades, para efeitos do presente decreto-lei são autoridades com-

Decreto-Lei n.º 113/2006 de 12 de Junho 115

petentes a Autoridade de Segurança Alimentar e Económica (ASAE), a Direcção-Geral de Veterinária (DGV), a Direcção-Geral das Pescas e Aquicultura (DGPA), o Instituto da Vinha e do Vinho (IVV), a Direcção-Geral de Protecção das Culturas (DGPC), a Direcção-Geral da Saúde (DGS) e o Instituto Nacional de Investigação Agrária e das Pescas (INIAP), no âmbito das respectivas competências.

ARTIGO 3.º
Códigos nacionais de boas práticas

1 – As autoridades competentes devem promover e apoiar a elaboração de códigos nacionais de boas práticas de higiene, adiante designados por códigos, destinados a utilização voluntária pelas empresas e associações do sector alimentar como orientação para a observância dos requisitos de higiene.

2 – Os projectos de códigos são enviados à autoridade com competência em razão da matéria, para efeitos de avaliação.

3 – Os organismos que procedam à avaliação dos códigos devem solicitar o parecer de outras entidades com intervenção na matéria em causa, designadamente a Direcção-Geral da Saúde e o Instituto do Consumidor.

4 – As entidades a quem seja pedido o respectivo parecer, caso não o pretendam emitir, devem informar a autoridade solicitante desse facto, no prazo de 15 dias a contar da data da recepção do pedido.

5 – Os pareceres referidos no número anterior devem ser proferidos no prazo de 60 dias a contar da data da recepção do pedido, excepto nos casos devidamente fundamentados pela entidade consultada, em que o prazo pode ser prorrogado até ao máximo de 30 dias.

6 – A não recepção do parecer das entidades consultadas dentro do prazo fixado é considerada como parecer favorável.

7 – A avaliação dos códigos deve estar concluída no prazo de 30 dias após a recepção dos pareceres ou decorrido o prazo previsto nos n.ºs 4 ou 5.

8 – Os prazos referidos no presente artigo suspendem-se sempre que sejam solicitados esclarecimentos ou informações complementares.

9 – Os códigos nacionais de boas práticas aprovados são divulgados através do portal do Ministério da Agricultura, do Desenvolvimento Rural e das Pescas, sem prejuízo de outras formas de divulgação.

Artigo 4.º
Recurso

1 – A rejeição para consumo humano de géneros alimentícios de origem animal, aquando da sua inspecção sanitária, é susceptível de recurso por parte dos proprietários ou dos seus legítimos representantes.

2 – A intenção de interpor recurso deve ser comunicada imediatamente após a rejeição dos géneros alimentícios a quem procedeu à inspecção ou verificação, que notifica o proprietário ou o seu legítimo representante, logo após o acto, indicando-lhe os respectivos fundamentos.

3 – O recurso deve ser apresentado em requerimento dirigido à autoridade competente e entregue a quem procedeu à inspecção ou verificação, no prazo de quatro horas após a rejeição.

4 – Do requerimento deve constar:

a) O nome e a morada do recorrente;

b) O objecto do recurso;

c) A indicação do seu representante na junta de recurso.

5 – Recebido o requerimento de recurso, o técnico que procede à inspecção ou verificação apõe a data do recebimento e a sua assinatura, sendo disponibilizada uma cópia ao recorrente.

6 – O recurso é apreciado por uma junta de recurso constituída pelos seguintes peritos:

a) Dois peritos indicados pela autoridade competente, um dos quais presidirá, tendo voto de qualidade em caso de empate, sendo que nenhum deles poderá ser aquele que procedeu à inspecção;

b) Um médico veterinário designado pelo recorrente.

7 – Se o recorrente não indicar um perito seu representante, deve a autoridade competente designar outro perito para desempenhar essa função.

8 – A junta de recurso reúne no prazo máximo de vinte e quatro horas após a recepção do requerimento, podendo este prazo ser dilatado para o 1.º dia útil seguinte ao da rejeição se houver condições de conservação dos géneros alimentícios em causa.

9 – Compete ao proprietário ou legítimo representante do género alimentício reprovado e ao operador responsável pelo estabelecimento no qual aquele se encontra, sob a coordenação do médico veterinário que procedeu à inspecção, assegurar a boa conservação do género alimentício, até à reunião da junta de recurso, assistindo à mesma para eventuais esclarecimentos, mas sem direito a voto.

Decreto-Lei n.º 113/2006 de 12 de Junho 117

10 – Da reunião da junta de recurso é lavrada acta de que conste a decisão final, da qual não cabe recurso administrativo.

11 – Em caso de confirmação da rejeição do género alimentício, a junta de recurso decide o destino a dar àquele, não cabendo recurso administrativo desta decisão.

12 – A interposição do recurso obriga ao pagamento dos montantes previstos na tabela de emolumentos aprovada anualmente por despacho do Ministro da Agricultura, do Desenvolvimento Rural e das Pescas.

13 – As quantias a que se refere o número anterior constituem receita do Estado.

CAPÍTULO II
Regime sancionatório

ARTIGO 5.º
Fiscalização

Sem prejuízo da competência atribuída por lei a outras entidades, a fiscalização do cumprimento das normas do presente decreto-lei e das dos Regulamentos referidos no artigo 1.º compete à ASAE, à DGV, às direcções regionais de agricultura e à Inspecção-Geral do Ambiente e do Ordenamento do Território, no âmbito das respectivas competências.

ARTIGO 6.º
Contra-ordenações

1 – Constitui contra-ordenação punível com coima no montante mínimo de € 500 e máximo de € 3.740 ou € 44.890, consoante o agente seja pessoa singular ou colectiva, a violação das normas dos Regulamentos (CE) n.ºs 852/2004 e 853/2004 e das disposições regulamentares publicadas ao abrigo do artigo 11.º do presente decreto-lei, designadamente:

a) O não cumprimento dos requisitos gerais e específicos de higiene a que se referem os artigos 3.º e 4.º do Regulamento (CE) n.º 852/2004;

b) A criação, aplicação ou manutenção de um processo ou processos baseados nos princípios do HACCP[1] que não cumpra os requisitos do artigo 5.º do Regulamento (CE) n.º 852/2004;

---

[1] O sistema HACCP (Hazard Analysis and Critical Control Point – Análise de Perigos e Controlo de Pontos Críticos) é um sistema de segurança alimentar concebido para

118 Novo Regime da Instalação e Funcionamento dos Estab. de Rest. ou de Bebidas

c) O não fornecimento à autoridade competente das provas em como mantêm e aplicam um processo ou processos baseados nos princípios do HACCP, conforme previsto no artigo 5.º do Regulamento (CE) n.º 852/2004;

d) A não actualização dos documentos que descrevem o processo ou processos baseados nos princípios do HACCP, conforme previsto no artigo 5.º do Regulamento (CE) n.º 852/2004;

e) A não conservação dos documentos referidos na alínea anterior ou de outros documentos ou registos durante o prazo que for legalmente considerado adequado;

f) O impedimento ou criação de obstáculos aos controlos oficiais, designadamente pela não permissão de acesso a edifícios, locais, instalações e demais infra-estruturas ou qualquer documentação e registos considerados necessários pela autoridade competente para a avaliação da situação;

g) A colocação no mercado de produtos provenientes de importações e os produtos destinados à exportação que não cumpram o disposto nos artigos 10.º e 11.º do Regulamento (CE) n.º 852/2004, respectivamente;

h) A não aposição nos produtos de origem animal de uma marca de identificação nos termos do anexo II do Regulamento (CE) n.º 853/2004 ou que não cumpra os requisitos ali estabelecidos;

i) O desrespeito pelos operadores das empresas do sector alimentar responsáveis por matadouros das obrigações impostas pela secção III do anexo II do Regulamento (CE) n.º 853/2004 relativamente a todos os animais, que não sejam de caça selvagem, enviados ou destinados ao matadouro;

j) O transporte de animais vivos para os matadouros sem que sejam cumpridos os requisitos estabelecidos no anexo III do Regulamento (CE) n.º 853/2004;

l) O funcionamento de estabelecimentos de abate, e respectivas salas de desmancha, que não cumpram os requisitos estabelecidos no anexo III do Regulamento (CE) n.º 853/2004, designadamente em matéria de cons-

---

prevenir, ou minimizar, os riscos alimentares, através do controlo dos factores capazes de prejudicar a qualidade dos alimentos no que se refere à probabilidade de contaminações químicas, físicias ou biológicas dos alimentos. Consulte-se o artigo 5.º do Regulamento (CE) n.º 852/2004, pág. 77.

trução, concepção e equipamento do estabelecimento e normas de higiene a observar no abate, desmancha e desossa;

m) O abate de emergência fora do matadouro em circunstâncias diferentes das permitidas no anexo III do Regulamento (CE) n.º 853/2004 ou sem observância das condições ali impostas para o mesmo;

n) A armazenagem e o transporte de carne pelos operadores das empresas do sector alimentar sem observância das condições impostas pelo anexo III do Regulamento (CE) n.º 853/2004;

o) O abate na exploração de aves de capoeira em circunstâncias diferentes das permitidas no anexo III do Regulamento (CE) n.º 853/2004 ou sem observância das condições ali impostas para o mesmo;

p) A caça de animais selvagens com vista à sua colocação no mercado para consumo humano por pessoas que não possuam a formação imposta pelo anexo III do Regulamento (CE) n.º 853/2004;

q) A colocação no mercado de carne de caça de criação e de caça selvagem que não tenha sido submetida às operações impostas pelo anexo III do Regulamento (CE) n.º 853/2004;

r) O funcionamento de estabelecimentos que produzam carne picada, preparados de carne, carne separada mecanicamente e produtos à base de carne que não cumpram os requisitos estabelecidos no anexo III do Regulamento (CE) n.º 853/2004;

s) A utilização em estabelecimentos que produzam carne picada, preparados de carne, carne separada mecanicamente e produtos à base de carne de matérias-primas que não cumpram os requisitos estabelecidos no anexo III do Regulamento (CE) n.º 853/2004;

t) O não cumprimento dos requisitos de higiene estabelecidos no anexo III do Regulamento (CE) n.º 853/2004 para a produção de carne picada, preparados de carne, carne separada mecanicamente e produtos à base de carne que não cumpram os requisitos estabelecidos;

u) O desrespeito pelas regras de rotulagem estabelecidas no anexo III do Regulamento (CE) n.º 853/2004;

v) A colocação no mercado de moluscos bivalves vivos, equinodermes, tunicados e gastrópodes marinhos vivos sem que sejam cumpridas as condições estabelecidas para o efeito no Regulamento (CE) n.º 852/2004 e no anexo III do Regulamento (CE) n.º 853/2004, designadamente no que respeita às regras sanitárias a que os mesmos estão sujeitos de manuseamento, acondicionamento e embalagem, margens de tolerância fixadas relativamente às mesmas, marca de identificação e rotulagem, armazenagem, transporte e documentos de acompanhamento;

x) O não cumprimento dos requisitos aplicáveis à produção de moluscos bivalves vivos no anexo III do Regulamento (CE) n.º 853/2004 e no Regulamento (CE) n.º 854/2004;

z) O não cumprimento das regras para o manuseamento de moluscos bivalves vivos estabelecidas no anexo III do Regulamento (CE) n.º 853/2004;

aa) O não cumprimento das regras para a afinação de moluscos bivalves vivos estabelecidas no anexo III do Regulamento (CE) n.º 853/2004;

bb) O funcionamento de centros de depuração e de expedição que não cumpram os requisitos estabelecidos no anexo III do Regulamento (CE) n.º 853/2004, designadamente em matéria de construção, concepção e equipamento dos centros e normas de higiene a observar nas operações que realizam;

cc) O não cumprimento dos requisitos específicos estabelecidos para os pectinídeos no anexo III do Regulamento (CE) n.º 853/2004;

dd) A colocação no mercado de produtos da pesca que não os moluscos bivalves vivos, equinodermes, tunicados e gastrópodes marinhos vivos sem que sejam cumpridas as condições estabelecidas para o efeito no Regulamento (CE) n.º 852/2004 e no anexo III do Regulamento (CE) n.º 853/2004;

ee) A utilização de navios na colheita de produtos da pesca do seu ambiente natural, ou no seu manuseamento ou transformação após a colheita, que não cumpram os requisitos estruturais e em matéria de equipamento estabelecidos no anexo III do Regulamento (CE) n.º 853/2004;

ff) O não cumprimento nos navios utilizados na colheita de produtos da pesca do seu ambiente natural, ou no seu manuseamento ou transformação após a colheita, dos requisitos de higiene estabelecidos no anexo III do Regulamento (CE) n.º 853/2004, designadamente durante e após o desembarque;

gg) O não cumprimento pelos estabelecimentos, incluindo navios, que manuseiem produtos da pesca, incluindo congelados, separados mecanicamente e transformados, das regras estabelecidas para o efeito no anexo III do Regulamento (CE) n.º 853/2004;

hh) O acondicionamento, embalagem, rotulagem, armazenagem ou transporte de produtos da pesca sem observância das condições impostas pelo anexo III do Regulamento (CE) n.º 853/2004;

Decreto-Lei n.º 113/2006 de 12 de Junho 121

ii) A colocação no mercado de produtos da pesca que contenham toxinas prejudiciais à saúde humana;

jj) O não cumprimento das regras estabelecidas no anexo III do Regulamento (CE) n.º 853/2004 para a produção, recolha e colocação no mercado de leite cru;

ll) O não cumprimento das regras estabelecidas no anexo III do Regulamento (CE) n.º 853/2004 para a produção e colocação no mercado de produtos lácteos;

mm) O não cumprimento das regras estabelecidas no anexo III do Regulamento (CE) n.º 853/2004 para o fabrico, manuseamento, armazenagem, rotulagem e marcação de identificação de ovoprodutos;

nn) A preparação de coxas de rã e caracóis para consumo humano sem cumprimento dos requisitos para o efeito estabelecidos no anexo III do Regulamento (CE) n.º 853/2004;

oo) O não cumprimento pelos estabelecimentos que procedem à recolha ou à transformação das matérias-primas para produção de gorduras animais fundidas e torresmos dos requisitos estabelecidos no anexo III do Regulamento (CE) n.º 853/2004;

pp) O não cumprimento pelos estabelecimentos que tratem estômagos, bexigas e intestinos dos requisitos estabelecidos no anexo III do Regulamento (CE) n.º 853/2004;

qq) O não cumprimento pelos estabelecimentos que fabriquem gelatina dos requisitos estabelecidos no anexo III do Regulamento (CE) n.º 853/2004;

rr) O não cumprimento pelos estabelecimentos que fabriquem colagénio dos requisitos estabelecidos no anexo III do Regulamento (CE) n.º 853/2004;

ss) A utilização de substância não autorizada para remover qualquer eventual contaminação da superfície dos produtos de origem animal em desrespeito pelo disposto no n.º 2 do artigo 3.º do Regulamento (CE) n.º 853/2004;

tt) A colocação no mercado de produtos de origem animal fabricados na Comunidade por estabelecimentos não registados ou não aprovados ou que não cumpram as disposições do Regulamento (CE) n.º 852/2004, dos anexos II e III do Regulamento (CE) n.º 853/2004 ou em legislação específica relativa aos géneros alimentícios, em desrespeito pelo n.º 1 do artigo 4.º do Regulamento (CE) n.º 853/2004;

122 Novo Regime da Instalação e Funcionamento dos Estab. de Rest. ou de Bebidas

uu) A não cooperação com as autoridades competentes, em desrespeito pelo n.º 4 do artigo 4.º do Regulamento (CE) n.º 853/2004;

vv) A continuidade de laboração de estabelecimento ao qual seja retirada a autorização, ou, em caso de autorização condicional, não seja prorrogada ou concedida a autorização definitiva, em conformidade com o disposto no n.º 4 do artigo 4.º do Regulamento (CE) n.º 853/2004;

xx) A colocação no mercado de produtos de origem animal sem marca de salubridade ou de identificação, a aplicação de marcas de salubridade ou identificação em produtos fabricados em estabelecimentos que não cumpram as regras aplicáveis do Regulamento (CE) n.º 853/2004 ou a remoção das marcas de salubridade em desrespeito pelo disposto no artigo 5.º do Regulamento (CE) n.º 853/2004;

zz) A importação de produtos de origem animal de países terceiros ou de estabelecimentos não constantes de lista de países terceiros ou estabelecimentos constantes em lista comunitária, os produtos importados desconforme as regras do Regulamento (CE) n.º 853/2004, designadamente a não existência de marca de salubridade ou identificação, a não certificação, em desrespeito ao artigo 6.º do Regulamento (CE) n.º 853/2004;

aaa) A não observância das garantias especiais para os trânsitos previstos no artigo 6.º do Regulamento (CE) n.º 853/2004;

bbb) O não acompanhamento de remessas de produtos de origem animal por certificados ou outros documentos exigidos nos termos do artigo 7.º do Regulamento (CE) n.º 853/2004.

2 – Em caso de tentativa e negligência os montantes máximos e mínimos previstos no número anterior são reduzidos a metade.

ARTIGO 7.º
Sanções acessórias

1 – Consoante a gravidade da contra-ordenação e a culpa do agente, podem ser aplicadas, simultaneamente com a coima, as seguintes sanções acessórias:

a) Perda de objectos pertencentes ao agente;

b) Interdição do exercício de profissões ou actividades cujo exercício dependa de título público ou de autorização ou homologação de autoridade pública;

c) Privação do direito a subsídio ou benefício outorgado por entidades ou serviços públicos;

Decreto-Lei n.º 113/2006 de 12 de Junho 123

d) Privação do direito de participar em feiras ou mercados;

e) Privação do direito de participar em arrematações ou concursos públicos que tenham por objecto o fornecimento de bens e serviços, a concessão de serviços públicos e a atribuição de licenças ou alvarás;

f) Encerramento de estabelecimento cujo funcionamento esteja sujeito a autorização ou licença de autoridade administrativa;

g) Suspensão de autorizações, licenças e alvarás.

2 – As sanções referidas nas alíneas b) e seguintes do número anterior têm a duração máxima de dois anos contados a partir do trânsito em julgado da decisão condenatória.

ARTIGO 8.º
Processos de contra-ordenação

1 – Compete à ASAE, às direcções regionais de agricultura ou ao serviço da DGV da área da prática da infracção a instrução dos processos de contra-ordenação relativos às matérias do âmbito das respectivas competências.

2 – Compete à Comissão de Aplicação de Coimas em Matéria Económica e de Publicidade (CACMEP), ao director-geral de Veterinária e ao director-geral de Protecção das Culturas a aplicação das coimas e sanções acessórias relativas às matérias do âmbito das respectivas competências.

ARTIGO 9.º
Afectação do produto das coimas

1 – O produto das coimas aplicadas nos processos de contra-ordenação cuja competência para a instrução e decisão seja, nos termos dos n.ºs 1 e 2 do artigo anterior, da ASAE e da CACMEP, respectivamente, é distribuído da seguinte forma:

a) 10% para a entidade que levantou o auto;

b) 30% para a entidade que procedeu à instrução do processo;

c) 60% para o Estado.

2 – Nos restantes processos de contra-ordenação, o produto das coimas é distribuído da seguinte forma:

a) 10% para a entidade que levantou o auto;

b) 10% para a entidade que procedeu à instrução do processo;

c) 20% para a entidade que aplicou a coima;
d) 60% para o Estado.

ARTIGO 10.º
Regime especial

Às infracções ao presente decreto-lei que digam respeito ao sector vitivinícola aplica-se o processo de contra-ordenação previsto nos artigos 20.º a 22.º do Decreto-Lei n.º 213/2004, de 23 de Agosto.

CAPÍTULO III
Disposições finais

ARTIGO 11.º
Regulamentação

São objecto de portaria conjunta dos Ministros da Economia e da Inovação e da Agricultura, do Desenvolvimento Rural e das Pescas as matérias que os Regulamentos (CE) n.ºs 852/2004 e 853/2004 prevêem que sejam reguladas por normas nacionais.

ARTIGO 11.º-A
Regiões Autónomas

O disposto no presente decreto-lei aplica-se às Regiões Autónomas dos Açores e da Madeira, sem prejuízo de as competências cometidas a serviços ou organismos da administração do Estado serem exercidas pelos correspondentes serviços e organismos das administrações regionais com idênticas atribuições e competências.

ARTIGO 12.º
Norma revogatória

É revogado o Decreto-Lei n.º 67/98, de 18 de Março.

Artigo 13.º
Entrada em vigor

O presente decreto-lei entra em vigor no dia seguinte ao da sua publicação.

Visto e aprovado em Conselho de Ministros de 30 de Março de 2006. *– José Sócrates Carvalho Pinto de Sousa – Fernando Manuel Mendonça de Oliveira Neves – Fernando Teixeira dos Santos – Alberto Bernardes Costa – Francisco Carlos da Graça Nunes Correia – Manuel António Gomes de Almeida de Pinho – Jaime de Jesus Lopes Silva – António Fernando Correia de Campos.* Promulgado em 23 de Maio de 2006. Publique-se. O Presidente da República, ANÍBAL CAVACO SILVA. Referendado em 1 de Junho de 2006. O Primeiro-Ministro, *José Sócrates Carvalho Pinto de Sousa.*

Decreto-Lei n.º 156/2005
de 15 de Setembro[1]

O livro de reclamações constitui um dos instrumentos que tornam mais acessível o exercício do direito de queixa, ao proporcionar ao consumidor a possibilidade de reclamar no local onde o conflito ocorreu.

A criação deste livro teve por base a preocupação com um melhor exercício da cidadania através da exigência do respeito dos direitos dos consumidores.

A justificação da medida, inicialmente vocacionada para o sector do turismo e para os estabelecimentos hoteleiros, de restauração e bebidas em particular, prendeu-se com a necessidade de tornar mais célere a resolução de conflitos entre os cidadãos consumidores e os agentes económicos, bem como de permitir a identificação, através de um formulário normalizado, de condutas contrárias à lei. É por este motivo que é necessário incentivar e encorajar a sua utilização, introduzindo mecanismos que o tornem mais eficaz enquanto instrumento de defesa dos direitos dos consumidores e utentes de forma a alcançar a igualdade material dos intervenientes a que se refere o artigo 9.º da Lei n.º 24/96, de 31 de Julho.

Actualmente, o livro de reclamações é obrigatório nos serviços e organismos da Administração Pública em que seja efectuado atendimento ao público, nos estabelecimentos de restauração ou de bebidas, nos empreendimentos turísticos, que incluem os estabelecimentos hoteleiros, os meios complementares de alojamento turístico, os parques de campismo públicos e privativos e os conjuntos hoteleiros, nas agências de viagens e turismo, nas casas de natureza, nos empreendimentos de turismo no espaço rural, nos estabelecimentos termais, nas empresas de animação turística, nos recintos com diversões aquáticas, nas entidades organizadoras de cam-

---

[1] Alterado e republicado pelo Decreto-Lei n.º 371/2007, de 6 de Novembro.

pos de férias, nos operadores sujeitos à actividade reguladora da Entidade Reguladora da Saúde, nas unidades privadas que actuem na área do tratamento ou da recuperação de toxicodependentes, nas unidades de saúde privadas que utilizem, com fins de diagnóstico, de terapêutica e de prevenção, radiações ionizantes, ultra-sons ou campos magnéticos, nas unidades privadas de diálise que prossigam actividades terapêuticas no âmbito da hemodiálise e técnicas de depuração extracorporal afins ou da diálise peritoneal crónica, nas unidades privadas de saúde, entendendo-se como tal «os estabelecimentos não integrados no Serviço Nacional de Saúde que tenham por objecto a prestação de quaisquer serviços médicos ou de enfermagem, com internamento ou sala de recobro» nas unidades de saúde privadas de medicina física, de reabilitação, de diagnóstico, terapêutica e prevenção e de reinserção familiar e sócio-profissional, nas clínicas e nos consultórios dentários privados, nos laboratórios privados que prossigam actividades de diagnóstico, de monitorização terapêutica e de prevenção no domínio da patologia humana, independentemente da forma jurídica adoptada, nos estabelecimentos em que sejam exercidas actividades de apoio social no âmbito da segurança social relativas a crianças, jovens, pessoas idosas ou pessoas com deficiência, bem como os destinados à prevenção e reparação de situações de carência, de disfunção e de marginalização social, nas entidades responsáveis pelo serviço de apoio domiciliário, nos estabelecimentos em que seja exercida a actividade de mediação imobiliária ou de angariação imobiliária, nas escolas de condução, nos centros de inspecções técnicas periódicas de automóveis, nas agências funerárias e nos postos consulares.

Não obstante esta extensa lista, existem sectores de actividade que não estão abrangidos por esta obrigação, não se justificando que assim seja, sobretudo no que diz respeito à prestação dos serviços públicos essenciais.

O Programa do XVII Governo Constitucional estabelece no Capítulo III, alínea V), a necessidade de alargar a obrigatoriedade de existência do livro de reclamações a mais sectores. É este o principal objectivo deste diploma: tornar obrigatória a existência do livro de reclamações a todos os fornecedores de bens e prestadores de serviços que tenham contacto com o público, com excepção dos serviços e organismos da Administração Pública, que continuam a reger-se pelo disposto no artigo 38.º do Decreto-Lei n.º 135/99, de 22 de Abril.

Decreto-Lei n.º 156/2005 de 15 de Setembro　　129

No desenvolvimento desta obrigação, aproveita-se para se proceder à uniformização do regime do livro de reclamações, incluindo neste diploma todas as entidades e estabelecimentos aos quais se aplica presentemente a obrigação de possuir aquele livro.

O presente diploma dispõe que o dever de remeter a queixa recai sobre o prestador de serviços ou o fornecedor do bem. No entanto, com o objectivo de assegurar que a reclamação chega, de facto, à entidade competente, o diploma permite que o consumidor envie ele próprio também a reclamação. Para tanto, é reforçado o direito à informação do consumidor, quer através da identificação no letreiro da entidade competente quer na própria folha de reclamação que contém explicitamente informação sobre aquela faculdade.

São, assim, reforçadas as garantias de eficácia do livro de reclamações, enquanto instrumento de prevenção de conflitos, contribuindo para a melhoria da qualidade do serviço prestado e dos bens vendidos.

Foram consultados os membros do Conselho Nacional do Consumo.

Assim:

Nos termos da alínea a) do n.º 1 do artigo 198.º da Constituição, o Governo decreta o seguinte:

Assim:

Manda o Governo, pelos Ministros da Economia e da Inovação e da Agricultura, do Desenvolvimento Rural e das Pescas, ao abrigo do artigo 11.º do Decreto-Lei n.º 113/2006, de 12 de Junho, o seguinte:

CAPÍTULO I
Do objecto e do âmbito de aplicação

Artigo 1.º
Objecto

1 – O presente diploma visa reforçar os procedimentos de defesa dos direitos dos consumidores e utentes no âmbito do fornecimento de bens e prestação de serviços.

2 – O presente decreto-lei institui a obrigatoriedade de existência e disponibilização do livro de reclamações em todos os estabelecimentos de fornecimento de bens ou prestação de serviços, designadamente os constantes do anexo I ao presente decreto-lei e que dele faz parte integrante.

130   *Novo Regime da Instalação e Funcionamento dos Estab. de Rest. ou de Bebidas*

3 – Sem prejuízo do disposto no número anterior, os fornecedores de bens e os prestadores de serviços podem disponibilizar no seu sítio de Internet instrumentos que permitam aos consumidores reclamarem.

Artigo 2.º
Âmbito

1 – Para efeitos do presente decreto-lei, a referência a «fornecedor de bens ou prestador de serviços» compreende os estabelecimentos referidos no artigo anterior que:

a) Se encontrem instalados com carácter fixo ou permanente, e neles seja exercida, exclusiva ou principalmente, de modo habitual e profissional, a actividade; e

b) Tenham contacto com o público, designadamente através de serviços de atendimento ao público destinado à oferta de produtos e serviços ou de manutenção das relações de clientela.

2 – O anexo a que se refere o artigo anterior pode ser objecto de aditamentos.

3 – O regime previsto neste diploma não se aplica aos serviços e organismos da Administração Pública a que se refere o artigo 38.º do Decreto-Lei n.º 135/99, de 22 de Abril.

4 – O livro de reclamações pode ser utilizado por qualquer utente nas situações e nos termos previstos no presente diploma.

5 – Exceptuam-se do disposto no n.º 3 os serviços e organismos da Administração Pública encarregues da prestação dos serviços de abastecimento público de água, de saneamento de águas residuais e de gestão de resíduos urbanos que passam a estar sujeitos às obrigações constantes deste decreto-lei.

CAPÍTULO II
Do livro de reclamação e do procedimento

ARTIGO 3.º
Obrigações do fornecedor de bens ou prestador de serviços

1 – O fornecedor de bens ou prestador de serviços é obrigado a:

Decreto-Lei n.º 156/2005 de 15 de Setembro 131

a) Possuir o livro de reclamações nos estabelecimentos a que respeita a actividade;

b) Facultar imediata e gratuitamente ao utente o livro de reclamações sempre que por este tal lhe seja solicitado;

c) Afixar no seu estabelecimento, em local bem visível e com caracteres facilmente legíveis pelo utente, um letreiro com a seguinte informação: «Este estabelecimento dispõe de livro de reclamações»;

d) Manter, por um período mínimo de três anos, um arquivo organizado dos livros de reclamações que tenha encerrado.

2 – O fornecedor de bens ou prestador de serviços não pode, em caso algum, justificar a falta de livro de reclamações no estabelecimento onde o utente o solicita pelo facto de o mesmo se encontrar disponível noutros estabelecimentos, dependências ou sucursais.

3 – Sem prejuízo da regra relativa ao preenchimento da folha de reclamação a que se refere o artigo 4.º, o fornecedor de bens ou prestador de serviços ou o funcionário do estabelecimento não pode condicionar a apresentação do livro de reclamações, designadamente à necessidade de identificação do utente.

4 – Quando o livro de reclamações não for imediatamente facultado ao utente, este pode requerer a presença da autoridade policial a fim de remover essa recusa ou de que essa autoridade tome nota da ocorrência e a faça chegar à entidade competente para fiscalizar o sector em causa.

ARTIGO 4.º
Formulação da reclamação

1 – A reclamação é formulada através do preenchimento da folha de reclamação.

2 – Na formulação da reclamação, o utente deve:

a) Preencher de forma correcta e completa todos os campos relativos à sua identificação e endereço;

b) Preencher de forma correcta a identificação e o local do fornecedor de bens ou prestador do serviço;

c) Descrever de forma clara e completa os factos que motivam a reclamação.

3 – Para efeitos do disposto na alínea b) do número anterior, o fornecedor de bens ou o prestador de serviços está obrigado a fornecer todos

132   *Novo Regime da Instalação e Funcionamento dos Estab. de Rest. ou de Bebidas*

os elementos necessários ao correcto preenchimento dos campos relativos à sua identificação, devendo ainda confirmar que o utente os preencheu correctamente.

ARTIGO 5.º
Envio da folha de reclamação e alegações

1 – Após o preenchimento da folha de reclamação, o fornecedor do bem, o prestador de serviços ou o funcionário do estabelecimento tem a obrigação de destacar do livro de reclamações o original que, no prazo de 10 dias úteis, deve ser remetido à entidade de controlo de mercado competente ou à entidade reguladora do sector.

2 – Tratando-se de fornecedor de bens ou prestador de serviços não identificado no anexo I do presente decreto-lei, observado o disposto no número anterior, o original da folha de reclamação deve ser remetido à entidade de controlo de mercado competente ou à entidade reguladora do sector ou, na ausência de uma e outra, à Autoridade de Segurança Alimentar e Económica.

3 – Para efeitos do disposto nos números anteriores, a remessa do original da folha de reclamação pode ser acompanhada das alegações que o fornecedor de bens ou o prestador de serviço entendam dever prestar, bem como dos esclarecimentos dispensados ao reclamante em virtude da reclamação.

4 – Após o preenchimento da folha de reclamação, o fornecedor do bem, o prestador de serviços ou o funcionário do estabelecimento tem ainda a obrigação de entregar o duplicado da reclamação ao utente, conservando em seu poder o triplicado, que faz parte integrante do livro de reclamações e dele não pode ser retirado.

5 – Sem prejuízo do disposto nos números anteriores, o utente pode também remeter o duplicado da folha de reclamação à entidade de controlo de mercado competente ou à entidade reguladora do sector, de acordo com as instruções constantes da mesma ou, tratando-se de fornecedor de bens ou prestador de serviços não identificado no anexo I ao presente decreto-lei e, não havendo uma e outra destas entidades, à Autoridade de Segurança Alimentar e Económica.

6 – Para efeitos do número anterior, o letreiro a que se refere a alínea c) do n.º 1 do artigo 3.º deve conter ainda, em caracteres facilmente legí-

veis pelo utente, a identificação completa e a morada da entidade junto da qual o utente deve apresentar a reclamação.

ARTIGO 6.º
Procedimento da entidade de controlo de mercado competente e da entidade reguladora do sector

1 – Para efeitos de aplicação do presente decreto-lei, cabe à entidade de controlo de mercado competente ou à entidade reguladora do sector:

a) Receber as folhas de reclamação e, se for o caso, as respectivas alegações;

b) Instaurar o procedimento adequado se os factos resultantes da reclamação indiciarem a prática de contra-ordenação prevista em norma específica aplicável.

2 – Fora dos casos a que se refere a alínea b) do número anterior, a entidade de controlo de mercado competente ou a entidade reguladora deve notificar o fornecedor de bens ou prestador de serviços para que, no prazo de 10 dias úteis, apresente as alegações que entenda por convenientes.

3 – Quando da folha de reclamação resultar a identificação suficiente do reclamante, a entidade de controlo de mercado competente ou a entidade reguladora do sector podem, através de comunicação escrita, informar aquele sobre o procedimento ou as medidas que tenham sido ou venham a ser adoptadas na sequência da reclamação formulada.

3 – Quando da folha de reclamação resultar uma situação de litígio, a entidade de controlo de mercado competente ou a entidade reguladora do sector deve, através de comunicação escrita e após concluídas todas as diligências necessárias à reposição legal da situação, informar o reclamante sobre o procedimento ou as medidas que tenham sido ou venham a ser adoptadas na sequência da reclamação formulada.

CAPÍTULO III
Da edição e venda do livro de reclamações

ARTIGO 7.º
Modelo de livro de reclamações

O modelo do livro de reclamações e as regras relativas à sua edição e venda, bem como o modelo de letreiro a que se refere a alínea c) do n.º 1

134 *Novo Regime da Instalação e Funcionamento dos Estab. de Rest. ou de Bebidas*

do artigo 3.º do presente diploma, são aprovados por portaria conjunta dos membros do Governo responsáveis pelas áreas das finanças e da defesa do consumidor, a emitir no prazo de 90 dias a contar da data da publicação do presente diploma.[1]

ARTIGO 8.º
Aquisição de novo livro de reclamações

1 – O encerramento, perda ou extravio do livro de reclamações obriga o fornecedor de bens ou o prestador de serviços a adquirir um novo livro.

2 – A perda ou extravio do livro de reclamações obriga o fornecedor de bens ou o prestador de serviços a comunicar imediatamente esse facto à entidade reguladora ou, na falta desta, à entidade de controlo de mercado sectorialmente competente junto da qual adquiriu o livro.

3 – A perda ou extravio do livro de reclamações obriga ainda o fornecedor de bens ou prestador de serviços, durante o período de tempo em que não disponha do livro, a informar o utente sobre a entidade à qual deve recorrer para apresentar a reclamação.

CAPÍTULO IV
Das contra-ordenações

ARTIGO 9.º
Contra-ordenações

1 – Constituem contra-ordenações puníveis com a aplicação das seguintes coimas:

a) De € 250 a € 3.500 e de € 3.500 a € 30.000, consoante o infractor seja pessoa singular ou pessoa colectiva, a violação do disposto nas alíneas a), b) e c) do n.º 1 do artigo 3.º, nos n.ºs 1, 2 e 4 do artigo 5.º e no artigo 8.º;

---

[1] A Portaria n.º 1288/2005, de 15 de Dezembro, alterada pela Portaria n.º 70/2008, de 23 de Janeiro, aprovou o modelo, edição, preço, fornecimento e distribuição do livro de reclamações a ser disponibilizado pelos fornecedores de bens e prestadores de serviços abrangidos pelo Decreto-Lei n.º 156/2005, de 15 de Setembro, com a redacção dada pelo Decreto-Lei n.º 371/2007, de 6 de Novembro. Veja pág. 145.

Decreto-Lei n.º 156/2005 de 15 de Setembro

b) De € 250 a € 2.500 e de € 500 a € 5.000, consoante o infractor seja pessoa singular ou pessoa colectiva, a violação do disposto na alínea d) do n.º 1 do artigo 3.º, no n.º 3 do artigo 4.º e no n.º 6 do artigo 5.º

2 – A negligência é punível sendo os limites mínimos e máximos das coimas aplicáveis reduzidos a metade.

3 – Em caso de violação do disposto na alínea b) do n.º 1 do artigo 3.º, acrescida da ocorrência da situação prevista no n.º 4 do mesmo artigo, o montante da coima a aplicar não pode ser inferior a metade do montante máximo da coima prevista.[1]

4 – A violação do disposto nas alíneas a) e b) do n.º 1 do artigo 3.º dá lugar, para além da aplicação da respectiva coima, à publicidade da condenação por contra-ordenação num jornal de expansão local ou nacional, a expensas do infractor.

ARTIGO 10.º
Sanções acessórias

1 – Quando a gravidade da infracção o justifique podem ainda ser aplicadas as seguintes sanções acessórias, nos termos do regime geral das contra-ordenações:

a) Encerramento temporário das instalações ou estabelecimentos;

b) Interdição do exercício da actividade;

c) Privação do direito a subsídio ou benefício outorgado por entidade ou serviço público.

2 – As sanções referidas no número anterior têm duração máxima de dois anos contados a partir da data da decisão condenatória definitiva.

ARTIGO 11.º
Fiscalização e instrução dos processos por contra-ordenação

1 – A fiscalização e a instrução dos processos relativos às contra-ordenações previstas no n.º 1 do artigo 9.º compete:

---

[1] Nos termos do n.º 3 a recusa em facultar imediata e gratuitamente ao utente o livro de reclamações, sempre que por este tal lhe seja solicitado, constitui contra-ordenação punível com coima não inferior a metade do montante máximo previsto na alínea a) do n.º 1 e dá lugar à publicidade da condenação por contra-ordenação num jornal de expansão local ou nacional, a expensas do infractor.

a) À Autoridade de Segurança Alimentar e Económica, quando praticadas em estabelecimentos de fornecimento de bens e de prestação de serviços mencionados nas alíneas a), b), c), d), e), f), i), l), m) e t) do n.º 1 do anexo I;

b) Ao Instituto do Desporto de Portugal, I. P., quando praticadas em estabelecimentos mencionados na alínea g) do n.º 1 do anexo I;

c) À Inspecção-Geral das Actividades Culturais, quando praticadas em estabelecimentos mencionados nas alíneas h) e n) do n.º 1 do anexo I;

d) Ao INFARMED – Autoridade Nacional do Medicamento e dos Produtos de Saúde, I. P., quando praticadas em estabelecimentos mencionados na alínea j) do n.º 1 do anexo I;

e) Ao Instituto dos Registos e do Notariado, I. P., quando praticadas em estabelecimentos mencionados na alínea o) do n.º 1 do anexo I;

f) Ao Instituto da Construção e do Imobiliário, I. P., quando praticadas em estabelecimentos mencionados nas alíneas p), q), r) e s) do n.º 1 do anexo I;

g) Ao Instituto da Segurança Social, I. P., quando praticadas em estabelecimentos mencionados na alínea n) do n.º 3 do anexo I;

h) Às respectivas entidades reguladoras, quando praticadas em estabelecimentos dos prestadores de serviços mencionados no n.º 2 do anexo I;

i) Aos respectivos centros distritais da segurança social, quando praticadas em estabelecimentos mencionados nas alíneas a) a m) do n.º 3 do anexo I;

j) Ao Banco de Portugal, quando praticadas nos estabelecimentos mencionados no n.º 4 do anexo I;

l) Ao Instituto de Seguros de Portugal, quando praticadas em estabelecimentos mencionados no n.º 5 do anexo I;

m) Às respectivas capitanias, quando praticadas em estabelecimentos mencionados no n.º 6 do anexo I;

n) À Ordem dos Médicos Veterinários, quando praticadas em estabelecimentos mencionados no n.º 7 do anexo I;

o) À Inspecção-Geral da Educação, quando praticadas em estabelecimentos mencionados no n.º 8 do anexo I;

p) À Secretaria-Geral do Ministério da Ciência, Tecnologia e Ensino Superior, quando praticadas em estabelecimentos mencionados no n.º 9 do anexo I.

2 – A aplicação das coimas e sanções acessórias compete às entidades que, nos termos da lei, são responsáveis pela respectiva aplicação.

Decreto-Lei n.º 156/2005 de 15 de Setembro 137

3 – Compete à Autoridade de Segurança Alimentar e Económica a fiscalização e a instrução dos processos relativos às contra-ordenações previstas no n.º 1 do artigo 9.º, quando praticadas em estabelecimentos de fornecimento de bens e de prestação de serviços não mencionados no anexo I deste decreto-lei e quando não exista entidade de controlo de mercado competente e entidade reguladora do sector

4 – A receita das coimas reverte em 60% para o Estado, em 30% para a entidade que instrui o processo contra-ordenacional e em 10% para a entidade que aplica a coima quando esta não coincida com a entidade que faz a instrução.

5 – Coincidindo na mesma entidade a instrução e a aplicação das coimas, a distribuição da receita é de 60% para o Estado e de 40% para a entidade que instrui o processo.

CAPÍTULO V
**Da informação estatística, da uniformização do regime
e da avaliação do diploma**

Artigo 12.º
Informação sobre reclamações recebidas

1 – As entidades reguladoras e as entidades de controlo de mercado competentes devem remeter à Direcção-Geral do Consumidor, com uma periodicidade semestral, informação, designadamente sobre o tipo, natureza e objecto das reclamações apresentadas, identificação das entidades reclamadas e prazo de resolução das reclamações.

2 – Para efeitos de aplicação do número anterior, a Direcção-Geral do Consumidor define, em documento a ser remetido às entidades reguladoras do sector e às entidades de controlo de mercado competentes no prazo de 30 dias a contar da data de entrada em vigor do presente decreto-lei, a informação pretendida.

Artigo 13.º
Outros procedimentos

1 – A formulação da reclamação nos termos previstos no presente decreto-lei não exclui a possibilidade de o utente apresentar reclamações

por quaisquer outros meios e não limita o exercício de quaisquer direitos constitucional ou legalmente consagrados.

2 – Sem prejuízo dos procedimentos previstos no presente decreto-lei, as entidades de controlo de mercado competentes e as entidades reguladoras do sector podem estabelecer mecanismos internos, no âmbito das suas competências, que permitam uma resolução mais célere da reclamação e que não diminuam as garantias de defesa das partes.

ARTIGO 14.º
Avaliação da execução

No final do 1.º ano a contar da data de entrada em vigor do presente decreto-lei, e bianualmente nos anos subsequentes, a Direcção-Geral do Consumidor elabora um relatório de avaliação sobre a aplicação e execução do mesmo, devendo remetê-lo ao membro do Governo responsável pela área da defesa do consumidor.

ARTIGO 15.º
Uniformização de regime e revogação

1 – O regime previsto no presente diploma aplica-se igualmente aos fornecedores de bens, prestadores de serviços e estabelecimentos constantes no anexo II a este diploma, que dele faz parte integrante, sendo revogadas quaisquer outras normas que contrariem o disposto neste decreto-lei.

2 – A fiscalização, a instrução dos processos e a aplicação das coimas e sanções acessórias previstas no presente diploma aos fornecedores de bens, prestadores de serviços e estabelecimentos constantes do anexo II cabem às entidades que, nos termos da legislação específica existente que estabelece a obrigatoriedade do livro de reclamações, são competentes para o efeito.

3 – O disposto no presente artigo não prejudica a manutenção do livro de reclamações do modelo que, à data da entrada em vigor deste diploma, estiver a ser utilizado até ao respectivo encerramento.

CAPÍTULO VI
Entrada em vigor

ARTIGO 16.º
Entrada em vigor

O presente diploma entra em vigor no dia 1 de Janeiro de 2006.

Visto e aprovado em Conselho de Ministros de 29 de Julho de 2005. – *José Sócrates Carvalho Pinto de Sousa – Fernando Teixeira dos Santos – Manuel Pedro Cunha da Silva Pereira – José Manuel Vieira Conde Rodrigues – António José de Castro Guerra – José António Fonseca Vieira da Silva – Francisco Ventura Ramos – Maria de Lurdes Reis Rodrigues – Mário Vieira de Carvalho.* Promulgado em 14 de Agosto de 2005. Publique-se. O Presidente da República, JORGE SAMPAIO. Referendado em 1 de Setembro de 2005. O Primeiro-Ministro, *José Sócrates Carvalho Pinto de Sousa.*

140 *Novo Regime da Instalação e Funcionamento dos Estab. de Rest. ou de Bebidas*

ANEXO I

Entidades que, nos termos do n.º 2 do artigo 1.º, passam a estar sujeitas à obrigatoriedade de existência e disponibilização do livro de reclamações.

1 – Estabelecimentos de venda ao público e de prestação de serviços:

a) Estabelecimentos de comércio a retalho e conjuntos comerciais, bem como estabelecimentos de comércio por grosso com revenda ao consumidor final;

b) Postos de abastecimento de combustíveis;

c) Lavandarias, estabelecimentos de limpeza a seco e de engomadoria;

d) Salões de cabeleireiro, institutos de beleza ou outros de natureza similar, independentemente da denominação adoptada;

e) Estabelecimentos de tatuagens e colocação de *piercings*;

f) Estabelecimentos de comércio, manutenção e reparação de velocípedes, ciclomotores, motociclos e veículos automóveis novos e usados;

g) Estabelecimentos de manutenção física, independentemente da designação adoptada;

h) Recintos de espectáculos de natureza artística;

i) Parques de estacionamento subterrâneo ou de superfície;

j) Farmácias;

l) Estabelecimentos de aluguer de velocípedes, de motociclos e de veículos automóveis;

m) Estabelecimentos de reparação de bens pessoais e domésticos;

n) Estabelecimentos de aluguer de videogramas;

o) Estabelecimentos notariais privados;

p) Estabelecimentos das empresas de construção civil;

q) Estabelecimentos das empresas de promoção imobiliária;

r) Estabelecimentos das empresas de administração de condomínios;

s) Estabelecimentos das empresas de avaliação imobiliária;

t) Estabelecimentos de centros de estudos e de explicações.

2 – Estabelecimentos dos prestadores de serviços seguintes:

a) Prestadores de serviços públicos essenciais a que se refere a Lei n.º 23/96, de 26 de Julho;

b) Prestadores de serviços de transporte rodoviários, ferroviários, marítimos, fluviais, aéreos, de comunicações electrónicas e postais;

Decreto-Lei n.º 156/2005 de 15 de Setembro 141

c) Prestadores de serviços de abastecimento de água, de saneamento de águas residuais e de gestão de resíduos urbanos, incluindo os serviços e organismos da Administração Pública que actuem neste sector.

3 – Estabelecimentos das instituições particulares de segurança social em relação aos quais existam acordos de cooperação celebrados com os centros distritais de segurança social:
a) Creches;
b) Pré-escolar;
c) Centros de actividade;
d) Lares para crianças
e) Lares para idosos;
f) Centros de dia;
g) Apoio domiciliário;
h) Lares para pessoas com deficiências;
i) Centros de actividades ocupacionais para deficientes;
j) Centros comunitários;
l) Cantinas sociais;
m) Casa-abrigos;
n) Estabelecimentos das empresas de ocupação de actividades de tempos livres ou outros de natureza similar independentemente da denominação adoptada.

4 – Instituições de crédito e sociedades financeiras.

5 – Estabelecimentos das empresas de seguros bem como os estabelecimentos de mediadores, corretores de seguros e sociedades gestoras de fundos de pensões.

6 – Marinas.

7 – Clínicas veterinárias.

8 – Estabelecimentos particulares e cooperativos de educação pré-escolar e dos ensinos básico e secundário.

9 – Estabelecimentos do ensino superior particular e cooperativo.

142 *Novo Regime da Instalação e Funcionamento dos Estab. de Rest. ou de Bebidas*

ANEXO II

Entidades que já se encontram sujeitas à obrigatoriedade de existência e disponibilização do livro de reclamações, de acordo com a legislação existente à data da entrada em vigor deste decreto-lei, a que se refere o n.º 1 do artigo 15.º

1 — Estabelecimentos de venda ao público e de prestação de serviços:
a) Centros de inspecção automóvel;
b) Escolas de condução;
c) Centros de exames de condução;
d) Empresas de mediação imobiliária;
e) Agências funerárias;
f) Postos consulares;

2 — Estabelecimentos de prestação de serviços na área do turismo:
a) Empreendimentos turísticos;
b) Estabelecimentos de restauração e bebidas;
c) Turismo no espaço rural;
d) Agências de viagens e turismo;
e) Salas de jogo do bingo;
f) Turismo da natureza;
g) Empresas de animação turística;
h) Recintos com diversões aquáticas;
i) Campos de férias;
j) Estabelecimentos termais;
l) Marina de Ponta Delgada.

3 — Estabelecimentos das instituições particulares de segurança social:
a) Instituições particulares de solidariedade social;
b) Estabelecimentos de apoio social;
c) Serviços de apoio domiciliário.

4 — Estabelecimentos dos prestadores de serviços na área da saúde:
a) Unidades privadas de saúde com internamento ou sala de recobro;
b) Unidades privadas de saúde com actividade específica, designadamente laboratórios; unidades com fins de diagnóstico, terapêutica e de prevenção de radiações ionizantes, ultra-sons ou campos magnéticos; uni-

dades privadas de diálise; clínicas e consultórios dentários e unidades de medicina física e de reabilitação;

c) Unidades privadas de prestação de cuidados de saúde na área da toxicodependência;

d) Outros operadores sujeitos à actividade reguladora da Entidade Reguladora da Saúde.

Portaria n.º 1288/2005
de 15 de Dezembro[1]

O Decreto-Lei n.º 156/2005, de 15 de Setembro, que institui a obrigatoriedade de existência e disponibilização do livro de reclamações a todos os fornecedores de bens e prestadores de serviços mencionados no seu anexo I, prevê no artigo 7.º que o modelo do livro de reclamações e as regras relativas à sua edição e venda, bem como o modelo de letreiro que deve ser afixado nos estabelecimentos comerciais, são aprovados por portaria conjunta dos membros do Governo que tutelam as finanças e a defesa do consumidor.

Assim:

Ao abrigo do disposto no artigo 7.º do Decreto-Lei n.º 156/2005, de 15 de Setembro, manda o Governo, pelos Ministros de Estado e das Finanças e da Economia e da Inovação, o seguinte:

1.º
Âmbito

Pela presente portaria procede-se à aprovação do modelo, edição, preço, fornecimento e distribuição do livro de reclamações a ser disponibilizado pelos fornecedores de bens e prestadores de serviços abrangidos pelo Decreto-Lei n.º 156/2005, de 15 de Setembro, com a alteração introduzida pelo Decreto-Lei n.º 371/2007, de 6 de Novembro, bem como à aprovação do modelo de letreiro a ser afixado nos respectivos estabelecimentos.

---

[1] Alterada pelas Portarias n.ºs 70/2008, de 23 de Janeiro e 896/2008, de 18 de Agosto.

2.º
Modelos

1 – O modelo do livro de reclamações e o do letreiro constam, respectivamente, dos anexos I e II da presente portaria, que dela fazem parte integrante.

2 – O livro de reclamações tem formato A4 e é constituído por 25 impressos para reclamação, feitos em triplicado e redigidos nas línguas portuguesa e inglesa.

3 – O duplicado da reclamação permite a sua transformação, após dobragem e colagem, em envelope de mensagem que pode ser endereçado e franqueado.

4 – Sem prejuízo do disposto nos números anteriores, os modelos são objecto de adequado tratamento gráfico, nomeadamente através de inclusão de cores e de holograma da Direcção-Geral do Consumidor e da Imprensa Nacional – Casa da Moeda, S. A.

3.º
Edição e venda do livro de reclamações

1 – O livro de reclamações é editado conjuntamente pela Imprensa Nacional – Casa da Moeda, S. A., e pela Direcção-Geral do Consumidor, constituindo modelo exclusivo da Imprensa Nacional – Casa da Moeda, S. A.

2 – O livro de reclamações é vendido pela Imprensa Nacional – Casa da Moeda, S. A.

3 – Sem prejuízo do disposto no número anterior, o livro de reclamações pode ser vendido pelas entidades reguladoras e entidades de controlo de mercado competentes mencionadas no Decreto-Lei n.º 156/2005, de 15 de Setembro, com as alterações introduzidas pelo Decreto-Lei n.º 371/2007, de 6 de Novembro, bem como pela Direcção-Geral do Consumidor.

4 – Para além das entidades mencionadas no número anterior, o livro de reclamações pode ainda ser vendido pelas associações representativas dos profissionais dos sectores de actividades abrangidos pelo regime constante no Decreto-Lei n.º 371/2007, de 6 de Novembro, devendo estas para esse efeito estar autorizadas por despacho do director -geral do Consumidor, a emitir no prazo de 30 dias a contar da data da entrada do requerimento da entidade interessada.

4.º
Preço do livro de reclamações

1 – O preço de venda ao público do livro de reclamações é de € 18 por unidade e inclui o letreiro informativo constante do anexo II.

2 – Quando o livro de reclamações for vendido pela Imprensa Nacional – Casa da Moeda, S. A., às entidades a que se referem os n.ºs 3 e 4 do n.º 3.o aplica-se sobre o preço o seguinte desconto:

a) 20% para encomendas até 500 unidades;

b) 30% para encomendas iguais ou superiores a 500 unidades;

c) 40% para encomendas iguais ou superiores a 1000 unidades.

3 – O preço expresso em euros referido no n.º 1 deste número, com poder aquisitivo referente ao ano de 2006, será actualizado quando se justifique com efeitos a partir de Março de cada ano, tendo em conta o índice médio de preços ao consumidor no continente, excluindo a habitação, publicado pelo Instituto Nacional de Estatística.

5.º
Registos

1 – Está sujeita a registo, a efectuar pelas entidades vendedoras nos termos do n.º 3.º, a identificação dos fornecedores de bens ou prestadores de serviços a quem são vendidos livros de reclamações com indicação obrigatória das respectivas quantidades.

2 – No que se refere ao estabelecido no n.º 4 do n.º 3.º, a informação constante do registo é facultada sempre que seja solicitada pelas entidades reguladoras ou pelas entidades de controlo de mercado competentes.

3 – A Imprensa Nacional – Casa da Moeda, S. A., comunica mensalmente à Direcção-Geral do Consumidor a lista das numerações de livros entregues às entidades reguladoras, às entidades de controlo de mercado competentes e às entidades autorizadas nos termos do n.º 4 do n.º 3.º da presente portaria a lista das numerações de livros vendidos directamente por si aos estabelecimentos.

4 – A Direcção-Geral do Consumidor apresenta anualmente ao membro do Governo que tutela a defesa do consumidor um relatório elaborado com base na informação disponibilizada pela Imprensa Nacional – Casa da Moeda, S. A.

6.º
Livros de reclamações existentes

A Imprensa Nacional – Casa da Moeda, S. A., elabora e disponibiliza uma adenda para efeitos de inclusão nos livros de reclamações do modelo aprovado pela Portaria n.º 1288/2005, de 15 de Dezembro, que à data da entrada em vigor da presente portaria se encontrem na posse das entidades editoras e entidades vendedoras mencionadas nos n.ºs 3 e 4 do n.º 3.

7.º
Produção, gestão e reposição de livros de reclamações

A Imprensa Nacional – Casa da Moeda, S. A., assegura a produção, a gestão e a reposição de livros de reclamações com base na previsão de consumos fornecida pela Direcção-Geral do Consumidor.

8.º
Articulação entre o Direcção-Geral do Consumidor e a Imprensa Nacional – Casa da Moeda, S. A.

No âmbito de aplicação da presente portaria, a Direcção-Geral do Consumidor e a Imprensa Nacional – Casa da Moeda, S. A., devem celebrar um protocolo que estabeleça o quadro de articulação entre ambas as entidades, os respectivos procedimentos e demais condições.

9.º
Entrada em vigor

A presente portaria entra em vigor no dia 1 de Janeiro de 2006.

Em 7 de Dezembro de 2005. O Ministro de Estado e das Finanças, *Fernando Teixeira dos Santos*. – O Ministro da Economia e da Inovação, *Manuel António Gomes de Almeida de Pinho*.

ANEXO I

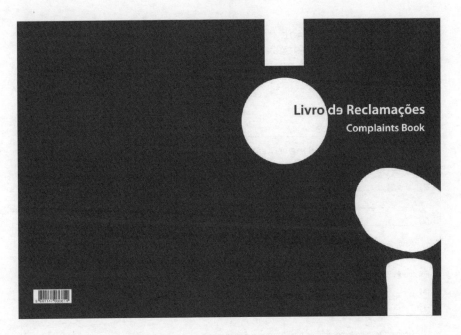

AVISO

NOS TERMOS DA LEGISLAÇÃO EM VIGOR, ESTE LIVRO DE RECLAMAÇÕES DEVE ESTAR SEMPRE DISPONÍVEL NO ESTABELECIMENTO, MESMO QUANDO OS RESPONSÁVEIS SE ENCONTREM AUSENTES, E DEVE SER IMEDIATAMENTE FACULTADO QUANDO SEJA SOLICITADO PELO UTENTE.

A PRRENCHER OBRIGATORIAMENTE PELA ENTIDADE QUE FORNECE ESTE LIVRO

O presente livro de reclamações pertence a

(1) _____

_____

(2) _____

_____

Código do CAE ver. 3 __ __ __ __ __

Foi adquirido em _____ de _____ de 20 ____ .

(3) _____

(4) _____

(1) Denominação do fornecedor de bens/prestador de serviço.
(2) Morada do estabelecimento.
(3) Entidade que forneceu o livro.
(4) Assinatura do responsável e carimbo da entidade.

Edição conjunta Direcção-Geral do Consumidor – Imprensa Nacional-Casa da Moeda, S. A.

FOLHA DE RECLAMAÇÃO | COMPLAINT FORM

Original* | Original**

ATENÇÃO | ATTENTION:
USE CANETA ESFEROGRÁFICA E ESCREVA COM LETRAS MAIÚSCULAS, LEGÍVEIS E DE FORMA CONCISA E OBJECTIVA | USE A BALL-POINT PEN AND WRITE IN LEGIBLY CAPITAL LETTERS, CONCISLY AND OBJECTIVELY
PARA O CORRECTO PREENCHIMENTO DOS CAMPOS CONSULTAR A CAIXA CONSTANTE NO VERSO DA CAPA DESTE LIVRO | TO CORRECTLY FILL IN THE FIELDS, PLEASE CONSULT THE BOX ON THE INSIDE COVER OF THIS BOOK

1 - IDENTIFICAÇÃO DO FORNECEDOR DO BEM/PRESTADOR DO SERVIÇO CONTRA O QUAL É FEITA A RECLAMAÇÃO | IDENTIFICATION OF THE PRODUCT SUPPLIER/SERVICE PROVIDER AGAINST WHOM THE COMPLAINT IS FILED

a) NOME | NAME

CAE

b) MORADA | ADDRESS

LOCALIDADE | LOCALITY   CP

2 - IDENTIFICAÇÃO DO RECLAMANTE | IDENTIFICATION OF THE COMPLAINANT

a) NOME | NAME

b) E-MAIL

c) MORADA | ADDRESS

LOCALIDADE | LOCALITY   CP

d) NACIONALIDADE | NATIONALITY

e) PASSAPORTE OU BI | IDENTITY CARD   f) TEL | TELEPHONE

3 - MOTIVO DA RECLAMAÇÃO | CAUSE OF COMPLAINT *(a descrição dos factos não deve exceder a caixa de texto que se segue | the description of facts must be such as to remain within the following text box)*

DATA | DATE   HORA | TIME

(ASSINATURA DO RECLAMANTE | SIGNATURE OF THE COMPLAINANT)

* NOS TERMOS DA LEGISLAÇÃO EM VIGOR DESTINA-SE ESTE ORIGINAL A SER ENVIADO À ENTIDADE COMPETENTE PELO FORNECEDOR DE BENS/PRESTADOR DE SERVIÇOS NO PRAZO DE DEZ DIAS ÚTEIS, SOB PENA DA PRÁTICA DE CONTRA-ORDENAÇÃO PUNÍVEL NOS TERMOS DO DECRETO-LEI N.º 156/2005, DE 15.05 ALTERADO PELO DECRETO-LEI N.º 371/2007, DE 06.11

** UNDER THE TERMS OF PREVAILING LEGISLATION, THIS ORIGINAL COPY IS TO BE SENT TO THE COMPETENT AUTHORITY BY THE PRODUCT SUPPLIER/SERVICE PROVIDER WITHIN MAXIMUM OF TEN WORKING DAYS, ON PENALTY OF COMMITTING A COUNTERMANDING OFFENCE, PUNISHABLE UNDER THE TERMS OF DECREE-LAW NO. 156/2005, OF 15.09 MODIFIED BY DECREE-LAW NO. 371/2007, OF 06.11

FOLHA DE RECLAMAÇÃO | COMPLAINT FORM

Duplicado* | Duplicate**

ATENÇÃO | ATTENTION:

USE CANETA ESFEROGRÁFICA E ESCREVA COM LETRAS MAIÚSCULAS, LEGÍVEIS E DE FORMA CONCISA E OBJECTIVA | USE A BALL-POINT PEN AND WRITE IN LEGIBLY CAPITAL LETTERS, CONCISLY AND OBJECTIVELY

PARA O CORRECTO PREENCHIMENTO DOS CAMPOS CONSULTAR A CAIXA CONSTANTE NO VERSO DA CAPA DESTE LIVRO | TO CORRECTLY FILL IN THE FIELDS, PLEASE CONSULT THE BOX ON THE INSIDE COVER OF THIS BOOK

1 - IDENTIFICAÇÃO DO FORNECEDOR DO BEM/PRESTADOR DO SERVIÇO CONTRA O QUAL É FEITA A RECLAMAÇÃO | IDENTIFICATION OF THE PRODUCT SUPPLIER/SERVICE PROVIDER AGAINST WHOM THE COMPLAINT IS FILED

a) NOME | NAME

CAE

b) MORADA | ADDRESS

LOCALIDADE | LOCALITY CP -

2 - IDENTIFICAÇÃO DO RECLAMANTE | IDENTIFICATION OF THE COMPLAINANT

a) NOME | NAME

b) E-MAIL

c) MORADA | ADDRESS

LOCALIDADE | LOCALITY CP -

d) NACIONALIDADE | NATIONALITY

e) PASSAPORTE OU BI | IDENTITY CARD f) TEL | TELEPHONE

3 - MOTIVO DA RECLAMAÇÃO | CAUSE OF COMPLAINT *(a descrição dos factos não deve exceder a caixa de texto que se segue | the description of facts must be such as to remain within the following text box)*

Modelo n.º 1888 Exclusivo a INCM, S.A.

DATA | DATE HORA | TIME

(ASSINATURA DO RECLAMANTE | SIGNATURE OF THE COMPLAINANT)

Destacar pelo picotado, humedecer a superfície de cola e dobrar ao meio.
Cut along the dotted line, moisten the gummed area and fold in half.

* NOS TERMOS DA LEGISLAÇÃO EM VIGOR, DESTINA-SE ESTE DUPLICADO A FICAR NA POSSE DO UTENTE, QUE O PODE REMETER, QUERENDO, À ENTIDADE COMPETENTE. PARA O EFEITO, CONSULTE A FOLHA DE INSTRUÇÕES DESTE LIVRO.

** UNDER THE TERMS OF PREVAILING LEGISLATION, THIS DUPLICATE COPY IS TO REMAIN IN THE CUSTOMER'S POSSESSION, WHO MAY THEN CHOOSE TO SUBMIT IT TO THE COMPETENT AUTHORITY. FOR THIS PURPOSE, PLEASE CONSULT THIS BOOK'S INSTRUCTIONS SHEET.

Portaria n.º 1288/2005 de 15 de Dezembro 153

REMETENTE | FROM

DESTINATÁRIO | TO

FOLHA DE RECLAMAÇÃO | COMPLAINT FORM

Triplicado* I Tripled**

ATENÇÃO | ATTENTION:

USE CANETA ESFEROGRÁFICA E ESCREVA COM LETRAS MAIÚSCULAS, LEGÍVEIS E DE FORMA CONCISA E OBJECTIVA | USE A BALL-POINT PEN AND WRITE IN LEGIBLY CAPITAL LETTERS, CONCISLY AND OBJECTIVELY

PARA O CORRECTO PREENCHIMENTO DOS CAMPOS CONSULTAR A CAIXA CONSTANTE NO VERSO DA CAPA DESTE LIVRO | TO CORRECTLY FILL IN THE FIELDS, PLEASE CONSULT THE BOX ON THE INSIDE COVER OF THIS BOOK

1 - **IDENTIFICAÇÃO DO FORNECEDOR DO BEM/PRESTADOR DO SERVIÇO CONTRA O QUAL É FEITA A RECLAMAÇÃO | IDENTIFICATION OF THE PRODUCT SUPPLIER/SERVICE PROVIDER AGAINST WHOM THE COMPLAINT IS FILED**

a) NOME | NAME

CAE

b) MORADA | ADDRESS

LOCALIDADE | LOCALITY   CP   -

2 - **IDENTIFICAÇÃO DO RECLAMANTE | IDENTIFICATION OF THE COMPLAINANT**

a) NOME | NAME

b) E-MAIL

c) MORADA | ADDRESS

LOCALIDADE | LOCALITY   CP   -

d) NACIONALIDADE | NATIONALITY

e) PASSAPORTE OU BI | IDENTITY CARD   f) TEL | TELEPHONE

3 - **MOTIVO DA RECLAMAÇÃO | CAUSE OF COMPLAINT** *(a descição dos factos não deve exceder a caixa de texto que se segue | the description of facts must be such as to remain within the following text box)*

DATA | DATE   HORA | TIME

(ASSINATURA DO RECLAMANTE | SIGNATURE OF THE COMPLAINANT)

* NOS TERMOS DA LEGISLAÇÃO EM VIGOR, ESTE TRIPLICADO FAZ PARTE INTEGRANTE DO LIVRO E NÃO PODE SER RETIRADO

** UNDER THE TERMS OF PREVAILING LEGISLATION, THIS TRIPLICATE COPY FORMS AN INTEGRAL PART OF THE BOOK AND MAY NOT BE REMOVED

Portaria n.º 1288/2005 de 15 de Dezembro

FOLHA DE INSTRUÇÕES | INSTRUCTIONS SHEET

Antes de reclamar, leia com atenção

1. A reclamação deve ser redigida com esferográfica. A reclamação deve ser efectuada em LETRAS MAIÚSCULAS (A, B, C... Z), legíveis e de forma concisa e objectiva.

2. Depois de efectuada a reclamação devem, ser destacados o original, que, no prazo de dez dias úteis, deve ser enviado pelo fornecedor de bens ou prestador de serviços à entidade reguladora ou à entidade de controlo de mercado competente, sob pena da prática de contra-ordenação, e o duplicado, que deve ser entregue ao reclamante.

3. O duplicado destina-se a ficar na posse do reclamante ou a ser remetido por este à entidade reguladora ou à entidade de controlo de mercado competente. Para saber qual a entidade competente para receber a reclamação deve verificar o letreiro afixado no estabelecimento. A grelha constante nesta folha de instruções é indicativa e poderá sofrer alterações.

4. Nalguns casos pode existir mais de uma entidade competente, pelo que o utente se deve informar (ex. a entidade competente para a electricidade é a ERSE, mas as questões técnicas e de segurança são da competência da DGEG – Direcção-Geral de Energia e Geologia).

5. Caso o reclamante decida remeter a reclamação à entidade competente, deve procurar juntar elementos comprovativos dos factos que motivaram a reclamação (facturas, nomes e moradas de testemunhas, etc.).

6. Os utentes têm o direito de ser atendidos com cortesia e eficiência, mas devem igualmente respeitar as normas usuais de urbanidade no relacionamento com os profissionais.

Prior to filing a complaint, please read these instructions carefully

1. The complaint must be written using a ball-point pen. The complaint must be objective and concise, and written in legible CAPITAL LETTERS (A, B, C... Z).

2. After completing the complaint, the original copy must be removed and, within a maximum of ten working days, must be sent by the product supplier/service provider to the competent regulatory authority or market supervisory body, on penalty of committing a countermanding offence, and the duplicate copy must be submitted to the claimant.

3. The duplicate copy is to remain in the claimant's possession. The claimant may then choose to submit it to the competent regulatory authority or market supervisory body. In order to identify the competent authority to which the complaint should be sent, please consult the inscription affixed in the respective establishment. The table specified in this instructions sheet is purely indicative and may undergo alterations.

4. In certain cases, there may be more than one competent authority. The user should therefore seek additional information (e. g. the ERSE is the competent authority for electricity matters, but technical and safety issues are the responsibility of the DGEG – Direcção-Geral de Energia e Geologia).

5. In the event that the claimant decides to submit the complaint to the competent body, he should attempt to assemble evidence for the facts that motivated the complaint (invoices, names and addresses of witnesses, etc.).

6. Customers have the right to be attended with courtesy and efficiency but must also respect usual norms of polite behaviour in their relationships with industry professionals.

GRELHA INDICATIVA E NÃO EXAUSTIVA DE ENTIDADES COMPETENTES

Actividade/Estabelecimento onde é efectuada a reclamação	Entidade competente para recepcionar a reclamação
> Estabelecimentos de comércio a retalho, conjuntos comerciais e estabelecimentos de comércio por grosso com revenda ao consumidor final; postos de abastecimento de combustíveis; lavandarias, estabelecimentos de limpeza a seco e de engomadoria; salões de cabeleireiro, institutos de beleza ou outros de natureza similar; estabelecimentos de tatuagens e colocação de piercings; estabelecimentos de comércio, manutenção e reparação de velocípedes, ciclomotores, motociclos e veículos automóveis novos e usados; parques de estacionamento subterrâneo ou de superfície; agências funerárias; centros de bronzeamento artificial; estabelecimentos de reparação de bens pessoais e domésticos; centros de estudos e de explicações; estabelecimentos de restauração e bebidas; restantes estabelecimentos fixos que disponham de contacto com o público e relativamente aos quais não exista entidade reguladora específica para o efeito; estabelecimentos de manutenção física, independentemente da designação adoptada; recintos de diversões.	ASAE – Autoridade de Segurança Alimentar e Económica.
> Farmácias.	INFARMED – Autoridade Nacional do Medicamento e dos Produtos de Saúde.
> Recintos de espectáculos de natureza artística; estabelecimentos de aluguer de videogramas.	IGAC – Inspecção-Geral das Actividades Culturais.
> Fornecimento de água.	ERSAR – Entidade Reguladora dos Serviços de Águas e Resíduos.
> Fornecimento de gás natural e electricidade.	ERSE – Entidade Reguladora dos Serviços Energéticos.
> Fornecimento de gás butano, propano e outros gases combustíveis.	DGEG – Direcção-Geral de Energia e Geologia.
> Prestação de serviços de comunicações electrónicas e postais.	ICP – Autoridade Nacional de Comunicações (ICP-ANACOM).
> Transportes rodoviários, ferroviários e fluviais; centros de inspecção automóvel; escolas de condução; centros de exames de condução; estabelecimentos de aluguer de veículos automóveis.	IMTT – Instituto da Mobilidade e dos Transportes Terrestres.
> Transportes aéreos.	INAC – Instituto Nacional de Aviação Civil.
> Estabelecimentos de apoio social: creches; pré-escolar; centros de actividade de tempos livres; lares para crianças e jovens; lares para idosos; centros de dia; apoio domiciliário; lares para pessoas com deficiência; centros de actividades ocupacionais para deficientes; centros comunitários; cantinas sociais; casas-abrigos.	Centros Distritais da Segurança Social.
> Estabelecimentos das empresas de seguros, de mediadores e de corretores de seguros; estabelecimentos das sociedades gestoras de fundos de pensões.	ISP – Instituto de Seguros de Portugal.
> Instituições de crédito; sociedades financeiras.	BP – Banco de Portugal.
> Estabelecimentos de educação pré-escolar; ensino básico e secundário particular e cooperativo.	Inspecção-Geral da Educação.
> Empresas de mediação imobiliária, de construção civil, de promoção imobiliária, de administração de condomínios e de avaliação imobiliária.	InCI – Instituto da Construção e do Imobiliário.
> Unidades privadas de saúde com internamento ou sala de recobro; estabelecimentos termais.	DGS – Direcção-Geral da Saúde.
> Unidades privadas de saúde sem actividade específica.	ERS – Entidade Reguladora de Saúde.
> Unidades privadas de saúde com actividade específica, designadamente laboratórios; unidades com fins de diagnóstico, terapêutica e de prevenção; radiações ionizantes, ultra-sons ou campos magnéticos; unidades privadas de diálise; clínicas e consultórios dentários; unidades de medicina física e de reabilitação.	ARS – Administração Regional de Saúde.

> Unidades privadas de prestação de cuidados de saúde na área da toxicodependência.	IDT – Instituto da Droga e da Toxicodependência.
> Hotéis; hotéis-apartamentos; pensões; estalagens; motéis; pousadas; aldeamentos turísticos; apartamentos turísticos; moradias turísticas; casas e empreendimentos de turismo no espaço rural; hotéis e parques de campismo rurais; casas da natureza; empresas de animação turística; agências de viagens e turismo.	Turismo de Portugal, I. P.
> Parques de campismo.	CM – Câmara Municipal da área.
> Salas de jogo do bingo.	Turismo de Portugal, I. P. – Serviço de Inspecção de Jogos.
> Campos de férias.	IPJ – Instituto Português da Juventude.
> Marinas.	Capitania da área.
> Estabelecimentos notariais privados.	Instituto dos Registos e do Notariado.
> Centros de atendimento médico-veterinário.	Ordem dos Médicos Veterinários.
> Estabelecimentos de ensino superior particular e cooperativo.	Secretaria-Geral do Ministério da Ciência, Tecnologia e Ensino Superior.

INDICATIVE AND NON-EXHAUSTIVE LIST OF COMPETENT AUTHORITIES

Activity in which the complaint is inserted	Competent entity to receive the complaint
> Retail shops and shopping centres, petrol stations, launderettes, dry cleaning and ironing establishments; hairdressing salons, beauty institutes or similar bodies; tattoo and piercing establishments; establishments for the sale, maintenance and repair of new and used bicycles, mopeds, motorbikes and motor vehicles; underground or surface car-parks; undertakers; solariums; establishments for the repair of personal and domestic goods; study and tutoring centres; Restaurant and bar establishment not classified as luxury or «typical» establishments or declared of interest for tourism; remaining establishments, of a fixed nature, which come into contact with the public and relative to which there is no specific regulatory entity for the purpose; physical fitness establishments, regardless of the designation adopted; water parks for leisure activities.	ASAE – Autoridade de Segurança Alimentar e Económica.
> Pharmacy.	INFARMED – Autoridade Nacional do Medicamento e dos Produtos de Saúde.
> Artistic performance venues; video rental stores.	IGAC – Inspecção-Geral das Actividades Culturais.
> Supply of water.	ERSAR – Entidade Reguladora dos Serviços de Águas e Resíduos.
> Supply of natural gas and electricity.	ERSE – Entidade Reguladora dos Serviços Energéticos.
> Supply of butane and propane gas and other combustible gases.	DGEG – Direcção-Geral de Energia e Geologia.
> Electronic and postal communications.	ICP – Autoridade Nacional de Comunicações (ICP-ANACOM).
> Transport services: railway, road, maritime and river-based; vehicle inspection centres; driving schools; driving examination centres; passenger motor vehicle rental firms.	IMTT – Instituto da Mobilidade e dos Transportes Terrestres.
> Air transport.	INAC – Instituto Nacional de Aviação Civil.
> Social support establishments; kindergarden; nursey school; leisure activity centres; children's and young people's homes; residential homes for the elderly; day centres; home help; homes for disabled persons; occupational activity centres for disabled persons; community centres; social canteens; shelter houses.	Centros Distritais da Segurança Social.
> Branches of insurance undertakings, together with insurance brokers and agents; pension fund management companies.	ISP – Instituto de Seguros de Portugal.
> Credit institutions; and financial companies.	BP – Banco de Portugal.
> Pre-school educational establishments; Primary and secondary establishments, private and cooperative educational establishments.	Inspecção-Geral da Educação.
> Real estate brokerage companies; construction companies, real estate companies; condominium administration companies; real estate evaluation companies.	InCI – Instituto da Construção e do Imobiliário.
> Private health units with internment or recovery room; thermal spa establishments.	DGS – Direcção-Geral da Saúde.
> Private health units without specific activities	ERS – Entidade Regulada de Saúde.
> Private health units with specific activity, in particular laboratories; units designed for diagnosis, therapy, prevention, ionising radiation, ultrasonic treatment or magnetic fields; private dialysis units; dental clinics and surgeries; physical medicine and rehabilitation units.	ARS – Administração Regional de Saúde.
> Private healthcare units in the area of drug addiction.	IDT – Instituto da Droga e da Toxicodependência.
> Hotels; apartment-hotels; pensions; inns; motels; pousadas; tourism villages; tourism apartments; tourism residences; tourism in rural areas houses and real-estate ventures; tourism entertainment companies; tourism and travel agencies.	Turismo de Portugal, I. P.
> Public and private campsites.	CM – Câmara Municipal da área.
> Bingo halls.	Turismo de Portugal, I. P. – Serviço de Inspecção de Jogos.
> Holiday camps.	IPJ – Instituto Português da Juventude.
> Marinas.	Capitania da área.
> Private notaries.	Instituto dos Registos e do Notariado.
> Veterinary clinics.	Ordem dos Médicos Veterinários.
> Higher educational establishments, private and cooperative educational establishments.	Secretaria-Geral do Ministério da Ciência, Tecnologia e Ensino Superior.

ANEXO II

Decreto-Lei n.º 48/96
de 15 de Maio[1]

O regime de horários de funcionamento dos estabelecimentos comerciais encontrava-se fixado no Decreto-Lei n.º 417/83, de 25 de Novembro, com as alterações introduzidas pelos Decretos-Leis n.ºs 72/94, de 3 de Março, e 86/95, de 28 de Abril.

Tem vindo a ficar demonstrado pelo decurso do tempo, particularmente após a alteração operada em Abril de 1995, que o actual esquema de horários de abertura dos estabelecimentos comerciais tem suscitado ampla controvérsia, gerando opiniões muito díspares, que demonstram um descontentamento generalizado junto dos agentes económicos.

Considerando o princípio constitucional da livre iniciativa privada, consagrado no artigo 61.º da Constituição da República Portuguesa, mas tendo também em conta o interesse geral, justifica-se uma intervenção que proporcione:

A correcção de distorções da concorrência, especialmente através da introdução de uma uniformização nacional do regime de funcionamento das grandes superfícies que não desvirtue as potencialidades do mercado nem perpetue as clivagens que se vinham fazendo sentir e que levaram, inclusivamente, à coexistência, no mesmo concelho, de estabelecimentos com períodos de abertura muito diferentes;

A promoção de uma política que prossiga a consolidação e o fortalecimento das pequenas e médias empresas, como segmento indispensável à reconquista do mercado nacional, numa estratégia geradora de emprego, integradora da distribuição com as pequenas e médias empresas agrícolas e

---

[1] Com as alterações introduzidas pelos Decretos-Lei n.º 126/96, de 10 de Agosto, e 216/96, de 20 de Novembro. As alterações foram introduzidas em sede própria.

160 *Novo Regime da Instalação e Funcionamento dos Estab. de Rest. ou de Bebidas*

industriais, e que permita, num justo equilíbrio de oportunidades, a coexistência de todas as fórmulas empresariais;

A preservação dos hábitos de consumo adquiridos e a satisfação das necessidades de abastecimento dos consumidores.

Com o presente diploma estabelece-se um novo regime dos horários de funcionamento dos estabelecimentos comerciais, com excepção dos respeitantes às grandes superfícies contínuas. Constituindo este diploma um quadro geral de referência, estes últimos serão fixados através de portaria do Ministro da Economia, a qual estabelecerá um horário único relativamente aos domingos e feriados.

À semelhança do que já foi feito em outros países europeus, nomeadamente em Espanha, introduziu-se um novo tipo de estabelecimento comercial: as lojas de conveniência, cujo conceito legal será definido também através de portaria do Ministro da Economia.

Procedeu-se a uma reformulação das sanções aplicáveis às contra-ordenações, por meio do aumento dos montantes das coimas e pela introdução da figura da sanção acessória, aplicável nos casos mais graves de infracção reiterada.

Quanto à duração diária e semanal do trabalho estabelecida na lei, em instrumento de regulamentação colectiva de trabalho ou no contrato individual de trabalho, a mesma será incontestavelmente observada, sem prejuízo do período de abertura dos estabelecimentos.

Foi ouvida a Associação Nacional de Municípios Portugueses.

Tendo em consideração todos estes factores:

O Governo decreta, nos termos da alínea a) do n.º 1 do artigo 201.º da Constituição, o seguinte:

Artigo 1.º

1 – Sem prejuízo do regime especial em vigor para actividades não especificadas no presente diploma, os estabelecimentos de venda ao público e de prestação de serviços, incluindo os localizados em centros comerciais, podem estar abertos entre as 6 e as 24 horas de todos os dias da semana.

2 – Os cafés, cervejarias, casas de chá, restaurantes, snack-bars e self-services poderão estar abertos até às 2 horas de todos os dias da semana.

3 – As lojas de conveniência poderão estar abertas até às 2 horas de todos os dias da semana.

Decreto-Lei n.º 48/96 de 15 de Maio 161

4 – Os clubes, cabarets, boîtes, dancings, casas de fado e estabelecimentos análogos poderão estar abertos até às 4 horas de todos os dias da semana.

5 – São exceptuados dos limites fixados nos n.ºs 1 e 2 os estabelecimentos situados em estações e terminais rodoviários, ferroviários, aéreos ou marítimos, bem como em postos abastecedores de combustível de funcionamento permanente.

6 – O horário de funcionamento das grandes superfícies comerciais contínuas, tal como definidas no Decreto-Lei n.º 258/92, de 20 de Novembro, com a redacção dada pelo Decreto-Lei n.º 83/95, de 26 de Abril, será regulamentado através de portaria do Ministro da Economia.[1]

7 – No caso de estabelecimentos situados em centros comerciais, aplicar-se-á o horário de funcionamento previsto e estatuído no n.º 1, salvo se os mesmos atingirem áreas de venda contínua, tal como definidas no mencionado Decreto-Lei n.º 258/92, de 20 de Novembro, com a redacção dada pelo Decreto-Lei n.º 83/95, de 26 de Abril, caso em que terão de observar o horário a estabelecer na portaria de regulamentação mencionada no número anterior.

ARTIGO 2.º

A duração semanal e diária do trabalho estabelecida na lei, em instrumento de regulamentação colectiva de trabalho ou no contrato individual de trabalho será observada, sem prejuízo do período de abertura dos estabelecimentos.

---

[1] O horário de funcionamento das grandes superfícies comerciais contínuas, tal como definidas no Decreto-Lei n.º 258/92, de 20 de Novembro, com a redacção dada pelo Decreto-Lei n.º 83/95, de 26 de Abril, foi regulamentado através de Portaria n.º 153/96, de 15 de Maio, e entrou em vigor no dia 31 de Maio de 1996. Os Decretos-Lei n.º 258/92, de 20 de Novembro, e 83/95, de 26 de Abril foram entretanto revogados pelo Decreto-Lei n.º 218/97, de 20 de Agosto. Esta revogação, porém, não prejudica a remissão operada por diplomas legais em vigor para a definição de «grandes superfícies comerciais», estabelecida na alínea a) do n.º 1 do artigo 2.º do Decreto-Lei n.º 258/92, de 20 de Novembro.

Artigo 3.º

Com excepção dos limites horários a fixar para as grandes superfícies comerciais contínuas, através de portaria do Ministro da Economia, nos termos do n.º 6 do artigo 1.º, podem as câmaras municipais, ouvidos os sindicatos, as associações patronais e as associações de consumidores, restringir ou alargar os limites fixados no citado artigo 1.º, a vigorar em todas as épocas do ano ou apenas em épocas determinadas, nos termos seguintes:

a) As restrições aos limites fixados no artigo 1.º apenas poderão ocorrer em casos devidamente justificados e que se prendam com razões de segurança ou de protecção da qualidade de vida dos cidadãos;

b) Os alargamentos aos limites fixados no artigo 1.º apenas poderão ter lugar em localidades em que os interesses de certas actividades profissionais, nomeadamente ligadas ao turismo, o justifiquem.

Artigo 4.º

1 – No prazo máximo de 120 dias a contar da data de entrada em vigor do presente diploma, deverão os órgãos autárquicos municipais elaborar ou rever os regulamentos municipais sobre horários de funcionamento dos estabelecimentos comerciais, de acordo com os critérios estabelecidos no artigo 1.º[1]

2 – Após a entrada em vigor do presente diploma, e até que se verifique o disposto no número anterior, devem os titulares dos estabelecimentos comerciais adaptar os respectivos períodos de abertura aos previstos no artigo 1.º ou manter o período de abertura que vinha sendo praticado com base no regulamento municipal existente para o efeito, com excepção dos previstos nos n.ºs 6 e 7 do artigo 1.º, comunicando esse facto à câmara municipal da área em que se situa o estabelecimento.

3 – O disposto no número anterior não prejudica a competência dos órgãos autárquicos municipais para, nos termos do disposto no artigo 3.º, restringirem ou alargarem os limites fixados no artigo 1.º.

---

[1] O prazo previsto no n.º 1 do artigo 4.º do Decreto-Lei n.º 48/96, de 15 de Maio, foi prorrogado, em 90 dias pelo artigo 1.º do Decreto-Lei n.º 216/96, de 20 de Novembro.

Artigo 5.º

1 – O mapa de horário de funcionamento de cada estabelecimento deve ser afixado em lugar bem visível do exterior.

2 – Constitui contra-ordenação, punível com coima:

a) De 30 000$ a 90 000$, para pessoas singulares, e de 90 000$ a 300 000$, para pessoas colectivas, a infracção do disposto no número anterior;

b) De 50 000$ a 750 000$, para pessoas singulares, e de 500 000$ a 5 000 000$, para pessoas colectivas, o funcionamento fora do horário estabelecido.

3 – A grande superfície comercial contínua que funcione, durante seis domingos e feriados, seguidos ou interpolados, fora do horário estabelecido para os domingos e feriados na portaria de regulamentação do Ministro da Economia, nos termos do n.º 6 do artigo 1.º, pode ainda ser sujeita à aplicação de uma sanção acessória, que consiste no encerramento do estabelecimento durante um período não inferior a três meses e não superior a dois anos.

4 – A aplicação das coimas e da sanção acessória a que se referem os números anteriores, nos termos da legislação respectiva, compete ao presidente da câmara municipal da área em que se situa o estabelecimento, revertendo as receitas provenientes da sua aplicação para a respectiva câmara municipal.

Artigo 6.º

O conceito relativo ao estabelecimento designado como loja de conveniência, no âmbito do n.º 3 do artigo 1.º, será definido, para todos os efeitos legais, por portaria do Ministro da Economia.[1]

---

[1] O conceito de loja de conveniência foi explicitado pela Portaria n.º 154/96, de 15 de Maio. De acordo com esta portaria entende-se por loja de conveniência o estabelecimento de venda ao público que reúna, conjuntamente, os seguintes requisitos: a) possua uma área útil igual ou inferior a 250m2; b) tenha um horário de funcionamento de pelo menos dezoito horas por dia; c) distribua a sua oferta de forma equilibrada, entre produtos de alimentação e utilidades domésticas, livros, jornais, revistas, discos, vídeos, brinquedos, presentes e artigos vários.

Artigo 7.º

É revogado o Decreto-Lei n.º 417/83, de 25 de Novembro, com as alterações introduzidas pelos Decretos-Leis n.ºs 72/94, de 3 de Março, e 86/95, de 28 de Abril.

Artigo 8.º

O presente diploma entra em vigor com a publicação da portaria a que se refere o n.º 6 do artigo 1.º[1]

Visto e aprovado em Conselho de Ministros de 28 de Março de 1996. – *António Manuel de Oliveira Guterres – António Luciano Pacheco de Sousa Franco – Alberto Bernardes Costa – João Cardona Gomes Cravinho – José Eduardo Vera Cruz Jardim – Augusto Carlos Serra Ventura Mateus -Jorge Paulo Sacadura Almeida Coelho.* Promulgado em 30 de Abril de 1996. Publique-se. O Presidente da República, Jorge Sampaio. Referendado em 2 de Maio de 1996. O Primeiro-Ministro, *António Manuel de Oliveira Guterres.*

---

[1] Na Região Autónoma da Madeira o período de funcionamento dos estabelecimentos comerciais foi fixado pelo Decreto Legislativo Regional n.º 6/99/M, de 2 de Março. Na Região Autónoma dos Açores o período de funcionamento dos estabelecimentos comerciais foi fixado pelo Decreto Legislativo Regional n.º 29/84/A, de 4 de Setembro.

Lei n.º 37/2007
de 14 de Agosto[1]

Aprova normas para a protecção dos cidadãos da exposição involuntária ao fumo do tabaco e medidas de redução da procura relacionadas com a dependência e a cessação do seu consumo.

A Assembleia da República decreta, nos termos da alínea c) do artigo 161.º da Constituição, o seguinte:

CAPÍTULO I
Disposições gerais

ARTIGO 1.º
Objecto

A presente lei dá execução ao disposto na Convenção Quadro da Organização Mundial de Saúde para o Controlo do Tabaco, aprovada pelo Decreto n.º 25-A/2005, de 8 de Novembro, estabelecendo normas tendentes à prevenção do tabagismo, em particular no que se refere à protecção da exposição involuntária ao fumo do tabaco, à regulamentação da composição dos produtos do tabaco, à regulamentação das informações a prestar sobre estes produtos, à embalagem e etiquetagem, à sensibilização e educação para a saúde, à proibição da publicidade a favor do tabaco, promoção e patrocínio, às medidas de redução da procura relacionadas com a dependência e a cessação do consumo, à venda a menores e através de meios automáticos, de modo a contribuir para a diminuição dos riscos ou efeitos negativos que o uso do tabaco acarreta para a saúde dos indivíduos.

---

[1] O Decreto Legislativo Regional n.º 41/2008/M, publicado na I Série do Diário da República de 15 de Dezembro de 2008, adaptou a Lei n.º 37/2007, de 14 de Agosto à Região Autónoma da Madeira.

Artigo 2.º
Definições

Para efeitos da presente lei e demais legislação sobre a prevenção do tabagismo, entende -se por:

a) «Advertência complementar» qualquer das advertências referidas no anexo II da presente lei;

b) «Advertência geral» o aviso relativo aos prejuízos para a saúde decorrentes do uso do tabaco, a apor na face mais visível das embalagens de tabaco;

c) «Alcatrão ou condensado» o condensado de fumo bruto anidro e isento de nicotina;

d) «Áreas de trabalho em permanência» os locais onde os trabalhadores tenham de permanecer mais de 30 % do respectivo tempo diário de trabalho;

e) «Embalagem de tabaco» qualquer forma de embalagem individual e qualquer embalagem exterior utilizada na venda a retalho de produtos do tabaco, com excepção das sobreembalagens transparentes;

f) «Ingrediente» qualquer substância ou componente, que não as folhas e outras partes naturais ou não transformadas da planta do tabaco, utilizado no fabrico ou na preparação de um produto do tabaco e presente no produto final, ainda que em forma alterada, incluindo o papel, o filtro, as tintas e os adesivos;

g) «Local de trabalho» todo o lugar onde o trabalhador se encontra e em que esteja, directa ou indirectamente, sujeito ao controlo do empregador;

h) «Local de venda de tabaco» qualquer local onde sejam colocados à venda produtos do tabaco;

i) «Nicotina» os alcalóides nicotínicos;

j) «Produto do tabaco» qualquer produto destinado a ser fumado, inalado, chupado ou mascado, desde que seja, ainda que parcialmente, constituído por tabaco, geneticamente modificado ou não;

l) «Produtos do tabaco para uso oral» os produtos que se destinam a uso oral constituídos total ou parcialmente por tabaco sob a forma de pó ou de partículas finas ou qualquer combinação destas formas, nomeadamente os que se apresentam em doses individuais ou pacotes porosos ou sob forma que evoque um género alimentício, com excepção dos produtos para fumar ou mascar;

m) «Publicidade ao tabaco» qualquer forma de comunicação feita por entidades de natureza pública ou privada, no âmbito de uma actividade comercial, industrial, artesanal ou liberal, com o objectivo directo ou indirecto de promover um produto do tabaco ou o seu consumo;

n) «Recinto fechado» todo o espaço limitado por paredes, muros ou outras superfícies e dotado de uma cobertura;

o) «Serviço da sociedade da informação» qualquer serviço prestado à distância, por via electrónica, mediante pedido individual de um destinatário de serviços e contra pagamento de um preço, entendendo-se, nesta conformidade, por:

«À distância» um serviço prestado sem que as partes estejam física e simultaneamente presentes;

«Por via electrónica» um serviço enviado desde a origem e recebido no destino através de instrumentos electrónicos de processamento (incluindo a compressão digital) e de armazenamento de dados, que é inteiramente transmitido, encaminhado e recebido por cabo, rádio, meios ópticos ou outros meios electromagnéticos;

«Mediante pedido individual de um destinatário de serviço» um serviço fornecido por transmissão de dados, mediante pedido individual;

p) «Suporte publicitário» o veículo utilizado para a transmissão da mensagem publicitária;

q) «Tabaco» as folhas, parte das folhas e nervuras das plantas Nicotiana tabacum L. e Nicotiana rustica L., quer sejam comercializadas sob a forma de cigarro, cigarrilha ou charutos quer picadas para cachimbo ou para a feitura manual de cigarros, seja com a forma de rolo, barra, lâmina, cubo ou placa ou reduzidas a pó ou a grãos;

r) «Televenda de produtos do tabaco» a difusão de ofertas directas ao público, realizada por canais televisivos, com vista ao fornecimento de cigarros ou outros produtos derivados do tabaco, mediante remuneração;

s) «Uso de tabaco» o acto de fumar, inalar, chupar ou mascar um produto à base de tabaco, bem como o acto de fumar, mascar ou inalar os produtos referidos nos n.ºs 8 e 9 do artigo 81.º do Decreto -Lei n.º 566/99, de 22 de Dezembro.

CAPÍTULO II
Limitações ao consumo de tabaco

ARTIGO 3.º
Princípio geral

O disposto no presente capítulo visa estabelecer limitações ao consumo de tabaco em recintos fechados destinados a utilização colectiva de forma a garantir a protecção da exposição involuntária ao fumo do tabaco.

ARTIGO 4.º
Proibição de fumar em determinados locais

1 – É proibido fumar:

a) Nos locais onde estejam instalados órgãos de soberania, serviços e organismos da Administração Pública e pessoas colectivas públicas;

b) Nos locais de trabalho;

c) Nos locais de atendimento directo ao público;

d) Nos estabelecimentos onde sejam prestados cuidados de saúde, nomeadamente hospitais, clínicas, centros e casas de saúde, consultórios médicos, postos de socorros e outros similares, laboratórios, farmácias e locais onde se dispensem medicamentos não sujeitos a receita médica;

e) Nos lares e outras instituições que acolham pessoas idosas ou com deficiência ou incapacidade;

f) Nos locais destinados a menores de 18 anos, nomeadamente infantários, creches e outros estabelecimentos de assistência infantil, lares de infância e juventude, centros de ocupação de tempos livres, colónias e campos de férias e demais estabelecimentos similares;

g) Nos estabelecimentos de ensino, independentemente da idade dos alunos e do grau de escolaridade, incluindo, nomeadamente, salas de aula, de estudo, de professores e de reuniões, bibliotecas, ginásios, átrios e corredores, bares, restaurantes, cantinas, refeitórios e espaços de recreio;

h) Nos centros de formação profissional;

i) Nos museus, colecções visitáveis e locais onde se guardem bens culturais classificados, nos centros culturais, nos arquivos e nas bibliotecas, nas salas de conferência, de leitura e de exposição;

j) Nas salas e recintos de espectáculos e noutros locais destinados à difusão das artes e do espectáculo, incluindo as antecâmaras, acessos e áreas contíguas;

l) Nos recintos de diversão e recintos destinados a espectáculos de natureza não artística;

m) Nas zonas fechadas das instalações desportivas;

n) Nos recintos das feiras e exposições;

o) Nos conjuntos e grandes superfícies comerciais e nos estabelecimentos comerciais de venda ao público;

p) Nos estabelecimentos hoteleiros e outros empreendimentos turísticos onde sejam prestados serviços de alojamento;

q) Nos estabelecimentos de restauração ou de bebidas, incluindo os que possuam salas ou espaços destinados a dança;

r) Nas cantinas, nos refeitórios e nos bares de entidades públicas e privadas destinados exclusivamente ao respectivo pessoal;

s) Nas áreas de serviço e postos de abastecimento de combustíveis;

t) Nos aeroportos, nas estações ferroviárias, nas estações rodoviárias de passageiros e nas gares marítimas e fluviais;

u) Nas instalações do metropolitano afectas ao público, designadamente nas estações terminais ou intermédias, em todos os seus acessos e estabelecimentos ou instalações contíguas;

v) Nos parques de estacionamento cobertos;

x) Nos elevadores, ascensores e similares;

z) Nas cabinas telefónicas fechadas;

aa) Nos recintos fechados das redes de levantamento automático de dinheiro;

ab) Em qualquer outro lugar onde, por determinação da gerência ou de outra legislação aplicável, designadamente em matéria de prevenção de riscos ocupacionais, se proíba fumar.

2 – É ainda proibido fumar nos veículos afectos aos transportes públicos urbanos, suburbanos e interurbanos de passageiros, bem como nos transportes rodoviários, ferroviários, aéreos, marítimos e fluviais, nos serviços expressos, turísticos e de aluguer, nos táxis, ambulâncias, veículos de transporte de doentes e teleféricos.

ARTIGO 5.º
Excepções

1 – Sem prejuízo do disposto na alínea d) do n.º 1 do artigo anterior, podem ser criadas áreas exclusivamente destinadas a pacientes fumadores em hospitais e serviços psiquiátricos, centros de tratamento e reabilitação e

170 Novo Regime da Instalação e Funcionamento dos Estab. de Rest. ou de Bebidas

unidades de internamento de toxicodependentes e de alcoólicos desde que satisfaçam os requisitos das alíneas a), b) e c) do n.º 5.

2 – Sem prejuízo do disposto no artigo anterior, podem ser criadas nos estabelecimentos prisionais unidades de alojamento, em celas ou camaratas, para reclusos fumadores desde que satisfaçam os requisitos das alíneas a), b) e c) do n.º 5, sendo ainda admitido fumar nas áreas ao ar livre.

3 – Nos locais mencionados nas alíneas a), b), c), d), e), h), i), j), l), m), n), o), p), q), r) e t) do n.º 1 do artigo anterior, bem como nos locais mencionados na alínea g) do n.º 1 do artigo anterior que integrem o sistema de ensino superior, é admitido fumar nas áreas ao ar livre.

4 – Nos locais mencionados na alínea s) do n.º 1 do artigo anterior é admitido fumar nas áreas ao ar livre, com excepção das zonas onde se realize o abastecimento de veículos.

5 – Nos locais mencionados nas alíneas a), b), e), j), l), n), o), p) e t) do n.º 1 do artigo anterior, bem como nos locais mencionados na alínea g) do n.º 1 do referido artigo que integrem o sistema de ensino superior e nos locais mencionados na alínea h) do n.º 1 do mesmo artigo que não sejam frequentados por menores de 18 anos, pode ser permitido fumar em áreas expressamente previstas para o efeito desde que obedeçam aos requisitos seguintes:

a) Estejam devidamente sinalizadas, com afixação de dísticos em locais visíveis, nos termos do disposto no artigo 6.º;

b) Sejam separadas fisicamente das restantes instalações, ou disponham de dispositivo de ventilação, ou qualquer outro, desde que autónomo, que evite que o fumo se espalhe às áreas contíguas;

c) Seja garantida a ventilação directa para o exterior através de sistema de extracção de ar que proteja dos efeitos do fumo os trabalhadores e os clientes não fumadores.

6 – Nos locais mencionados na alínea q) do n.º 1 do artigo anterior com área destinada ao público inferior a 100 m2, o proprietário pode optar por estabelecer a permissão de fumar desde que obedeça aos requisitos mencionados nas alíneas a), b) e c) do número anterior.

7 – Nos locais mencionados na alínea q) do n.º 1 do artigo anterior com área destinada ao público igual ou superior a 100 m2 podem ser criadas áreas para fumadores, até um máximo de 30 % do total respectivo, ou espaço fisicamente separado não superior a 40 % do total respectivo, desde que obedeçam aos requisitos mencionados nas alíneas a), b) e c) do n.º 5, não abranjam as áreas destinadas exclusivamente ao pessoal nem as áreas onde os trabalhadores tenham de trabalhar em permanência.

Lei n.º 37/2007 de 14 de Agosto 171

8 – Nos locais mencionados na alínea p) do n.º 1 do artigo anterior podem ser reservados andares, unidades de alojamento ou quartos para fumadores, até um máximo de 40 % do total respectivo, ocupando áreas contíguas ou a totalidade de um ou mais andares, desde que obedeçam aos requisitos mencionados nas alíneas a), b) e c) do n.º 5.

9 – Sem prejuízo do disposto no n.º 2 do artigo anterior e das limitações constantes dos regulamentos emitidos pelas empresas transportadoras ou pelas capitanias de portos, é permitido fumar nas áreas descobertas nos barcos afectos a carreiras marítimas ou fluviais.

10 – Sem prejuízo do disposto no n.º 6, a opção pela permissão de fumar deve, sempre que possível, proporcionar a existência de espaços separados para fumadores e não fumadores.

11 – A definição das áreas para fumadores cabe às entidades responsáveis pelos estabelecimentos em causa, devendo ser consultados os respectivos serviços de segurança, higiene e saúde no trabalho e as comissões de segurança, higiene e saúde no trabalho, ou, na sua falta, os representantes dos trabalhadores para a segurança, higiene e saúde no trabalho.

ARTIGO 6.º
Sinalização

1 – A interdição ou o condicionamento de fumar no interior dos locais referidos nos artigos 4.º e 5.º devem ser assinalados pelas respectivas entidades competentes, mediante a afixação de dísticos com fundo vermelho, conformes ao modelo A constante do anexo I da presente lei e que dela faz parte integrante, sendo o traço, incluindo a legenda e a cruz, a branco e com as dimensões mínimas de 160 mm x 55 mm.

2 – As áreas onde é permitido fumar são identificadas mediante afixação de dísticos com fundo azul e com as restantes características indicadas no número anterior, conformes ao modelo B constante do anexo I.

3 – Aos dísticos referenciados nos números anteriores deve apor-se, na parte inferior do modelo, uma legenda identificando a presente lei.

4 – O dístico referido no n.º 1 deve ainda conter o montante da coima máxima aplicável aos fumadores que violem a proibição de fumar.

5 – Nos casos previstos nos n.ºs 6, 7 e 8 do artigo anterior, os dísticos devem ser afixados de forma a serem visíveis a partir do exterior dos estabelecimentos.

172   *Novo Regime da Instalação e Funcionamento dos Estab. de Rest. ou de Bebidas*

Artigo 7.º
Responsabilidade

1 – O cumprimento do disposto nos artigos 4.º a 6.º deve ser assegurado pelas entidades públicas ou privadas que tenham a seu cargo os locais a que se refere a presente lei.

2 – Sempre que se verifiquem infracções ao disposto nos artigos 4.º a 6.º, as entidades referidas no número anterior devem determinar aos fumadores que se abstenham de fumar e, caso estes não cumpram, chamar as autoridades administrativas ou policiais, as quais devem lavrar o respectivo auto de notícia.

3 – Todos os utentes dos locais referidos no n.º 1 têm o direito de exigir o cumprimento do disposto nos artigos 4.º a 6.º, podendo apresentar queixa por escrito, circunstanciada, usando para o efeito, nomeadamente, o livro de reclamações disponível no estabelecimento em causa.

CAPÍTULO III
Composição e medição das substâncias contidas nos cigarros comercializados

Artigo 8.º
Teores máximos de alcatrão, nicotina e monóxido de carbono dos cigarros

Os cigarros comercializados ou fabricados em território nacional não podem ter teores superiores a:

a) 10 mg por cigarro, para o alcatrão;

b) 1 mg por cigarro, para a nicotina;

c) 10 mg por cigarro, para o monóxido de carbono.

Artigo 9.º
Métodos de medição

1 – Os teores de alcatrão, nicotina e monóxido de carbono dos cigarros são medidos segundo as normas ISO 4387 para o alcatrão, ISO 10315 para a nicotina e ISO 8454 para o monóxido de carbono.

Lei n.º 37/2007 de 14 de Agosto 173

2 – A exactidão das menções relativas ao alcatrão e à nicotina apostas nos maços de cigarros é verificada segundo a norma ISO 8243.

3 – O disposto nos números anteriores deve ser efectuado ou verificado por laboratórios de ensaio acreditados pelo Instituto Português de Acreditação (IPAC), nos termos do n.º 1 do artigo 6.º do Decreto-Lei n.º 125/2004, de 31 de Maio, ou pelas autoridades competentes dos outros Estados membros.

4 – A lista dos laboratórios é comunicada pelo IPAC à Direcção-Geral da Saúde, dela constando os critérios utilizados para a acreditação de cada um.

5 – A Direcção-Geral da Saúde comunica à Comissão Europeia a lista dos laboratórios, nos termos do n.º 4, bem como as alterações que ocorram.

6 – Os cigarros são submetidos às medições pelo fabricante ou importador de produtos do tabaco, que é responsável pelos respectivos encargos.

7 – Sempre que a Direcção-Geral da Saúde o determine, os fabricantes ou importadores de produtos do tabaco devem realizar testes, a fim de avaliar o teor de outras substâncias produzidas pelos seus produtos do tabaco, por marca e tipo individuais, e os efeitos dessas substâncias sobre a saúde, tendo nomeadamente em conta o respectivo perigo de dependência.

8 – Os resultados dos testes efectuados nos termos deste artigo devem ser apresentados pelo fabricante ou importador de produtos do tabaco à Direcção-Geral da Saúde, até 30 de Setembro de cada ano.

9 – A Direcção-Geral da Saúde assegura a divulgação, por qualquer meio adequado, dos dados apresentados em conformidade com este artigo, a fim de informar os consumidores, tendo em conta, sempre que seja caso disso, as informações que constituam segredo de fabrico, a especificar pelo fabricante ou importador de produtos do tabaco.

10 – A Direcção-Geral da Saúde comunica à Comissão Europeia, até 31 de Dezembro de cada ano, todos os dados e informações decorrentes das medições previstas neste artigo.

ARTIGO 10.º
Outras informações relativas ao produto

1 – Os fabricantes ou importadores de produtos do tabaco devem apresentar à Direcção-Geral da Saúde, anualmente, até 30 de Setembro,

174 *Novo Regime da Instalação e Funcionamento dos Estab. de Rest. ou de Bebidas*

em suporte informático, a lista de todos os ingredientes e respectivas quantidades utilizados no fabrico dos seus produtos do tabaco, por marca e tipo individuais.

2 – A lista referida no número anterior deve ser acompanhada de uma declaração que exponha as razões da inclusão desses ingredientes nos produtos do tabaco, com indicação da sua função e categoria, e de informação sobre os dados toxicológicos de que o fabricante ou importador disponha sobre esses ingredientes, com ou sem combustão, conforme for o caso, mencionando em especial os seus efeitos sobre a saúde, nomeadamente o risco de dependência, elaborada por ordem decrescente do peso de cada ingrediente incluído no produto.

3 – Os fabricantes ou importadores de produtos do tabaco devem especificar as informações que entendam não dever ser divulgadas, nos termos do número seguinte, por constituírem segredo de fabrico.

4 – A lista referida no n.º 1, com indicação dos teores de alcatrão, nicotina e monóxido de carbono, é divulgada pela Direcção-Geral da Saúde aos consumidores, com salvaguarda das informações relativas a fórmulas de produtos específicos que constituam segredo de fabrico.

5 – A Direcção-Geral da Saúde comunica anualmente à Comissão Europeia, até 31 de Dezembro, os dados e informações decorrentes das medições previstas neste artigo.

CAPÍTULO IV
Rotulagem e embalagem dos maços de cigarros

ARTIGO 11.º
Rotulagem

1 – Os teores de alcatrão, nicotina e monóxido de carbono dos cigarros medidos em conformidade com o artigo 9.º devem ser impressos numa face lateral dos maços, em língua portuguesa, de forma a abrangerem pelo menos 10 % da superfície correspondente, ou, noutras embalagens de cigarros, de forma igualmente visível.

2 – Todas as unidades de embalagem dos produtos do tabaco devem apresentar as seguintes advertências:

a) Advertências gerais:

«Fumar mata»;

«Fumar prejudica gravemente a sua saúde e a dos que o rodeiam»;

b) Uma advertência complementar escolhida da lista constante do anexo II da presente lei e que dela faz parte integrante.

3 – Cada uma das advertências gerais e complementares deve aparecer regularmente, pelo que a sua aposição deve ser alternada.

4 – A advertência geral deve ser impressa na face mais visível das unidades de embalagem e as advertências complementares na outra face destas unidades, devendo estas advertências constar, obrigatoriamente, das unidades de embalagem e de qualquer embalagem exterior utilizada na venda a retalho do produto, excluindo as sobre embalagens transparentes.

5 – As advertências gerais previstas na alínea a) do n.º 2 devem cobrir pelo menos 30 % da área externa da superfície correspondente da unidade de embalagem do tabaco em que é impressa.

6 – A advertência complementar exigida na alínea b) do n.º 2 deve cobrir pelo menos 40 % da área externa da superfície correspondente da unidade de embalagem de tabaco em que é impressa.

7 – A superfície das advertências a que se refere o presente artigo, no caso das unidades de embalagens destinadas aos produtos que não os cigarros cuja face mais visível exceda 75 cm2, deve ser de, pelo menos, 22,5 cm2 para cada face.

8 – O texto das advertências gerais, das advertências complementares e das indicações dos teores deve ser:

a) Impresso em língua portuguesa e em minúsculas, com excepção da primeira letra da mensagem e das exigências gramaticais;

b) Impresso em corpo negro «Helvética» sobre fundo branco, de modo a ocupar o maior espaço possível da superfície reservada para o texto em questão;

c) Centrado na área em que o texto deve ser impresso, paralelamente ao bordo superior da embalagem;

d) Rodeado de uma moldura negra com 4 mm de largura, que não interfira com o texto da advertência ou da informação prestada.

9 – No caso de produtos do tabaco que não os cigarros, as advertências mencionadas no presente artigo podem ser apostas por meio de autocolantes, desde que estes sejam inamovíveis.

10 – É proibida a impressão dos textos especificados neste artigo nos selos fiscais das unidades de embalagem e em local susceptível de ser danificado pela abertura dessas embalagens, devendo ser impresso de modo inamovível, indelével, não dissimulado, velado ou separado por outras indicações ou imagens.

11 – Para além das exigências previstas nos números anteriores, deve ainda constar em cada unidade de embalagem o respectivo número de lote ou equivalente, de modo a permitir identificar o local e o momento de produção.

Artigo 12.º
Embalagem

As unidades de embalagem de cigarros não podem ser comercializadas contendo menos de 20 unidades.

Artigo 13.º
Denominações do produto

Não podem ser utilizados em embalagens de produtos do tabaco textos, designações, marcas e símbolos figurativos ou outros sinais que sugiram que um determinado produto do tabaco é menos prejudicial do que os outros, com excepção do disposto no n.º 1 do artigo 11.º

Artigo 14.º
Tabacos destinados ao uso oral

É proibida a comercialização de tabacos destinados ao uso oral.

CAPÍTULO V
Venda de produtos do tabaco

Artigo 15.º
Proibição de venda de produtos do tabaco

1 – É proibida a venda de produtos do tabaco:

a) Nos locais a que se referem as alíneas a), d), e), f), g), h) e r) do n.º 1 do artigo 4.º e nas instalações referidas na alínea m) do mesmo artigo;

Lei n.º 37/2007 de 14 de Agosto 177

b) Através de máquinas de venda automática, sempre que estas não reúnam cumulativamente os seguintes requisitos:

i) Estejam munidas de um dispositivo electrónico ou outro sistema bloqueador que impeça o seu acesso a menores de 18 anos;

ii) Estejam localizadas no interior do estabelecimento comercial, de forma a serem visualizadas pelo responsável do estabelecimento, não podendo ser colocadas nas respectivas zonas de acesso, escadas ou zonas similares e nos corredores de centros comerciais e grandes superfícies comerciais;

c) A menores com idade inferior a 18 anos, a comprovar, quando necessário, por qualquer documento identificativo com fotografia;

d) Através de meios de televenda.

2 – A proibição referida na alínea c) do número anterior deve constar de aviso impresso em caracteres facilmente legíveis, sobre fundo contrastante, e afixado de forma visível nos locais de venda dos produtos do tabaco.

3 – É proibida a comercialização de embalagens promocionais ou a preço reduzido.

4 – Por portaria conjunta dos Ministros das Finanças e da Saúde, poderá ser proibida a venda de produtos do tabaco a preço inferior a um preço mínimo de referência.

CAPÍTULO VI
Publicidade, promoção e patrocínio de tabaco
e de produtos do tabaco

ARTIGO 16.º
Publicidade e promoção

1 – São proibidas todas as formas de publicidade e promoção ao tabaco e aos produtos do tabaco, incluindo a publicidade oculta, dissimulada e subliminar, através de suportes publicitários nacionais ou com sede em Portugal, incluindo os serviços da sociedade de informação, salvo o disposto nos n.ºs 3, 4 e 7.

2 – É proibida a publicidade ao tabaco, ou ao seu uso, em máquinas de venda automática.

178 *Novo Regime da Instalação e Funcionamento dos Estab. de Rest. ou de Bebidas*

3 – O disposto no n.º 1 não é aplicável à informação comercial circunscrita às indicações de preço, marca e origem exibida exclusivamente no interior dos estabelecimentos que vendam produtos do tabaco, desde que esta não seja visível no exterior dos estabelecimentos, designadamente nas respectivas montras.

4 – A publicidade na imprensa e noutros meios de comunicação impressos só é permitida em publicações destinadas exclusivamente aos profissionais do comércio do tabaco ou em publicações impressas e editadas em países terceiros, desde que não se destinem principalmente ao mercado comunitário.

5 – É proibida a distribuição gratuita ou a venda promocional de produtos do tabaco ou de quaisquer bens de consumo, que visem, ou tenham por efeito directo ou indirecto, a promoção desses produtos do tabaco.

6 – É proibida a distribuição de brindes, atribuição de prémios ou a realização de concursos, ainda que exclusivamente destinados a fumadores, por parte de empresas directa ou indirectamente relacionadas com o fabrico, a distribuição ou a venda de produtos do tabaco.

7 – É apenas admitida a promoção de produtos do tabaco quando esta se destine exclusivamente aos profissionais do comércio do tabaco e seja realizada fora do âmbito da actividade de venda ao público.

8 – É proibida a introdução de cupões ou outros elementos estranhos nas embalagens e sobre embalagens de produtos do tabaco, ou entre estas e aquelas, para além do próprio produto do tabaco e respectiva rotulagem.

9 – É proibida a promoção de vendas e a introdução no consumo de embalagens miniatura de marcas já comercializadas ou a comercializar.

Artigo 17.
Publicidade em objectos de consumo

1 – Em acções publicitárias, é proibido colocar nomes, marcas ou emblemas de um produto do tabaco em objectos de consumo que não os próprios produtos do tabaco.

2 – Exceptuam-se da proibição prevista no número anterior os bens e serviços que façam uso de nomes ou marcas idênticos aos de produtos do tabaco, desde que preenchidos os seguintes requisitos:

a) A sua venda ou patrocínio não estejam relacionados com a venda de produtos do tabaco;

Lei n.º 37/2007 de 14 de Agosto

b) Tais bens ou serviços tenham sido introduzidos no mercado português previamente à data de publicação da presente lei;

c) O método de uso de tais nomes e marcas seja claramente distinto do dos nomes e marcas de produtos do tabaco.

3 – É proibido o fabrico e a comercialização de jogos, brinquedos, jogos de vídeo, alimentos ou guloseimas com a forma de produtos do tabaco, ou com logótipos de marcas de tabaco.

ARTIGO 18.º
Patrocínio

1 – É proibida qualquer forma de contributo público ou privado, nomeadamente por parte de empresas cuja actividade seja o fabrico, a distribuição ou a venda de produtos do tabaco, destinado a um evento, uma actividade, um indivíduo, uma obra áudio-visual, um programa radiofónico ou televisivo, que vise, ou tenha por efeito directo ou indirecto, a promoção de um produto do tabaco ou do seu consumo.

2 – É proibido o patrocínio de eventos ou actividades por empresas do sector do tabaco que envolvam ou se realizem em vários Estados membros ou que tenham quaisquer outros efeitos transfronteiriços.

3 – É proibida a distribuição gratuita ou a preços promocionais de produtos do tabaco, no contexto do patrocínio referido no número anterior, que vise ou tenha por efeito directo ou indirecto a promoção desses produtos.

CAPÍTULO VII
Medidas de prevenção e controlo do tabagismo

ARTIGO 19.º
Campanhas de informação, de prevenção ou de promoção de vendas

São proibidas campanhas ou outras iniciativas promovidas ou patrocinadas pelas empresas produtoras, distribuidoras, subsidiárias ou afins, de produtos do tabaco, que visem, directa ou indirectamente, a informação e a prevenção do tabagismo.

ARTIGO 20.º
Informação e educação para a saúde

1 – O Estado, designadamente os sectores da saúde, da educação, da juventude, do desporto, da defesa do consumidor, do ambiente, do trabalho, da economia e da cultura, bem como as regiões autónomas e as autarquias locais, devem promover a informação dos cidadãos, utilizando, sempre que possível, a língua gestual e a linguagem Braille, e contribuir para a criação de condições favoráveis à prevenção e ao controlo do tabagismo.

2 – Os serviços de saúde, independentemente da sua natureza jurídica, designadamente centros de saúde, hospitais, clínicas, consultórios médicos e farmácias, devem promover e apoiar a informação e a educação para a saúde dos cidadãos relativamente aos malefícios decorrentes do consumo de tabaco e à importância da cessação tabágica, através de campanhas, programas e iniciativas destinadas à população em geral ou a grupos específicos, designadamente crianças e jovens, grávidas, pais, mulheres em idade fértil, pessoas doentes, professores e outros trabalhadores.

3 – A temática da prevenção e do controlo do tabagismo deve ser abordada no âmbito da educação para a cidadania, a nível dos ensinos básico e secundário e dos curricula da formação profissional, bem como da formação pré e pós-graduada dos professores destes níveis de ensino.

4 – A temática da prevenção e do tratamento do uso e da dependência do tabaco deve fazer parte dos curricula da formação pré e pós -graduada dos profissionais de saúde, em particular dos médicos, dos médicos dentistas, dos farmacêuticos e dos enfermeiros, enquanto agentes privilegiados de educação e promoção da saúde.

ARTIGO 21.º
Consultas de cessação tabágica

1 – Devem ser criadas consultas especializadas de apoio aos fumadores que pretendam deixar de fumar, destinadas aos funcionários e aos utentes, em todos os centros de saúde integrados no Serviço Nacional de Saúde e nos serviços hospitalares públicos, em particular nos serviços de cardiologia, pneumologia, psiquiatria, nos institutos e serviços de oncologia, serviços de obstetrícia, hospitais psiquiátricos e centros de atendimento a alcoólicos e toxicodependentes.

Lei n.º 37/2007 de 14 de Agosto 181

2 – Sempre que a dimensão dos serviços e da população atendida não justifique a criação de uma consulta especializada, devem ser estabelecidos protocolos com outras consultas especializadas, de modo a garantir o acesso adequado dos fumadores que necessitem deste tipo de apoio para deixarem de fumar.

Artigo 22.º
Grupo técnico consultivo

1 – É criado, na dependência directa do director-geral da Saúde, um grupo técnico consultivo, visando prestar assessoria técnica, bem como prestar colaboração na definição e implementação de programas e outras iniciativas no domínio da prevenção e controlo do tabagismo.

2 – O grupo técnico consultivo, designado por despacho do director -geral da Saúde, é constituído, paritariamente, por representantes da Administração Pública e da sociedade civil, e, quanto a esta, nomeadamente de ordens profissionais da área da saúde, de associações sindicais e patronais, de sociedades científicas, por personalidades de reconhecido mérito no domínio da prevenção do tabagismo e ainda por representantes de outras organizações não governamentais.

Artigo 23.º
Dever de colaboração

A Direcção-Geral da Saúde promove o cumprimento do disposto na presente lei, com a colaboração dos serviços e organismos públicos com responsabilidades nesta área.

Artigo 24.º
Estudo estatístico

1 – A Direcção-Geral da Saúde, em articulação com o Observatório Nacional de Saúde e com o grupo técnico consultivo, assegura o acompanhamento estatístico e epidemiológico do consumo de tabaco em Portugal, bem como o impacte resultante da aplicação da presente lei, designada-

182 *Novo Regime da Instalação e Funcionamento dos Estab. de Rest. ou de Bebidas*

mente quanto ao seu cumprimento, à evolução das condições nos locais de trabalho e de atendimento ao público, a fim de permitir propor as alterações adequadas à prevenção e controlo do consumo do tabaco.

2 – Com o objectivo de avaliar o impacte da presente lei na saúde pública e na saúde dos trabalhadores, o Ministério da Saúde deve habilitar a Assembleia da República com um relatório contendo os elementos referidos no número anterior, de cinco em cinco anos.

3 – O primeiro relatório deve ser entregue na Assembleia da República decorridos três anos sobre a entrada em vigor da lei.

CAPÍTULO VIII
Regime sancionatório

ARTIGO 25.º
Contra-ordenações

1 – Constituem contra-ordenações as infracções ao disposto nos artigos 4.º a 6.º, no n.º 2 do artigo 7.º e nos artigos 8.º a 19.º, as quais são punidas com as seguintes coimas:

a) De € 50 a € 750, para o fumador que fume nos locais previstos nas alíneas a) a bb) do n.º 1 e no n.º 2 do artigo 4.º ou fora das áreas ao ar livre ou das áreas para fumadores previstas nos n.ºs 1 a 9 do artigo 5.º;

b) De € 50 a € 1000, para os proprietários dos estabelecimentos privados, pessoas colectivas, sociedades ainda que irregularmente constituídas, ou associações sem personalidade jurídica, bem como para os órgãos directivos ou dirigentes máximos dos organismos, estabelecimentos ou serviços da Administração Pública que violem o disposto no n.º 2 do artigo 7.º;

c) De € 2500 a € 10 000, para entidades referidas na alínea anterior que violem o disposto nos n.ºs 1 a 9 do artigo 5.º e no artigo 6.º;

d) De € 10 000 a € 30 000, para as infracções aos n.ºs 6, 7 e 8 do artigo 9.º e aos n.ºs 1 e 2 do artigo 10.º, sendo o valor reduzido para € 1500 e € 3000, respectivamente, se o infractor for pessoa singular;

e) De € 30 000 a € 250 000, para as infracções ao artigo 8.º, ao n.º 3 do artigo 9.º e aos artigos 11.º, 12.º, 13.º, 14.º, 15.º, 16.º, 17.º, 18.º e 19.º, sendo o valor reduzido para € 2000 e € 3750, respectivamente, se o infractor for pessoa singular.

Lei n.º 37/2007 de 14 de Agosto 183

2 – A negligência é punível, sendo os limites mínimos e máximos das coimas aplicáveis reduzidos a metade.

3 – Nos casos previstos na alínea e) do n.º 1, a tentativa é punível, sendo os limites mínimos e máximos das coimas aplicáveis reduzidos a metade.

4 – Quando a infracção implicar forma de publicidade oculta ou dissimulada, é aplicável a punição prevista nas normas gerais sobre a actividade publicitária.

5 – Às contra-ordenações previstas na presente lei e em tudo quanto nela se não encontre especialmente regulado são aplicáveis as disposições do Decreto-Lei n.º 433/82, de 27 de Outubro, com as alterações introduzidas pelos Decretos-Leis n.ºs 356/89, de 17 de Outubro, 244/95, de 14 de Setembro, e 323/2001, de 17 de Dezembro, e pela Lei n.º 109/2001, de 24 de Dezembro.

ARTIGO 26.º
Sanções acessórias

1 – No caso das contra-ordenações previstas nas alíneas c), d) e e) do n.º 1 do artigo anterior, podem ainda ser aplicadas as sanções acessórias previstas nas alíneas a) a g) do n.º 1 do artigo 21.º do Decreto-Lei n.º 433/82, de 27 de Outubro, na redacção que lhe foi dada pelos Decretos-Leis n.ºs 356/89, de 17 de Outubro, e 244/95, de 14 de Setembro.

2 – O incumprimento do disposto nos n.ºs 1 a 3 do artigo 15.º determina a aplicação da sanção acessória de interdição de venda de qualquer produto do tabaco.

ARTIGO 27.º
Responsabilidade solidária

1 – Pelo pagamento das coimas em que sejam condenados os agentes das infracções ao disposto nos n.ºs 6, 7 e 8 do artigo 9.º, nos n.ºs 1 e 2 do artigo 10.º, no artigo 11.º e no artigo 13.º são solidariamente responsáveis o fabricante e o importador de produtos do tabaco.

2 – Pelo pagamento das coimas em que sejam condenados os agentes das infracções ao disposto na alínea b) do n.º 1 do artigo 15.º e no n.º 2

do artigo 16.º são solidariamente responsáveis o proprietário da máquina de venda automática de tabaco e aquele que tenha a direcção efectiva do espaço em que o equipamento se encontra instalado.

3 – Pelo pagamento das coimas em que sejam condenados os agentes das infracções ao disposto no artigo 17.º são solidariamente responsáveis o fabricante ou importador e o proprietário dos locais onde estes produtos sejam disponibilizados, de forma onerosa ou gratuita.

4 – Pelo pagamento das coimas em que sejam condenados os agentes das infracções ao disposto na alínea d) do n.º 1 do artigo 15.º, nos n.ºs 1, 6 e 8 do artigo 16.º e no n.º 1 do artigo 19.º são solidariamente responsáveis o promotor da venda ou da campanha, a agência de publicidade e as entidades proprietárias do suporte publicitário utilizado.

5 – Pelo pagamento das coimas em que sejam condenados os agentes das infracções ao disposto nos n.ºs 1 e 2 do artigo 18.º são solidariamente responsáveis a entidade patrocinadora e a entidade patrocinada.

6 – As entidades proprietárias do suporte publicitário utilizado, o comerciante ou o promotor da venda eximem-se da responsabilidade referida no n.º 4 caso demonstrem não ter tido prévio conhecimento da mensagem publicitária difundida.

Artigo 28.º
Fiscalização e tramitação processual

1 – Sem prejuízo das competências atribuídas pelo artigo 7.º às autoridades administrativas e policiais, a fiscalização do disposto na presente lei compete à Autoridade de Segurança Alimentar e Económica, à excepção da fiscalização do preceituado na alínea d) do n.º 1 do artigo 15.º, no n.º 1 do artigo 16.º, no n.º 1 do artigo 18.º e no artigo 19.º, que compete à Direcção-Geral do Consumidor.

2 – A instrução dos processos de contra-ordenação compete à Autoridade de Segurança Alimentar e Económica ou à Direcção-Geral do Consumidor, no âmbito das respectivas atribuições, e a quem devem ser enviados os autos levantados por outras entidades.

3 – A aplicação das coimas e sanções acessórias compete à Comissão de Aplicação de Coimas em Matéria Económica e de Publicidade, que delas dá conhecimento à Direcção-Geral da Saúde.

4 – O produto das coimas é distribuído da seguinte forma:

a) 60 % para o Estado;
b) 30 % para a entidade que instruiu o processo;
c) 10 % para a Comissão de Aplicação de Coimas em Matéria Económica e de Publicidade.

CAPÍTULO IX
Disposições transitórias e finais

ARTIGO 29.º
Regiões Autónomas

1 – As Regiões Autónomas exercem as competências previstas na presente lei através dos organismos definidos pelos órgãos de governo próprio.

2 – O produto das coimas aplicadas nas Regiões Autónomas constitui receita própria destas.

ARTIGO 30.º
Norma revogatória

São revogados:
a) A Lei n.º 22/82, de 17 de Agosto;
b) O Decreto-Lei n.º 226/83, de 27 de Maio;
c) O Decreto-Lei n.º 393/88, de 8 de Novembro;
d) O Decreto-Lei n.º 287/89, de 30 de Agosto;
e) O Decreto-Lei n.º 253/90, de 4 de Agosto;
f) O artigo 18.º e o n.º 2 do artigo 24.º do Código da Publicidade, aprovado pelo Decreto-Lei n.º 330/90, de 23 de Outubro;
g) O Decreto-Lei n.º 200/91, de 29 de Maio;
h) O Decreto-Lei n.º 276/92, de 12 de Dezembro;
i) O Decreto-Lei n.º 283/98, de 17 de Setembro;
j) O artigo 95.º do Código dos Impostos Especiais de Consumo, aprovado pelo Decreto-Lei n.º 566/99, de 22 de Dezembro;
l) O Decreto-Lei n.º 25/2003, de 4 de Fevereiro;
m) O Decreto-Lei n.º 138/2003, de 28 de Junho;
n) O Decreto-Lei n.º 76/2005, de 4 de Abril;

o) O Decreto-Lei n.º 14/2006, de 20 de Janeiro;

p) Os n.ºs 2 a 5 da Resolução do Conselho de Ministros n.º 35/84, de 11 de Junho;

q) A Portaria n.º 165/84, de 26 de Março;

r) A Portaria n.º 432/91, de 24 de Maio;

s) A Portaria n.º 735/93, de 13 de Agosto;

t) O despacho n.º 19/MS/88, de 25 de Janeiro de 1989;

u) O despacho n.º 8/ME/88, de 8 de Fevereiro de 1989.

ARTIGO 31.º

Entrada em vigor

A presente lei entra em vigor no dia 1 de Janeiro de 2008.

Aprovada em 28 de Junho de 2007.

O Presidente da Assembleia da República, *Jaime Gama*.

Promulgada em 26 de Julho de 2007.

Publique-se.

O Presidente da República, ANÍBAL CAVACO SILVA.

Referendada em 2 de Agosto de 2007.

Pelo Primeiro-Ministro, *Luís Filipe Marques Amado*, Ministro de Estado e dos Negócios Estrangeiros.

ANEXO I

MODELO A

MODELO B

ANEXO II

Lista das advertências complementares

a) «Os fumadores morrem prematuramente».

b) «Fumar bloqueia as artérias e provoca ataques cardíacos e enfartes».

c) «Fumar provoca o cancro pulmonar mortal».

d) «Se está grávida: fumar prejudica a saúde do seu filho».

e) «Proteja as crianças: não as obrigue a respirar o seu fumo».

f) «O seu médico ou o seu farmacêutico podem ajudá-lo a deixar de fumar».

g) «Fumar causa elevada dependência. Não comece a fumar».

h) «Deixar de fumar reduz os riscos de doenças cardiovasculares e pulmonares mortais».

i) «Fumar pode provocar uma morte lenta e dolorosa».

j) «Para o ajudar a deixar de fumar, consulte o seu médico ou contacte o seu farmacêutico».

l) «Fumar pode reduzir o fluxo de sangue e provoca impotência».

m) «Fumar provoca o envelhecimento da pele».

n) «Fumar pode prejudicar o esperma e reduz a fertilidade».

o) «O fumo contém benzeno, nitrosaminas, formaldeído e cianeto de hidrogénio».

Decreto-Lei n.º 9/2002[1]
de 24 de Janeiro

O consumo excessivo de bebidas alcoólicas acarreta graves consequências ao nível da saúde, designadamente dos fetos e dos lactentes, quando o consumo materno ocorre durante a gravidez e a amamentação, na indução de instabilidade e de perturbações emocionais e orgânicas em crianças, com interferência na aprendizagem escolar e na capacidade intelectual em geral, quer por integrarem famílias com consumidores excessivos e alcooldependentes quer por elas próprias consumirem bebidas alcoólicas; no acréscimo de perturbações nas relações familiares potenciadoras da violência conjugal, dos maus tratos a menores e da violência social; no acréscimo de acidentes de viação e de acidentes de trabalho, de doenças e em comportamentos de risco relacionados sobretudo com intoxicações agudas.

Em Portugal constata-se que o consumo de bebidas alcoólicas é frequentemente inadequado ou excessivo. Dados recentes apontam inclusivamente para um aumento global deste consumo. Simultaneamente, numerosos estudos têm vindo a demonstrar que a iniciação no consumo de álcool ocorre geralmente na adolescência. Quando a publicidade associa, de forma generalizada, as bebidas alcoólicas a acontecimentos agradáveis, como a participação em actividades desportivas, culturais e recreativas e em comemorações, frequentemente sugere que o álcool é uma parte indispensável para obtenção de prazer nestas actividades. Nas crianças e jovens reforça-se a convicção de que o consumo de bebidas alcoólicas facilita a sociabilização e conduz à aventura, ao romance, sem consciência das consequências negativas deste consumo ou do risco de acidentes.

---

[1] Rectificado nos termos da Declaração de Rectificação n.º 3-A/2002, publicada no DR, I-A, n.º 26, 3.º suplemento, de 31.01.2002.

190 *Novo Regime da Instalação e Funcionamento dos Estab. de Rest. ou de Bebidas*

De igual modo, tem-se constatado que quer a delimitação de uma idade mínima legal para a aquisição de bebidas alcoólicas, quer a limitação do tempo passado em locais onde é vendido ou servido álcool, quer a existência de medidas que limitam ou impedem o acesso físico ao álcool, contribuem para a diminuição deste consumo e constituem igualmente um elemento fundamental numa política de defesa dos consumidores coerente e global.

Ciente de toda esta problemática, o Governo, através da Resolução do Conselho de Ministros n.º 166/2000, de 29 de Novembro, aprovou o Plano de Acção contra o Alcoolismo, que tem como objectivo fundamental a luta contra o consumo excessivo ou o abuso de bebidas alcoólicas, envolvendo, simultaneamente, uma componente de estudo e investigação do fenómeno do álcool e do seu consumo tendo em vista a promoção e a educação para a saúde. Com este diploma procura-se contribuir para o esforço horizontal de implementação das várias medidas aí preconizadas, aprofundando a cooperação interministerial que, desde cedo, enformou este projecto.

Foram ouvidas a Associação Nacional de Municípios Portugueses, a Confederação de Comércio e Serviços de Portugal e os órgãos de governo próprios das Regiões Autónomas.

Assim:

Nos termos da alínea a) do n.º 1 do artigo 198.º da Constituição, o Governo decreta, para valer como lei geral da República, o seguinte:

ARTIGO 1.º
Definições

Para efeitos do presente diploma, considera-se bebida alcoólica toda a bebida que, por fermentação, destilação ou adição, contenha um título alcoométrico superior a 0,5% vol.

ARTIGO 2.º
Restrições à venda e ao consumo de bebidas alcoólicas

1 – É proibido vender ou, com objectivos comerciais, colocar à disposição bebidas alcoólicas em locais públicos e em locais abertos ao público:

Decreto-Lei n.º 9/2002 de 24 de Janeiro 191

a) A menores de 16 anos;

b) A quem se apresente notoriamente embriagado ou aparente possuir anomalia psíquica.

2 – É proibido às pessoas referidas nas alíneas a) e b) do número anterior consumir bebidas alcoólicas em locais públicos e em locais abertos ao público.

3 – É ainda proibida a venda e o consumo de bebidas alcoólicas:

a) Nas cantinas, bares e outros estabelecimentos de restauração e de bebidas acessíveis ao público localizados nos estabelecimentos de saúde;

b) Em máquinas automáticas.

4 – A violação do disposto na alínea b) do n.º 3 acarreta responsabilidade solidária entre o proprietário do equipamento e o titular do espaço onde aquele se encontra instalado.

Artigo 3.º
Afixação de avisos

1 – A proibição referida nos n.ºs 1 e 3 do artigo anterior deve constar de aviso afixado de forma visível nos locais públicos e abertos ao público onde se venda e ou se possa consumir bebidas alcoólicas.

2 – Nos estabelecimentos comerciais de auto-serviço, independentemente das suas dimensões, devem ser delimitados e explicitamente assinalados os espaços de exposição de bebidas alcoólicas e de bebidas não alcoólicas.

3 – As mensagens referidas nos n.ºs 1 e 2 devem ser obrigatoriamente:

a) Impressas;

b) Escritas em caracteres facilmente legíveis e sobre fundo contrastante.

Artigo 4.º
Venda e consumo de bebidas alcoólicas
nos locais da Administração Pública

1 – Sem prejuízo do disposto na alínea a) do n.º 3 do artigo 2.º, a venda, a disponibilização e o consumo de bebidas alcoólicas no local de trabalho, refeitórios, bares, cafetarias e locais similares dos serviços e orga-

nismos da administração central e local, incluindo institutos públicos nas modalidades de serviços personalizados do Estado e de fundos públicos, e ainda dos serviços e organismos que estejam na dependência orgânica e funcional da Presidência da República, da Assembleia da República e das instituições judiciárias é regulado por portaria conjunta dos Ministros da Saúde, do Ambiente e do Ordenamento do Território e da Reforma do Estado e da Administração Pública.

2 – O disposto no número anterior, quando aplicado a serviços e organismos existentes nas Regiões Autónomas, é definido por diploma próprio.

<h3 style="text-align:center">ARTIGO 5.º</h3>
<h3 style="text-align:center">Fiscalização e instrução de processos</h3>

1 – A fiscalização do cumprimento do disposto nos artigos 2.º e 3.º é da competência da Inspecção-Geral das Actividades Económicas, sem prejuízo da competência atribuída a outras entidades.

2 – A instrução dos respectivos processos compete à entidade que levanta o auto.

<h3 style="text-align:center">ARTIGO 6.º</h3>
<h3 style="text-align:center">Regime aplicável ao consumo de bebidas alcoólicas
por menores de 16 anos</h3>

1 – A violação do disposto no n.º 2 do artigo 2.º por menores de 16 anos tem por consequência a notificação da ocorrência ao representante legal do menor.

2 – A notificação prevista no número anterior é da competência das entidades referidas no n.º 2 do artigo anterior.

<h3 style="text-align:center">ARTIGO 7.º</h3>
<h3 style="text-align:center">Contra-ordenações</h3>

1 – A violação do disposto nos n.ºs 1 e 3 do artigo 2.º constitui contra-ordenação punível com as seguintes coimas:

a) De € 498,80 a € 3.740,98, se o infractor for uma pessoa singular;

Decreto-Lei n.º 9/2002 de 24 de Janeiro   193

b) De € 2.493,99 a € 29.927,87, se o infractor for uma pessoa colectiva.

2 – A violação do disposto no artigo 3.º constitui contra-ordenação punível com as seguintes coimas:

a) De € 124,70 a € 997,60, se o infractor for uma pessoa singular;

b) De € 498,80 a € 4.987,98, se o infractor for uma pessoa colectiva.

3 – Compete à Comissão de Aplicação de Coimas em Matéria Económica a aplicação das coimas e das sanções acessórias.

4 – O produto das coimas reverte em:

a) 60% para o Estado;

b) 20% para a Comissão de Aplicação de Coimas em Matéria Económica;

c) 10% para a entidade fiscalizadora;

d) 10% para a entidade que instrui o processo.

5 – Nas Regiões Autónomas dos Açores e da Madeira as competências cometidas à Comissão de Aplicação de Coimas em Matéria Económicas são exercidas pelos correspondentes organismos das administrações regionais com idênticas funções e competências, constituindo receitas das Regiões Autónomas o produto das coimas aí cobradas.

Artigo 8.º
Sanções acessórias

Em função da gravidade e da reiteração das infracções previstas no n.º 1 do artigo anterior podem ser aplicadas, simultaneamente com a coima, as seguintes sanções acessórias:

a) Perda do produto da venda através da qual praticou a infracção;

b) Interdição, até um período de dois anos, do exercício de actividade directamente relacionada com a infracção praticada.

Artigo 9.º
Alteração ao Decreto-Lei n.º 122/79, de 8 de Maio

Os artigos 4.º e 22.º do Decreto-Lei n.º 122/79, de 8 de Maio, alterado pelos Decretos-Leis n.ºs 282/85, de 22 de Julho, 283/86, de 5 de Setembro, 399/91, de 16 de Outubro, e 252/93, de 14 de Julho, passam a ter a seguinte redacção:

«Artigo 4.º

1 – (Anterior corpo do artigo.)

a) ....

b) ....

c) ....

d) ....

e) Exercer a sua actividade junto de estabelecimentos escolares dos ensinos básico e secundário, sempre que a respectiva actividade se relacione com a venda de bebidas alcoólicas.

2 – As áreas relativas à proibição referida no número anterior são delimitadas, caso a caso, pelos municípios, em colaboração com a direcção regional de educação.

Artigo 22.º

1 – ....

2 – ....

a) ....

b) ....

c) Exercício da actividade junto de estabelecimentos escolares do ensino básico e secundário, sempre que a respectiva actividade se relacione com a venda de bebidas alcoólicas.»

ARTIGO 10.º
Alteração ao Decreto-Lei n.º 252/86, de 25 de Agosto

O artigo 3.º do Decreto-Lei n.º 252/86, de 25 de Agosto, alterado pelos Decretos-Leis n.ºs 251/93, de 14 de Julho, e 259/95, de 30 de Setembro, passa a ter a seguinte redacção:

«Artigo 3.º
[. . .]

1 – (Anterior corpo do artigo.)

2 – É proibida a actividade de comércio de retalho a que se refere o artigo 1.º, sempre que esteja em causa a venda de bebidas alcoólicas junto de estabelecimentos escolares do ensino básico e secundário.

Decreto-Lei n.º 9/2002 de 24 de Janeiro　　　　195

3 – As áreas relativas à proibição referida no número anterior são delimitadas, caso a caso, pelos municípios, em colaboração com a direcção regional de educação.»

Artigo 11.º
Aditamento ao Decreto-Lei n.º 168/97, de 4 de Julho

Ao Decreto-Lei n.º 168/97, de 4 de Julho, alterado pelos Decretos--Leis n.ºs 139/99, de 24 de Abril e 222/2000, de 9 de Setembro, é aditado o artigo 2.º-A com a seguinte redacção:

«Artigo 2.º-A
Proibição de instalação

1 – É proibida a instalação de estabelecimentos de bebidas onde se vendam bebidas alcoólicas para consumo no próprio estabelecimento ou fora dele junto de estabelecimentos escolares dos ensinos básico e secundário.

2 – As áreas relativas à proibição referida no número anterior são delimitadas, caso a caso, pelos municípios, em colaboração com a direcção regional de educação.»

Artigo 12.º
Alteração ao Decreto-Lei n.º 370/99, de 18 de Setembro

Os artigos 5.º, 27.º e 28.º do Decreto-Lei n.º 370/99, de 18 de Setembro, passam a ter a seguinte redacção:

«Artigo 5.º
Requisitos de instalação

1 – ....

2 – ....

3 – ....

4 – ....

5 – Sem prejuízo do disposto no número anterior, é proibida a instalação de estabelecimentos abrangidos pelo presente capítulo onde se vendam bebidas alcoólicas para consumo no próprio estabelecimento ou fora dele, junto de estabelecimentos escolares dos ensinos básico e secundário.

196 *Novo Regime da Instalação e Funcionamento dos Estab. de Rest. ou de Bebidas*

6 – As áreas relativas à proibição referida no número anterior são delimitadas, caso a caso, pelos municípios, em colaboração com a direcção regional de educação.

Artigo 27.º

[. . .]

1 – ....

a) ....

b) ....

c) A violação do disposto no n.º 5 do artigo 5.º

2 – ....

3 – ....

4 – A contra-ordenação prevista na alínea c) do n.º 1 é punível com coima de € 249,40 a € 2.493,99, no caso de se tratar de pessoa singular, e de € 146,99 a € 14.963,94, no caso de se tratar de pessoa colectiva.

5 – Nos casos previstos nas alíneas a) e c) do n.º 1 a tentativa é punível.

6 – (Anterior n.º 5.)

Artigo 28.º

[. . .]

1 – ....

a) ....

b) ....

2 – Pode ser determinada a publicidade da aplicação das sanções previstas nas alíneas a) a c) do n.º 1 do artigo anterior, mediante:

a) ....

b) ....» »

ARTIGO 13.º
Estabelecimentos existentes

O disposto no artigo 2.º-A do Decreto-Lei n.º 168/97, de 4 de Julho, e no n.º 5 do artigo 5.º do Decreto-Lei n.º 370/99, de 18 de Setembro, não se aplica aos estabelecimentos já instalados e aos pedidos de instalação apresentados junto da câmara municipal competente à data de entrada em vigor do presente diploma.

Artigo 14.º
Delimitação de perímetros nas Regiões Autónomas

Compete aos órgãos próprios das Regiões Autónomas dos Açores e da Madeira a delimitação, no respectivo território, das áreas relativas às seguintes proibições:

a) Proibição de instalação de estabelecimentos de bebidas onde se vendam bebidas alcoólicas, para consumo no próprio estabelecimento ou fora dele, junto de estabelecimentos escolares dos ensinos básico e secundário;

b) Proibição de actividade de comércio a retalho em feiras e mercados, sempre que esteja em causa a venda de bebidas alcoólicas junto de estabelecimentos escolares dos ensinos básico e secundário;

c) Proibição de venda ambulante, sempre que a respectiva actividade se relacione com a venda de bebidas alcoólicas.

Artigo 15.º
Entrada em vigor

O presente diploma entra em vigor no dia 1 de Fevereiro de 2002.

Visto e aprovado pelo Conselho de Ministros de 9 de Novembro de 2001. – *António Manuel de Oliveira Guterres – Luís Garcia Braga da Cruz – Luís Manuel Capoulas Santos – Júlio Domingos Pedrosa da Luz de Jesus – António Fernando Correia de Campos – José Sócrates Carvalho Pinto de Sousa – Alberto de Sousa Martins – José Manuel Lello Ribeiro de Almeida – António José Martins Seguro.* Promulgado em 15 de Janeiro de 2002. Publique-se. O Presidente da República, Jorge Sampaio. Referendado em 17 de Janeiro de 2002. O Primeiro-Ministro, *António Manuel de Oliveira Guterres.*

Decreto-Lei n.º 220/2008
de 12 de Novembro

A legislação sobre segurança contra incêndio em edifícios encontra-se actualmente dispersa por um número excessivo de diplomas avulsos, dificilmente harmonizáveis entre si e geradores de dificuldades na compreensão integrada que reclamam. Esta situação coloca em sério risco não apenas a eficácia jurídica das normas contidas em tal legislação, mas também o seu valor pedagógico.

Com efeito, o actual quadro legal é pautado por um edifício legislativo heterogéneo e de desigual valor hierárquico normativo. De tudo se encontra, resoluções do Conselho de Ministros, decretos-leis, decretos regulamentares, portarias, uns com conteúdo excessivamente minucioso, outros raramente ultrapassando o plano genérico.

Para além disso, verificam-se sérias lacunas e omissões no vasto articulado deste quadro normativo. Tal deve-se parcialmente ao facto de para um conjunto elevado de edifícios não existirem regulamentos específicos de segurança contra incêndios. É o caso, designadamente, das instalações industriais, dos armazéns, dos lares de idosos, dos museus, das bibliotecas, dos arquivos e dos locais de culto. Nestas situações aplica-se apenas o Regulamento Geral das Edificações Urbanas, de 1951, que é manifestamente insuficiente para a salvaguarda da segurança contra incêndio.

Perante uma pluralidade de textos não raras vezes divergentes, senão mesmo contraditórios nas soluções preconizadas para o mesmo tipo de problemas, é particularmente difícil obter, por parte das várias entidades responsáveis pela aplicação da lei, uma visão sistematizada e uma interpretação uniforme das normas, com evidente prejuízo da autoridade técnica que a estas deve assistir.

A situação descrita reflecte decerto uma opção de política legislativa que se traduziu na emissão de regulamentos específicos para cada utilização-tipo de edifícios, alguns dos quais de limitada aplicação, contrários à concepção de um regulamento geral de segurança contra incêndio, enquanto tronco normativo comum de aplicação geral a todos os edifícios, sem prejuízo de nele se incluírem disposições específicas complementares julgadas convenientes a cada utilização-tipo.

A criação do Serviço Nacional de Bombeiros e Protecção Civil e a posterior criação da Autoridade Nacional de Protecção Civil, autoridade nacional com atribuições na área da segurança contra incêndio em edifícios, competente para propor as medidas legislativas e regulamentares consideradas necessárias neste domínio, facilitou a opção pela edificação de um verdadeiro regulamento geral, há muito reclamado, estruturando-o de forma lógica, rigorosa e acessível.

Este decreto-lei, que agora é publicado, engloba as disposições regulamentares de segurança contra incêndio aplicáveis a todos os edifícios e recintos, distribuídos por 12 utilizações-tipo, sendo cada uma delas, por seu turno, estratificada por quatro categorias de risco de incêndio. São considerados não apenas os edifícios de utilização exclusiva, mas também os edifícios de ocupação mista.

Aproveita-se igualmente este amplo movimento reformador, traduzido no novo regime jurídico, para adoptar o conteúdo das Decisões da Comissão das Comunidades Europeias n.ºs 2000/147/CE e 2003/632/CE, relativas à classificação da reacção ao fogo de produtos de construção, e n.ºs 2000/367/CE e 2003/629/CE, respeitantes ao sistema de classificação da resistência ao fogo.

A introdução deste novo regime jurídico recomenda que se proceda à avaliação, em tempo oportuno, do seu impacte na efectiva redução do número de ocorrências, das vítimas mortais, dos feridos, dos prejuízos materiais, dos danos patrimoniais, ambientais e de natureza social, decorrentes dos incêndios urbanos e industriais que se venham a verificar. Tal avaliação é particularmente pertinente face a novos factores de risco, decorrentes do progressivo envelhecimento da população e da constante migração populacional para as cidades, apesar da tendência positiva resultante da entrada em vigor dos primeiros regulamentos de segurança contra incêndios em edifícios.

As soluções vertidas no novo regime jurídico vão de encontro às mais avançadas técnicas de segurança contra incêndio em edifícios. Contudo, não se prevê que venham a ter um impacte significativo no custo final da construção, porquanto muitas dessas soluções são já adoptadas na execução dos projectos e na construção dos edifícios que não dispõem de regulamentos específicos de segurança contra incêndio. Tal deve-se largamente ao recurso à regulamentação estrangeira e, por analogia, à regulamentação

Decreto-Lei n.° 220/2008 de 12 de Novembro

nacional anterior, quer por exigência das companhias de seguros, quer por decisão do dono da obra e dos projectistas.

Importa ainda salientar que a fiscalização das condições de segurança contra incêndio nos vários tipos de edifícios, recintos e estabelecimentos, é exercida no pleno respeito pelos direitos que os cidadãos e as empresas têm a uma desejada racionalização dos procedimentos administrativos, de modo a simplificar, desburocratizar e modernizar nesta área específica a actividade da Administração Pública, tanto a nível central como local.

Neste sentido, adequaram-se os procedimentos de apreciação das condições de segurança contra incêndios em edifícios, ao regime jurídico da urbanização e edificação, alterado pela Lei n.° 60/2007, de 4 de Setembro.

Por último, cumpre também referir que o novo regime jurídico é o resultado de um trabalho longo e concertado entre especialistas designados pelo Serviço Nacional de Bombeiros e Protecção Civil e pelo Conselho Superior de Obras Públicas e Transportes, através da sua Subcomissão de Regulamentos de Segurança contra Incêndio em Edifícios.

Foram ainda recolhidos os contributos de todas as entidades consideradas como mais directamente interessadas neste domínio, como é o caso das diversas entidades públicas, não representadas na referida Subcomissão, envolvidas no licenciamento das utilizações-tipo de edifícios, recintos e estabelecimentos, designadamente das que careciam de adequada regulamentação específica na área da segurança contra incêndio.

Foram ouvidos a Associação Nacional de Municípios Portugueses, a Ordem dos Arquitectos, a Ordem dos Engenheiros, a Associação Nacional dos Engenheiros Técnicos, o Laboratório Nacional de Engenharia Civil e os órgãos de governo próprio das Regiões Autónomas.

Assim:

Nos termos da alínea a) do n.° 1 do artigo 198.° da Constituição, o Governo decreta o seguinte:

CAPÍTULO I
Disposições gerais

ARTIGO 1.°
Objecto

O presente decreto-lei estabelece o regime jurídico da segurança contra incêndios em edifícios, abreviadamente designado por SCIE.

Artigo 2.º
Definições

Para efeitos do presente decreto-lei e legislação complementar, entende-se por:

a) «Altura da utilização-tipo» a diferença de cota entre o plano de referência e o pavimento do último piso acima do solo, susceptível de ocupação por essa utilização-tipo;

b) «Área bruta de um piso ou fracção» a superfície total de um dado piso ou fracção, delimitada pelo perímetro exterior das paredes exteriores e pelo eixo das paredes interiores separadoras dessa fracção, relativamente às restantes;

c) «Área útil de um piso ou fracção» a soma da área útil de todos os compartimentos interiores de um dado piso ou fracção, excluindo-se vestíbulos, circulações interiores, escadas e rampas comuns, instalações sanitárias, roupeiros, arrumos, armários nas paredes e outros compartimentos de função similar, e mede-se pelo perímetro interior das paredes que delimitam aqueles compartimentos, descontando encalços até 30 cm, paredes interiores, divisórias e condutas;

d) «Carga de incêndio» a quantidade de calor susceptível de ser libertada pela combustão completa da totalidade de elementos contidos num espaço, incluindo o revestimento das paredes, divisórias, pavimentos e tectos;

e) «Categorias de risco» a classificação em quatro níveis de risco de incêndio de qualquer utilização-piso de um edifício e recinto, atendendo a diversos factores de risco, como a sua altura, o efectivo, o efectivo em locais de risco, a carga de incêndio e a existência de pisos abaixo do plano de referência, nos termos previstos no artigo 12.º;

f) «Densidade de carga de incêndio» a carga de incêndio por unidade de área útil de um dado espaço ou, para o caso de armazenamento, por unidade de volume;

g) «Densidade de carga de incêndio modificada» a densidade de carga de incêndio afectada de coeficientes referentes ao grau de perigosidade e ao índice de activação dos combustíveis, determinada com base nos critérios referidos no n.º 4 do artigo 12.º;

h) «Edifício» toda e qualquer edificação destinada à utilização humana que disponha, na totalidade ou em parte, de um espaço interior utilizável, abrangendo as realidades referidas no n.º 1 do artigo 8.º;

i) «Edifícios independentes» os edifícios dotados de estruturas independentes, sem comunicação interior ou, quando exista, efectuada exclusivamente através de câmaras corta-fogo, e que cumpram as disposições de SCIE, relativamente à resistência ao fogo dos elementos de construção que os isolam entre si;

j) «Efectivo» o número máximo estimado de pessoas que pode ocupar em simultâneo um dado espaço de um edifício ou recinto;

l) «Efectivo de público» o número máximo estimado de pessoas que pode ocupar em simultâneo um edifício ou recinto que recebe público, excluindo o número de funcionários e quaisquer outras pessoas afectas ao seu funcionamento;

m) «Espaços» as áreas interiores e exteriores dos edifícios ou recintos;

n) «Imóveis classificados» os monumentos classificados nos termos da Lei n.º 107/2001, de 8 de Setembro;

o) «Local de risco» a classificação de qualquer área de um edifício ou recinto, em função da natureza do risco de incêndio, com excepção dos espaços interiores de cada fogo e das vias horizontais e verticais de evacuação, em conformidade com o disposto no artigo 10.º;

p) «Plano de referência» o plano de nível, à cota de pavimento do acesso destinado às viaturas de socorro, medida na perpendicular a um vão de saída directa para o exterior do edifício;

q) «Recintos» os espaços delimitados ao ar livre destinados a diversos usos, desde os estacionamentos, aos estabelecimentos que recebem público, aos industriais, oficinas e armazéns, podendo dispor de construções de carácter permanente, temporário ou itinerante;

r) «Utilização-tipo» a classificação do uso dominante de qualquer edifício ou recinto, incluindo os estacionamentos, os diversos tipos de estabelecimentos que recebem público, os industriais, oficinas e armazéns, em conformidade com o disposto no artigo 8.º

ARTIGO 3.º
Âmbito

1 – Estão sujeitos ao regime de segurança contra incêndios:

a) Os edifícios, ou suas fracções autónomas, qualquer que seja a utilização e respectiva envolvente;

b) Os edifícios de apoio a postos de abastecimento de combustíveis, tais como estabelecimentos de restauração, comerciais e oficinas, regulados pelos Decretos-Leis n.ºs 267/2002 e 302/2001, de 26 de Novembro e de 23 de Novembro, respectivamente;

c) Os recintos.

2 – Exceptuam-se do disposto no número anterior:

a) Os estabelecimentos prisionais e os espaços classificados de acesso restrito das instalações de forças armadas ou de segurança;

b) Os paióis de munições ou de explosivos e as carreiras de tiro.

3 – Estão apenas sujeitos ao regime de segurança em matéria de acessibilidade dos meios de socorro e de disponibilidade de água para combate a incêndios, aplicando-se nos demais aspectos os respectivos regimes específicos:

a) Os estabelecimentos industriais e de armazenamento de substâncias perigosas, abrangidos pelo Decreto-Lei n.º 254/2007, de 12 de Julho;

b) Os espaços afectos à indústria de pirotecnia e à indústria extractiva;

c) Os estabelecimentos que transformem ou armazenem substâncias e produtos explosivos ou radioactivos.

4 – Nos edifícios com habitação, exceptuam-se do disposto no n.º 1, os espaços interiores de cada habitação, onde apenas se aplicam as condições de segurança das instalações técnicas.

5 – Quando o cumprimento das normas de segurança contra incêndios nos imóveis classificados se revele lesivo dos mesmos ou sejam de concretização manifestamente desproporcionada são adoptadas as medidas de autoprotecção adequadas, após parecer da Autoridade Nacional de Protecção Civil, abreviadamente designada por ANPC.

6 – Às entidades responsáveis pelos edifícios e recintos referidos no n.º 2 incumbe promover a adopção das medidas de segurança mais adequadas a cada caso, ouvida a ANPC, sempre que entendido conveniente.

ARTIGO 4.º

Princípios gerais

1 – O presente decreto-lei baseia-se nos princípios gerais da preservação da vida humana, do ambiente e do património cultural.

2 – Tendo em vista o cumprimento dos referidos princípios, o presente decreto-lei é de aplicação geral a todas as utilizações de edifícios e recintos, visando em cada uma delas:

a) Reduzir a probabilidade de ocorrência de incêndios;

b) Limitar o desenvolvimento de eventuais incêndios, circunscrevendo e minimizando os seus efeitos, nomeadamente a propagação do fumo e gases de combustão;

c) Facilitar a evacuação e o salvamento dos ocupantes em risco;

d) Permitir a intervenção eficaz e segura dos meios de socorro.

3 – A resposta aos referidos princípios é estruturada com base na definição das utilizações-tipo, dos locais de risco e das categorias de risco, que orientam as distintas disposições de segurança constantes deste regime.

Artigo 5.º
Competência

1 – A ANPC é a entidade competente para assegurar o cumprimento do regime de segurança contra incêndios em edifícios.

2 – À ANPC incumbe a credenciação de entidades para a realização de vistorias e de inspecções das condições de SCIE, nos termos previstos no presente decreto-lei e nas suas portarias complementares.

Artigo 6.º
Responsabilidade no caso de edifícios ou recintos

1 – No caso de edifícios e recintos em fase de projecto e construção são responsáveis pela aplicação e pela verificação das condições de SCIE:

a) Os autores de projectos e os coordenadores dos projectos de operações urbanísticas, no que respeita à respectiva elaboração, bem como às intervenções acessórias ou complementares a esta a que estejam obrigados, no decurso da execução da obra;

b) A empresa responsável pela execução da obra;

c) O director de obra e o director de fiscalização de obra, quanto à conformidade da execução da obra com o projecto aprovado.

2 – Os autores dos projectos, os coordenadores dos projectos, o director de obra e o director de fiscalização de obra, referidos nas alíneas a) e c) do número anterior subscrevem termos de responsabilidade, de que conste, respectivamente, que na elaboração do projecto e na execução e verificação da obra em conformidade com o projecto aprovado, foram cumpridas as disposições de SCIE.

206 *Novo Regime da Instalação e Funcionamento dos Estab. de Rest. ou de Bebidas*

3 – A manutenção das condições de segurança contra risco de incêndio aprovadas e a execução das medidas de autoprotecção aplicáveis aos edifícios ou recintos destinados à utilização-tipo I referida na alínea a) do n.º 1 do artigo 8.º, durante todo o ciclo de vida dos mesmos, é da responsabilidade dos respectivos proprietários, com excepção das suas partes comuns na propriedade horizontal, que são da responsabilidade do administrador do condomínio.

4 – Durante todo o ciclo de vida dos edifícios ou recintos que não se integrem na utilização-tipo referida no número anterior, a responsabilidade pela manutenção das condições de segurança contra risco de incêndio aprovadas e a execução das medidas de autoprotecção aplicáveis é das seguintes entidades:

a) Do proprietário, no caso do edifício ou recinto estar na sua posse;

b) De quem detiver a exploração do edifício ou do recinto;

c) Das entidades gestoras no caso de edifícios ou recintos que disponham de espaços comuns, espaços partilhados ou serviços colectivos, sendo a sua responsabilidade limitada aos mesmos.

ARTIGO 7.º
Responsabilidade pelas condições exteriores de SCIE

Sem prejuízo das atribuições próprias das entidades públicas, as entidades referidas nos n.ºs 3 e 4 do artigo anterior são responsáveis pela manutenção das condições exteriores de SCIE, nomeadamente no que se refere às redes de hidrantes exteriores e às vias de acesso ou estacionamento dos veículos de socorro, nas condições previstas no presente decreto-lei e portarias complementares, quando as mesmas se situem em domínio privado.

CAPÍTULO II
Caracterização dos edifícios e recintos

ARTIGO 8.º
Utilizações-tipo de edifícios e recintos

1 – Aos edifícios e recintos correspondem as seguintes utilizações-tipo:

a) Tipo I «habitacionais», corresponde a edifícios ou partes de edifícios destinados a habitação unifamiliar ou multifamiliar, incluindo os espaços comuns de acessos e as áreas não residenciais reservadas ao uso exclusivo dos residentes;

b) Tipo II «estacionamentos», corresponde a edifícios ou partes de edifícios destinados exclusivamente à recolha de veículos e seus reboques, fora da via pública, ou recintos delimitados ao ar livre, para o mesmo fim;

c) Tipo III «administrativos», corresponde a edifícios ou partes de edifícios onde se desenvolvem actividades administrativas, de atendimento ao público ou de serviços, nomeadamente escritórios, repartições públicas, tribunais, conservatórias, balcões de atendimento, notários, gabinetes de profissionais liberais, espaços de investigação não dedicados ao ensino, postos de forças de segurança e de socorro, excluindo as oficinas de reparação e manutenção;

d) Tipo IV «escolares», corresponde a edifícios ou partes de edifícios recebendo público, onde se ministrem acções de educação, ensino e formação ou exerçam actividades lúdicas ou educativas para crianças e jovens, podendo ou não incluir espaços de repouso ou de dormida afectos aos participantes nessas acções e actividades, nomeadamente escolas de todos os níveis de ensino, creches, jardins de infância, centros de formação, centros de ocupação de tempos livres destinados a crianças e jovens e centros de juventude;

e) Tipo V «hospitalares e lares de idosos», corresponde a edifícios ou partes de edifícios recebendo público, destinados à execução de acções de diagnóstico ou à prestação de cuidados na área da saúde, com ou sem internamento, ao apoio a pessoas idosas ou com condicionalismos decorrentes de factores de natureza física ou psíquica, ou onde se desenvolvam actividades dedicadas a essas pessoas, nomeadamente hospitais, clínicas, consultórios, policlínicas, dispensários médicos, centros de saúde, de diagnóstico, de enfermagem, de hemodiálise ou de fisioterapia, laboratórios de análises clínicas, bem como lares, albergues, residências, centros de abrigo e centros de dia com actividades destinadas à terceira idade;

f) Tipo VI «espectáculos e reuniões públicas», corresponde a edifícios, partes de edifícios, recintos itinerantes ou provisórios e ao ar livre que recebam público, destinados a espectáculos, reuniões públicas, exibição de meios audiovisuais, bailes, jogos, conferências, palestras, culto religioso e exposições, podendo ser, ou não, polivalentes e desenvolver as actividades referidas em regime não permanente, nomeadamente teatros, cineteatros, cinemas, coliseus, praças de touros, circos, salas de jogo, salões de dança, discotecas, bares com música ao vivo, estúdios de gravação, auditórios, salas de conferências, templos religiosos, pavilhões multiusos e locais de exposições não classificáveis na utilização-tipo X;

g) Tipo VII «hoteleiros e restauração», corresponde a edifícios ou partes de edifícios, recebendo público, fornecendo alojamento temporário ou exercendo actividades de restauração e bebidas, em regime de ocupação exclusiva ou não, nomeadamente os destinados a empreendimentos turísticos, alojamento local, estabelecimentos de restauração ou de bebidas, dormitórios e, quando não inseridos num estabelecimento escolar, residências de estudantes e colónias de férias, ficando excluídos deste tipo os parques de campismo e caravanismo, que são considerados espaços da utilização-tipo IX;

h) Tipo VIII «comerciais e gares de transportes», corresponde a edifícios ou partes de edifícios, recebendo público, ocupados por estabelecimentos comerciais onde se exponham e vendam materiais, produtos, equipamentos ou outros bens, destinados a ser consumidos no exterior desse estabelecimento, ou ocupados por gares destinados a aceder a meios de transporte rodoviário, ferroviário, marítimo, fluvial ou aéreo, incluindo as gares intermodais, constituindo espaço de interligação entre a via pública e esses meios de transporte, com excepção das plataformas de embarque ao ar livre;

i) Tipo IX «desportivos e de lazer», corresponde a edifícios, partes de edifícios e recintos, recebendo ou não público, destinados a actividades desportivas e de lazer, nomeadamente estádios, picadeiros, hipódromos, velódromos, autódromos, motódromos, kartódromos, campos de jogos, parques de campismo e caravanismo, pavilhões desportivos, piscinas, parques aquáticos, pistas de patinagem, ginásios e saunas;

j) Tipo X «museus e galerias de arte», corresponde a edifícios ou partes de edifícios, recebendo ou não público, destinados à exibição de peças do património histórico e cultural ou a actividades de exibição, demonstração e divulgação de carácter científico, cultural ou técnico, nomeadamente museus, galerias de arte, oceanários, aquários, instalações de parques zoológicos ou botânicos, espaços de exposição destinados à divulgação científica e técnica, desde que não se enquadrem nas utilizações-tipo VI e IX;

l) Tipo XI «bibliotecas e arquivos», corresponde a edifícios ou partes de edifícios, recebendo ou não público, destinados a arquivo documental, podendo disponibilizar os documentos para consulta ou visualização no próprio local ou não, nomeadamente bibliotecas, mediatecas e arquivos;

Decreto-Lei n.º 220/2008 de 12 de Novembro

m) Tipo XII «industriais, oficinas e armazéns», corresponde a edifícios, partes de edifícios ou recintos ao ar livre, não recebendo habitualmente público, destinados ao exercício de actividades industriais ou ao armazenamento de materiais, substâncias, produtos ou equipamentos, oficinas de reparação e todos os serviços auxiliares ou complementares destas actividades.

2 – Atendendo ao seu uso os edifícios e recintos podem ser de utilização exclusiva, quando integrem uma única utilização-tipo, ou de utilização mista, quando integrem diversas utilizações-tipo, e devem respeitar as condições técnicas gerais e específicas definidas para cada utilização-tipo.

3 – Aos espaços integrados numa dada utilização-tipo, nas condições a seguir indicadas, aplicam-se as disposições gerais e as específicas da utilização-tipo onde se inserem, não sendo aplicáveis quaisquer outras:

a) Espaços onde se desenvolvam actividades administrativas, de arquivo documental e de armazenamento necessários ao funcionamento das entidades que exploram as utilizações-tipo IV a XII, desde que sejam geridos sob a sua responsabilidade, não estejam normalmente acessíveis ao público e cada um desses espaços não possua uma área bruta superior a:

i) 10 % da área bruta afecta às utilizações-tipo IV a VII, IX e XI;

ii) 20 % da área bruta afecta às utilizações-tipo VIII, X e XII;

b) Espaços de reunião, culto religioso, conferências e palestras, ou onde se possam ministrar acções de formação, desenvolver actividades desportivas ou de lazer e, ainda, os estabelecimentos de restauração e bebidas, desde que esses espaços sejam geridos sob a responsabilidade das entidades exploradoras de utilizações-tipo III a XII e o seu efectivo não seja superior a 200 pessoas, em edifícios, ou a 1000 pessoas, ao ar livre;

c) Espaços comerciais, oficinas, de bibliotecas e de exposição, bem como os postos médicos, de socorros e de enfermagem, desde que sejam geridos sob a responsabilidade das entidades exploradoras de utilizações-tipo III a XII e possuam uma área útil não superior a 200 m2.

ARTIGO 9.º
Produtos de construção

1 – Os produtos de construção são os produtos destinados a ser incorporados ou aplicados, de forma permanente, nos empreendimentos de construção.

210   *Novo Regime da Instalação e Funcionamento dos Estab. de Rest. ou de Bebidas*

2 – Os produtos de construção incluem os materiais de construção, os elementos de construção e os componentes isolados ou em módulos de sistemas pré-fabricados ou instalações.

3 – A qualificação da reacção ao fogo dos materiais de construção e da resistência ao fogo padrão dos elementos de construção é feita de acordo com as normas comunitárias.

4 – As classes de desempenho de reacção ao fogo dos materiais de construção e a classificação de desempenho de resistência ao fogo padrão constam respectivamente dos anexos I, II e VI ao presente decreto-lei, que dele fazem parte integrante.

ARTIGO 10.º
Classificação dos locais de risco

1 – Todos os locais dos edifícios e dos recintos, com excepção dos espaços interiores de cada fogo, e das vias horizontais e verticais de evacuação, são classificados, de acordo com a natureza do risco, do seguinte modo:

a) Local de risco A – local que não apresenta riscos especiais, no qual se verifiquem simultaneamente as seguintes condições:

i) O efectivo não exceda 100 pessoas;

ii) O efectivo de público não exceda 50 pessoas;

iii) Mais de 90 % dos ocupantes não se encontrem limitados na mobilidade ou nas capacidades de percepção e reacção a um alarme;

iv) As actividades nele exercidas ou os produtos, materiais e equipamentos que contém não envolvam riscos agravados de incêndio;

b) Local de risco B – local acessível ao público ou ao pessoal afecto ao estabelecimento, com um efectivo superior a 100 pessoas ou um efectivo de público superior a 50 pessoas, no qual se verifiquem simultaneamente as seguintes condições:

i) Mais de 90 % dos ocupantes não se encontrem limitados na mobilidade ou nas capacidades de percepção e reacção a um alarme;

ii) As actividades nele exercidas ou os produtos, materiais e equipamentos que contém não envolvam riscos agravados de incêndio;

c) Local de risco C – local que apresenta riscos agravados de eclosão e de desenvolvimento de incêndio devido, quer às actividades nele desenvolvidas, quer às características dos produtos, materiais ou equipamentos nele existentes, designadamente à carga de incêndio;

d) Local de risco D – local de um estabelecimento com permanência de pessoas acamadas ou destinado a receber crianças com idade não superior a seis anos ou pessoas limitadas na mobilidade ou nas capacidades de percepção e reacção a um alarme;

e) Local de risco E – local de um estabelecimento destinado a dormida, em que as pessoas não apresentem as limitações indicadas nos locais de risco D;

f) Local de risco F – local que possua meios e sistemas essenciais à continuidade de actividades sociais relevantes, nomeadamente os centros nevrálgicos de comunicação, comando e controlo.

2 – Quando o efectivo de um conjunto de locais de risco A, inseridos no mesmo compartimento corta-fogo ultrapassar os valores limite constantes da alínea b) do número anterior, esse conjunto é considerado um local de risco B.

3 – Os locais de risco C, referidos na alínea c) do n.º 1, compreendem, designadamente:

a) Oficinas de manutenção e reparação onde se verifique qualquer das seguintes condições:

i) Sejam destinadas a carpintaria;

ii) Sejam utilizadas chamas nuas, aparelhos envolvendo projecção de faíscas ou elementos incandescentes em contacto com o ar associados à presença de materiais facilmente inflamáveis;

b) Farmácias, laboratórios, oficinas e outros locais onde sejam produzidos, depositados, armazenados ou manipulados líquidos inflamáveis em quantidade superior a 10 l;

c) Cozinhas em que sejam instalados aparelhos, ou grupos de aparelhos, para confecção de alimentos ou sua conservação, com potência total útil superior a 20 kW, com excepção das incluídas no interior das habitações;

d) Locais de confecção de alimentos que recorram a combustíveis sólidos;

e) Lavandarias e rouparias com área superior a 50 m2 em que sejam instalados aparelhos, ou grupos de aparelhos, para lavagem, secagem ou engomagem, com potência total útil superior a 20 kW;

f) Instalações de frio para conservação cujos aparelhos possuam potência total útil superior a 70 kW;

g) Arquivos, depósitos, armazéns e arrecadações de produtos ou material diverso com volume superior a 100 m3;

212 *Novo Regime da Instalação e Funcionamento dos Estab. de Rest. ou de Bebidas*

h) Reprografias com área superior a 50 m2;

i) Locais de recolha de contentores ou de compactadores de lixo com capacidade total superior a 10 m3;

j) Locais afectos a serviços técnicos em que sejam instalados equipamentos eléctricos, electromecânicos ou térmicos com potência total superior a 70 kW, ou armazenados combustíveis;

l) Locais de pintura e aplicação de vernizes;

m) Centrais de incineração;

n) Locais cobertos de estacionamento de veículos com área compreendida entre 50 m2 e 200 m2, com excepção dos estacionamentos individuais, em edifícios destinados à utilização-tipo referida na alínea a) do n.º 1 do artigo 8.º;

o) Outros locais que possuam uma densidade de carga de incêndio modificada superior a 1000 MJ/m2 de área útil, associada à presença de materiais facilmente inflamáveis e, ainda, os que comportem riscos de explosão.

4 – Os locais de risco D, referidos na alínea d) do n.º 1, compreendem, designadamente:

a) Quartos nos locais afectos à utilização-tipo V ou grupos desses quartos e respectivas circulações horizontais exclusivas;

b) Enfermarias ou grupos de enfermarias e respectivas circulações horizontais exclusivas;

c) Salas de estar, de refeições e de outras actividades ou grupos dessas salas e respectivas circulações horizontais exclusivas, destinadas a pessoas idosas ou doentes em locais afectos à utilização-tipo V;

d) Salas de dormida, de refeições e de outras actividades destinadas a crianças com idade inferior a 6 anos ou grupos dessas salas e respectivas circulações horizontais exclusivas, em locais afectos à utilização-tipo IV;

e) Locais destinados ao ensino especial de deficientes.

5 – Os locais de risco E, referidos na alínea e) do n.º 1, compreendem, designadamente:

a) Quartos nos locais afectos à utilização-tipo IV não considerados na alínea d) do número anterior ou grupos desses quartos e respectivas circulações horizontais exclusivas;

b) Quartos e suítes em espaços afectos à utilização-tipo VII ou grupos desses espaços e respectivas circulações horizontais exclusivas;

c) Espaços turísticos destinados a alojamento, incluindo os afectos a turismo do espaço rural, de natureza e de habitação;

Decreto-Lei n.º 220/2008 de 12 de Novembro 213

d) Camaratas ou grupos de camaratas e respectivas circulações horizontais exclusivas.

6 – Os locais de risco F, referidos na alínea f) do n.º 1, compreendem, nomeadamente:

a) Centros de controlo de tráfego rodoviário, ferroviário, marítimo ou aéreo;

b) Centros de gestão, coordenação ou despacho de serviços de emergência, tais como centrais 112, centros de operações de socorro e centros de orientação de doentes urgentes;

c) Centros de comando e controlo de serviços públicos ou privados de distribuição de água, gás e energia eléctrica;

d) Centrais de comunicações das redes públicas;

e) Centros de processamento e armazenamento de dados informáticos de serviços públicos com interesse social relevante;

f) Postos de segurança, definidos no presente decreto-lei e portarias complementares.

ARTIGO 11.º
Restrições do uso em locais de risco

1 – A afectação dos espaços interiores de um edifício a locais de risco B acessíveis a público deve respeitar as regras seguintes:

a) Situar-se em níveis próximos das saídas para o exterior;

b) Caso se situe abaixo das saídas para o exterior, a diferença entre a cota de nível dessas saídas e a do pavimento do local não deve ser superior a 6 m.

2 – Constituem excepção ao estabelecido no número anterior os seguintes locais de risco B:

a) Espaços em anfiteatro, onde a diferença de cotas pode corresponder à média ponderada das cotas de nível das saídas do anfiteatro, tomando como pesos as unidades de passagem de cada uma delas;

b) Plataformas de embarque afectas à utilização-tipo VIII.

3 – A afectação dos espaços interiores de um edifício a locais de risco C, desde que os mesmos possuam volume superior a 600 m3, ou carga de incêndio modificada superior a 20 000 MJ, ou potência instalada dos seus equipamentos eléctricos e electromecânicos superior a 250 kW, ou alimentados a gás superior a 70 kW, ou serem locais de pintura ou aplicação de

214 *Novo Regime da Instalação e Funcionamento dos Estab. de Rest. ou de Bebidas*

vernizes em oficinas, ou constituírem locais de produção, depósito, armazenagem ou manipulação de líquidos inflamáveis em quantidade superior a 100 l, deve respeitar as regras seguintes:

a) Situar-se ao nível do plano de referência e na periferia do edifício;

b) Não comunicar directamente com locais de risco B, D, E ou F, nem com vias verticais que sirvam outros espaços do edifício, com excepção da comunicação entre espaços cénicos isoláveis e locais de risco B;

4 – A afectação dos espaços interiores de um edifício a locais de risco D e E deve assegurar que os mesmos se situem ao nível ou acima do piso de saída para local seguro no exterior.

ARTIGO 12.º
Categorias e factores do risco

1 – As utilizações-tipo dos edifícios e recintos em matéria de risco de incêndio podem ser da 1.ª, 2.ª, 3.ª e 4.ª categorias, nos termos dos quadros I a X do anexo III e são consideradas respectivamente de risco reduzido, risco moderado, risco elevado e risco muito elevado.

2 – São factores de risco:

a) Utilização-tipo I – altura da utilização-tipo e número de pisos abaixo do plano de referência, a que se refere o quadro I;

b) Utilização-tipo II – espaço coberto ou ao ar livre, altura da utilização-tipo, número de pisos abaixo do plano de referência e a área bruta, a que se refere o quadro II;

c) Utilizações-tipo III e X – altura da utilização-tipo e efectivo, a que se referem os quadros III e VIII, respectivamente;

d) Utilizações-tipo IV, V e VII – altura da utilização-tipo, efectivo, efectivo em locais de tipo D ou E e, apenas para a 1.ª categoria, saída independente directa ao exterior de locais do tipo D ou E, ao nível do plano de referência, a que se referem os quadros IV e VI, respectivamente;

e) Utilizações-tipo VI e IX – espaço coberto ou ao ar livre, altura da utilização-tipo, número de pisos abaixo do plano de referência e efectivo, a que se refere o quadro V;

f) Utilização-tipo VIII – altura da utilização-tipo, número de pisos abaixo do plano de referência e efectivo, a que se refere o quadro VII;

g) Utilização-tipo XI – altura da utilização-tipo, número de pisos abaixo do plano de referência, efectivo e carga de incêndio, calculada com base no valor de densidade de carga de incêndio modificada, a que se refere o quadro IX;

h) Utilização-tipo XII – espaço coberto ou ao ar livre, número de pisos abaixo do plano de referência e densidade de carga de incêndio modificada, a que se refere o quadro X.

3 – O efectivo dos edifícios e recintos corresponde ao somatório dos efectivos de todos os seus espaços susceptíveis de ocupação, determinados de acordo com os critérios definidos no regulamento técnico mencionado no artigo 15.º

4 – A densidade de carga de incêndio modificada a que se referem as alíneas g) e h) do n.º 2 é determinada com base nos critérios técnicos definidos em despacho do presidente da ANPC.

ARTIGO 13.º
Classificação do risco

1 – A categoria de risco de cada uma das utilizações-tipo é a mais baixa que satisfaça integralmente os critérios indicados nos quadros constantes do anexo III ao presente decreto-lei.

2 – É atribuída a categoria de risco superior a uma dada utilização-tipo, sempre que for excedido um dos valores da classificação na categoria de risco.

3 – Nas utilizações de tipo IV, onde não existam locais de risco D ou E, os limites máximos do efectivo das 2.ª e 3.ª categorias de risco podem aumentar em 50 %.

4 – No caso de estabelecimentos com uma única utilização-tipo distribuída por vários edifícios independentes, a categoria de risco é atribuída a cada edifício e não ao seu conjunto.

5 – Os edifícios e os recintos de utilização mista são classificados na categoria de risco mais elevada das respectivas utilizações-tipo, independentemente da área ocupada por cada uma dessas utilizações.

ARTIGO 14.º
Perigosidade atípica

Quando comprovadamente, as disposições do regulamento técnico a que se refere o artigo 15.º sejam desadequadas face às grandes dimensões

216 *Novo Regime da Instalação e Funcionamento dos Estab. de Rest. ou de Bebidas*

em altimetria e planimetria ou às suas características de funcionamento e exploração, tais edifícios e recintos ou as suas fracções são classificados de perigosidade atípica, e ficam sujeitos a soluções de SCIE que, cumulativamente:

a) Sejam devidamente fundamentadas pelo autor do projecto, com base em análises de risco, associadas a práticas já experimentadas, métodos de ensaio ou modelos de cálculo;

b) Sejam baseadas em tecnologias inovadoras no âmbito das disposições construtivas ou dos sistemas e equipamentos de segurança;

c) Sejam explicitamente referidas como não conformes no termo de responsabilidade do autor do projecto;

d) Sejam aprovadas pela ANPC.

CAPÍTULO III
Condições de SCIE

ARTIGO 15.º
Condições técnicas de SCIE

Por portaria do membro do Governo responsável pela área da protecção civil, é aprovado um regulamento técnico que estabelece as seguintes condições técnicas gerais e específicas da SCIE[1]:

a) As condições exteriores comuns;

b) As condições de comportamento ao fogo, isolamento e protecção;

c) As condições de evacuação;

d) As condições das instalações técnicas;

e) As condições dos equipamentos e sistemas de segurança;

f) As condições de autoprotecção.

---

[1] O Regulamento Técnico de Segurança contra Incêndio em Edifícios (SCIE) foi aprovado pela Portaria n.º 1532/2008, de 29 de Dezembro de 2008.

Artigo 16.º
Projectos e planos de SCIE

1 – A responsabilidade pela elaboração dos projectos de SCIE referentes a edifícios e recintos classificados na 3.ª e 4.ª categorias de risco, decorrentes da aplicação do presente decreto-lei e portarias complementares, tem de ser assumida exclusivamente por um arquitecto, reconhecido pela Ordem dos Arquitectos (OA) ou por um engenheiro, reconhecido pela Ordem dos Engenheiros (OE), ou por um engenheiro técnico, reconhecido pela Associação Nacional dos Engenheiros Técnicos (ANET), com certificação de especialização declarada para o efeito nos seguintes termos:

a) O reconhecimento directo dos associados das OA, OE e ANET, propostos pelas respectivas associações profissionais, desde que comprovadamente possuam um mínimo de cinco anos de experiência profissional em SCIE;

b) O reconhecimento dos associados das OA, OE e ANET, propostos pelas respectivas associações profissionais, que tenham concluído com aproveitamento as necessárias acções de formação na área específica de SCIE, cujo conteúdo programático, formadores e carga horária tenham sido objecto de protocolo entre a ANPC e cada uma daquelas associações profissionais.

2 – A responsabilidade pela elaboração dos planos de segurança internos referentes a edifícios e recintos classificados na 3.ª e 4.ª categorias de risco, constituídos pelos planos de prevenção, pelos planos de emergência internos e pelos registos de segurança, tem de ser assumida exclusivamente por técnicos associados das OA, OE e ANET, propostos pelas respectivas associações profissionais.

3 – A ANPC deve proceder ao registo actualizado dos autores de projecto e planos de SCIE referidos nos números anteriores e publicitar a listagem dos mesmos no sítio da ANPC.

Artigo 17.º
Operações urbanísticas

1 – Os procedimentos administrativos respeitantes a operações urbanísticas são instruídos com um projecto de especialidade de SCIE, com o conteúdo descrito no anexo IV ao presente decreto-lei, que dele faz parte integrante.

218 *Novo Regime da Instalação e Funcionamento dos Estab. de Rest. ou de Bebidas*

2 – As operações urbanísticas das utilizações-tipo I, II, III, VI, VII, VIII, IX, X, XI e XII da 1.ª categoria de risco, são dispensadas da apresentação de projecto de especialidade de SCIE, o qual é substituído por uma ficha de segurança por cada utilização-tipo, conforme modelos aprovados pela ANPC, com o conteúdo descrito no anexo V ao presente decreto-lei, que dele faz parte integrante.

3 – Nas operações urbanísticas promovidas pela Administração Pública, nomeadamente as referidas no artigo 7.º do Decreto-Lei n.º 555/99, de 16 de Dezembro, devem ser cumpridas as condições de SCIE.

4 – As operações urbanísticas cujo projecto careça de aprovação pela administração central e que nos termos da legislação especial aplicável tenham exigências mais gravosas de SCIE, seguem o regime nelas previsto.

ARTIGO 18.º
Utilização dos edifícios

1 – O pedido de autorização de utilização de edifícios ou suas fracções autónomas e recintos, referido no artigo 63.º do Decreto-Lei n.º 555/99, de 16 de Dezembro, deve ser instruído com termo de responsabilidade subscrito pelos autores de projecto de obra e do director de fiscalização de obra, no qual devem declarar que se encontram cumpridas as condições de SCIE.

2 – Quando haja lugar a vistorias, nos termos dos artigos 64.º e 65.º do Decreto-Lei n.º 555/99, de 16 de Dezembro, ou em virtude de legislação especial em matéria de autorização de funcionamento, nas mesmas deve ser apreciado o cumprimento das condições de SCIE e dos respectivos projectos ou fichas de segurança, sem prejuízo de outras situações previstas na legislação específica que preveja ou determine a realização de vistoria.

3 – As vistorias referidas no número anterior, referentes às 3.ª e 4.ª categorias de risco, integram um representante da ANPC ou de uma entidade por ela credenciada.

ARTIGO 19.º
Inspecções

1 – Os edifícios ou recintos e suas fracções estão sujeitos a inspecções regulares, a realizar pela ANPC ou por entidade por ela credenciada, para

Decreto-Lei n.º 220/2008 de 12 de Novembro 219

verificação da manutenção das condições de SCIE aprovadas e da execução das medidas de autoprotecção, a pedido das entidades responsáveis referidas nos n.ºs 3 e 4 do artigo 6.º

2 – Exceptuam-se do disposto no número anterior os edifícios ou recintos e suas fracções das utilizações-tipo I, II, III, VI, VII, VIII, IX, X, XI e XII da 1.ª categoria de risco.

3 – As inspecções regulares referidas no n.º 1 devem ser realizadas de três em três anos no caso da 1.ª categoria de risco, de dois em dois anos no caso da 2.ª categoria de risco e anualmente para as 3.ª e 4.ª categorias de risco.

4 – As entidades responsáveis, referidas nos n.ºs 3 e 4 do artigo 6.º, podem solicitar à ANPC a realização de inspecções extraordinárias.

5 – Compete às entidades, referidas nos n.ºs 3 e 4 do artigo 6.º, assegurar a regularização das condições que não estejam em conformidade com o presente decreto-lei e sua legislação complementar, dentro dos prazos fixados nos relatórios das inspecções referidas nos números anteriores.

ARTIGO 20.º
Delegado de segurança

1 – A entidade responsável nos termos dos n.ºs 3 e 4 do artigo 6.º designa um delegado de segurança para executar as medidas de autoprotecção.

2 – O delegado de segurança age em representação da entidade responsável, ficando esta integralmente obrigada ao cumprimento das condições de SCIE, previstas no presente decreto-lei e demais legislação aplicável.

ARTIGO 21.º
Medidas de autoprotecção

1 – A autoprotecção e a gestão de segurança contra incêndios em edifícios e recintos, durante a exploração ou utilização dos mesmos, para efeitos de aplicação do presente decreto-lei e legislação complementar, baseiam-se nas seguintes medidas:

a) Medidas preventivas, que tomam a forma de procedimentos de prevenção ou planos de prevenção, conforme a categoria de risco;

b) Medidas de intervenção em caso de incêndio, que tomam a forma de procedimentos de emergência ou de planos de emergência interno, conforme a categoria de risco;

220 *Novo Regime da Instalação e Funcionamento dos Estab. de Rest. ou de Bebidas*

c) Registo de segurança onde devem constar os relatórios de vistoria ou inspecção, e relação de todas as acções de manutenção e ocorrências directa ou indirectamente relacionadas com a SCIE;

d) Formação em SCIE, sob a forma de acções destinadas a todos os funcionários e colaboradores das entidades exploradoras, ou de formação específica, destinada aos delegados de segurança e outros elementos que lidam com situações de maior risco de incêndio;

e) Simulacros, para teste do plano de emergência interno e treino dos ocupantes com vista a criação de rotinas de comportamento e aperfeiçoamento de procedimentos.

2 – O plano de segurança interno é constituído pelo plano de prevenção, pelo plano de emergência interno e pelos registos de segurança.

3 – Os simulacros de incêndio são realizados com a periodicidade máxima, definida no regulamento técnico mencionado no artigo 15.º pelos registos de segurança.

4 – As medidas de autoprotecção respeitantes a cada utilização-tipo, de acordo com a respectiva categoria de risco são as definidas no regulamento técnico a que se refere o artigo 15.º

ARTIGO 22.º
Implementação das medidas de autoprotecção

1 – As medidas de autoprotecção aplicam-se a todos os edifícios e recintos, incluindo os existentes à data da entrada em vigor do presente decreto-lei.

2 – As alíneas d) e e) do n.º 1 do artigo anterior não são aplicáveis às utilizações-tipo I referidas na alínea a) do n.º 1 do artigo 8.º, salvo em caso de risco significativo devidamente fundamentado, de acordo com os critérios definidos no regulamento técnico a que se refere o artigo 15.º

3 – Na fase de concepção das medidas de autoprotecção, podem ser solicitadas à ANPC consultas prévias sobre a adequação das propostas de solução para satisfação das exigências de segurança contra incêndio.

ARTIGO 23.º
Comércio e instalação de equipamentos em SCIE

1 – A actividade de comercialização de produtos e equipamentos de SCIE, a sua instalação e manutenção é feita por entidades registadas na

Decreto-Lei n.º 220/2008 de 12 de Novembro 221

ANPC, sem prejuízo de outras licenças, autorizações ou habilitações previstas na lei para o exercício de determinada actividade.

2 – O procedimento de registo é definido por portaria conjunta dos membros do Governo responsáveis pelas áreas da protecção civil, das obras públicas e da economia.

ARTIGO 24.º
Fiscalização

1 – São competentes para fiscalizar o cumprimento das condições de SCIE:

a) A Autoridade Nacional de Protecção Civil;

b) Os municípios, na sua área territorial, quanto à 1.ª categoria de risco;

c) A Autoridade de Segurança Alimentar e Económica, no que respeita à colocação no mercado dos equipamentos referidos no regulamento técnico referido no artigo 15.º

2 – No exercício das acções de fiscalização pode ser solicitada a colaboração das autoridades administrativas e policiais para impor o cumprimento de normas e determinações que por razões de segurança devam ter execução imediata no âmbito de actos de gestão pública.

CAPÍTULO IV
Processo contra-ordenacional

ARTIGO 25.º
Contra-ordenações e coimas

1 – Sem prejuízo da responsabilidade civil, criminal ou disciplinar, constitui contra-ordenação:

a) A subscrição dos termos de responsabilidade previstos no n.º 2 do artigo 6.º, verificando-se a execução das operações urbanísticas em desconformidade com os projectos aprovados;

b) A subscrição de estudos e projectos de SCIE, planos de segurança interna, emissão de pareceres, relatórios de vistoria ou relatórios de inspecção, relativos a condições de segurança contra risco de incêndio em edifícios, por quem não detenha os requisitos legais;

c) A obstrução, redução ou anulação das portas corta-fogo, das câmaras corta-fogo, das vias verticais ou horizontais de evacuação, ou das saídas de evacuação, em infracção ao disposto nas normas técnicas, publicadas no regulamento técnico referido no artigo 15.º;

d) A alteração dos meios de compartimentação ao fogo, isolamento e protecção, através da abertura de vãos de passagem ou de novas comunicações entre espaços, que agrave o risco de incêndio, em infracção ao disposto nas normas técnicas, publicadas no regulamento técnico referido no artigo 15.º;

e) A alteração dos elementos com capacidade de suporte de carga, estanquidade e isolamento térmico, para classes de resistência ao fogo com desempenho inferior ao exigido, que agrave o risco de incêndio, em infracção ao disposto nas normas técnicas, publicadas no regulamento técnico referido no artigo 15.º;

f) A alteração dos materiais de revestimento e acabamento das paredes e tectos interiores, para classes de reacção ao fogo com desempenho inferior ao exigido no que se refere à produção de fumo, gotículas ou partículas incandescentes, em infracção ao disposto nas normas técnicas, publicadas no regulamento técnico referido no artigo 15.º;

g) O aumento do efectivo em utilização-tipo, com agravamento da respectiva categoria de risco, em infracção ao disposto nas normas técnicas, publicadas no regulamento técnico referido no artigo 15.º;

h) A alteração do uso total ou parcial dos edifícios ou recintos, com agravamento da categoria de risco, sem prévia autorização da entidade competente;

i) A ocupação ou o uso das zonas de refúgio, em infracção ao disposto nas normas técnicas, publicadas no regulamento técnico referido no artigo 15.º;

j) O armazenamento de líquidos e de gases combustíveis, em violação dos requisitos determinados para a sua localização ou quantidades permitidas, em infracção ao disposto nas normas técnicas, publicadas no regulamento técnico referido no artigo 15.º;

l) A comercialização de produtos e equipamentos e produtos de SCIE, a sua instalação e manutenção, sem registo na ANPC, em infracção ao disposto no artigo 23.º;

m) A inexistência ou a utilização de sinais de segurança, não obedecendo às dimensões, formatos, materiais especificados, a sua incorrecta instalação ou localização em infracção ao disposto nas normas técnicas, publicadas no regulamento técnico referido no artigo 15.º;

Decreto-Lei n.º 220/2008 de 12 de Novembro 223

n) A inexistência ou a deficiente instalação, funcionamento, ou manutenção, dos equipamentos de iluminação de emergência, em infracção ao disposto nas normas técnicas, publicadas no regulamento técnico referido no artigo 15.º;

o) A inexistência ou a deficiente instalação, funcionamento, manutenção dos equipamentos ou sistemas de detecção, alarme e alerta, em infracção ao disposto nas normas técnicas, publicadas no regulamento técnico referido no artigo 15.º;

p) A inexistência ou a deficiente instalação, funcionamento ou manutenção dos equipamentos ou sistemas de controlo de fumos, a obstrução das tomadas de ar ou das bocas de ventilação, em infracção ao disposto nas normas técnicas, publicadas no regulamento técnico referido no artigo 15.º;

q) A inexistência ou a deficiente instalação, funcionamento ou manutenção dos extintores de incêndio, em infracção ao disposto nas normas técnicas, publicadas no regulamento técnico referido no artigo 15.º;

r) A inexistência ou a deficiente instalação, funcionamento ou manutenção dos equipamentos da rede de incêndios armada, do tipo carretel ou do tipo teatro, em infracção ao disposto nas normas técnicas, publicadas no regulamento técnico referido no artigo 15.º;

s) A inexistência ou a deficiente instalação, funcionamento ou manutenção dos equipamentos da rede de incêndios seca ou húmida, em infracção ao disposto nas normas técnicas, publicadas no regulamento técnico referido no artigo 15.º;

t) A inexistência ou a deficiente instalação, funcionamento ou manutenção do depósito da rede de incêndio ou respectiva central de bombagem, em infracção ao disposto nas normas técnicas, publicadas no regulamento técnico referido no artigo 15.º;

u) A deficiente instalação, funcionamento ou manutenção dos hidrantes, em infracção ao disposto nas normas técnicas, publicadas no regulamento técnico referido no artigo 15.º;

v) A inexistência ou a deficiente instalação, funcionamento ou manutenção dos equipamentos ou sistemas de controlo de monóxido de carbono, em infracção ao disposto nas normas técnicas, publicadas no regulamento técnico referido no artigo 15.º;

x) A existência de extintores ou outros equipamentos de SCIE, com os prazos de validade ou de manutenção ultrapassados, em infracção ao disposto nas normas técnicas, publicadas no regulamento técnico referido no artigo 15.º;

224 *Novo Regime da Instalação e Funcionamento dos Estab. de Rest. ou de Bebidas*

z) A inexistência ou a deficiente instalação, funcionamento ou manutenção dos equipamentos ou sistemas de detecção automática de gases combustível, em infracção ao disposto nas normas técnicas, publicadas no regulamento técnico referido no artigo 15.º;

aa) A inexistência ou a deficiente instalação, funcionamento ou manutenção dos equipamentos ou sistemas fixos de extinção automática de incêndios, em infracção ao disposto nas normas técnicas, publicadas no regulamento técnico referido no artigo 15.º;

bb) O uso do posto de segurança para um fim diverso do permitido, em infracção ao disposto nas normas técnicas, publicadas no regulamento técnico referido no artigo 15.º;

cc) A inexistência de planos de prevenção ou de emergência internos actualizados, ou a sua desconformidade em infracção ao disposto nas normas técnicas, publicadas no regulamento técnico referido no artigo 15.º;

dd) A inexistência de registos de segurança, a sua não actualização, ou a sua desconformidade com o disposto nas normas técnicas, publicadas no regulamento técnico referido no artigo 15.º;

ee) Equipa de segurança inexistente, incompleta, ou sem formação em segurança contra incêndios em edifícios, em infracção ao disposto nas normas técnicas, publicadas no regulamento técnico referido no artigo 15.º;

ff) Plantas de emergência ou instruções de segurança inexistentes, incompletas, ou não afixadas nos locais previstos nos termos do presente regime, em infracção ao disposto nas normas técnicas, publicadas no regulamento técnico referido no artigo 15.º;

gg) Não realização de acções de formação de segurança contra incêndios em edifícios, em infracção ao disposto nas normas técnicas, publicadas no regulamento técnico referido no artigo 15.º;

hh) Não realização de simulacros nos prazos previstos no presente regime, em infracção ao disposto nas normas técnicas, publicadas no regulamento técnico referido no artigo 15.º;

ii) A falta do registo a que se refere o n.º 3 do artigo 16.º;

jj) O incumprimento negligente ou doloso de deveres específicos que as entidades credenciadas, previstas no n.º 2 do artigo 5.º e no artigo 30.º, estão obrigadas a assegurar no desempenho das suas funções.

2 – As contra-ordenações previstas nas alíneas c), g), i), o), p), r), t), u), aa) e cc) do número anterior são puníveis com a coima graduada de € 370 até ao máximo de € 3700, no caso de pessoa singular, ou até € 44 000, no caso de pessoa colectiva.

Decreto-Lei n.º 220/2008 de 12 de Novembro 225

3 – As contra-ordenações previstas nas alíneas a), b), d), e), f), h), j), q), s), v), z), bb), dd), ee), gg), hh) e jj) do n.º 1 são puníveis com a coima graduada de € 275 até ao máximo de € 2750, no caso de pessoa singular, ou até € 27 500, no caso de pessoa colectiva.

4 – As contra-ordenações previstas nas alíneas l), m), n), x), ff) e ii) do n.º 1 são puníveis com a coima graduada de € 180 até ao máximo de € 1800, no caso de pessoa singular, ou até € 11 000, no caso de pessoa colectiva.

5 – A tentativa e a negligência são puníveis, sendo os limites referidos nos números anteriores reduzidos para metade.

6 – O pagamento das coimas referidas nos números anteriores não dispensa a observância das disposições constantes do presente decreto-lei e legislação complementar, cuja violação determinou a sua aplicação.

7 – A decisão condenatória é comunicada às associações públicas profissionais e a outras entidades com inscrição obrigatória, a que os arguidos pertençam.

8 – Fica ressalvada a punição prevista em qualquer outra legislação, que sancione com coima mais grave ou preveja a aplicação de sanção acessória mais grave, qualquer dos ilícitos previstos no presente decreto-lei.

Artigo 26.º
Sanções acessórias

1 – Em função da gravidade da infracção e da culpa do agente, simultaneamente com a coima, podem ser aplicadas as seguintes sanções acessórias:

a) Interdição do uso do edifício, recinto, ou de suas partes, por obras ou alteração de uso não aprovado, ou por não funcionamento dos sistemas e equipamentos de segurança contra incêndios;

b) Interdição do exercício da actividade profissional, no âmbito da certificação a que se refere o artigo 16.º;

c) Interdição do exercício das actividades, no âmbito da credenciação a que se referem o n.º 2 do artigo 5.º e o artigo 30.º

2 – As sanções referidas no número anterior têm a duração máxima de dois anos, contados a partir da decisão condenatória definitiva.

ARTIGO 27.º
Instrução e decisão dos processos sancionatórios

A instrução e decisão de processos por contra-ordenação prevista no presente decreto-lei compete à ANPC.

ARTIGO 28.º
Destino do produto das coimas

O produto das coimas é repartido da seguinte forma:
a) 10 % para a entidade fiscalizadora;
b) 30 % para a ANPC;
c) 60 % para o Estado.

CAPÍTULO V
Disposições finais e transitórias

ARTIGO 29.º
Taxas

1 – Os serviços prestados pela ANPC, no âmbito do presente decreto-lei, estão sujeitos a taxas cujo valor é fixado por portaria conjunta dos membros do Governo responsáveis pelas áreas das finanças e da protecção civil.

2 – Para efeitos do número anterior consideram-se serviços prestados pela ANPC, nomeadamente:

a) A credenciação de pessoas singulares ou colectivas para a realização de vistorias e inspecções das condições de SCIE;

b) A emissão de pareceres sobre as condições de SCIE;

c) A realização de vistorias sobre as condições de SCIE;

d) A realização de inspecções regulares sobre as condições de SCIE;

e) A realização de inspecções extraordinárias sobre as condições de SCIE, quando sejam solicitadas pelas entidades responsáveis a que se referem os n.ºs 3 e 4 do artigo 6.º;

f) As consultas prévias referidas no n.º 3 do artigo 22.º;

g) O registo a que se refere o n.º 3 do artigo 16.º;

Decreto-Lei n.º 220/2008 de 12 de Novembro 227

h) O processo de registo de entidades que exerçam a actividade de comercialização de produtos e equipamentos de SCIE, a sua instalação e manutenção;

i) O registo a que se refere o n.º 2 do artigo 30.º

3 – As taxas correspondem ao custo efectivo dos serviços prestados.

ARTIGO 30.º
Credenciação

1 – O regime de credenciação de entidades para a emissão de pareceres, realização de vistorias e de inspecções das condições de SCIE pela ANPC, nos termos previstos no presente decreto-lei e nas suas portarias complementares é definido por portaria do membro do Governo responsável pela área da protecção civil.

2 – As entidades credenciadas no âmbito do presente decreto-lei e legislação complementar devem fazer o registo da realização de vistorias e de inspecções das condições de SCIE no sistema informático da ANPC.

ARTIGO 31.º
Incompatibilidades

A subscrição de fichas de segurança, projectos ou planos em SCIE é incompatível com a prática de actos ao abrigo da credenciação da ANPC no exercício das suas competências de emissão de pareceres, realização de vistorias e inspecções das condições de SCIE.

ARTIGO 32.º
Sistema informático

1 – A tramitação dos procedimentos previstos no presente decreto-lei é realizada informaticamente, com recurso a sistema informático próprio, o qual, entre outras funcionalidades, permite:

a) A entrega de requerimentos e comunicações e documentos;

b) A consulta pelos interessados do estado dos procedimentos;

c) O envio de pareceres, relatórios de vistorias e de inspecções de SCIE, quando solicitados à ANPC;

d) A decisão.

228 *Novo Regime da Instalação e Funcionamento dos Estab. de Rest. ou de Bebidas*

2 – O sistema informático previsto neste artigo é objecto de portaria dos membros do Governo responsáveis pela protecção civil e pela administração local.

3 – As comunicações são realizadas por via electrónica, nas quais deve ser aposta assinatura electrónica, que pelo menos, satisfaça as exigências de segurança e fiabilidade mínimas definidas para a assinatura electrónica avançada.

4 – O fornecimento de informação por parte das diferentes entidades com competência no âmbito do presente decreto-lei e legislação complementar será concretizado de forma desmaterializada, por meio de disponibilização de acesso aos respectivos sistemas de informação.

ARTIGO 33.º
Publicidade

As normas técnicas e regulamentares do presente regime também são publicitadas no sítio da ANPC.

ARTIGO 34.º
Norma transitória

1 – Os projectos de edifícios e recintos, cujo licenciamento ou comunicação prévia tenha sido requerida até à data da entrada em vigor do presente decreto-lei são apreciados e decididos de acordo com a legislação vigente à data da sua apresentação.

2 – Para efeitos de apreciação das medidas de autoprotecção a implementar de acordo com o regulamento técnico referido no artigo 15.º, o processo é enviado à ANPC pelas entidades referidas no artigo 6.º, por via electrónica, nos seguintes prazos:

a) Até aos 30 dias anteriores à entrada em utilização, no caso de obras de construção nova, de alteração, ampliação ou mudança de uso;

b) No prazo máximo de um ano, após a data de entrada em vigor do presente decreto-lei, para o caso de edifícios e recintos existentes àquela data.

Artigo 35.º
Comissão de acompanhamento

Por despacho conjunto dos membros do Governo que tiverem a seu cargo a protecção civil e as obras públicas, é criada uma comissão de acompanhamento da aplicação deste regime, presidida pela ANPC e constituída por um perito a designar por cada uma das seguintes entidades:

a) Instituto da Construção e do Imobiliário, I. P. (InCI, I. P.);
b) Laboratório Nacional de Engenharia Civil (LNEC);
c) Associação Nacional de Municípios Portugueses (ANMP);
d) Ordem dos Arquitectos (OA);
e) Ordem dos Engenheiros (OE);
f) Associação Nacional dos Engenheiros Técnicos (ANET);
g) Associação Portuguesa de Segurança Electrónica e Protecção contra Incêndios (APSEI);
h) Um representante de cada um dos Governos Regionais das Regiões Autónomas dos Açores e da Madeira.

Artigo 36.º
Norma revogatória

São revogados:
a) O Capítulo III do título V do Regulamento Geral das Edificações Urbanas, aprovado pelo Decreto-Lei n.º 38 382, de 7 de Agosto de 1951;
b) A Resolução do Conselho de Ministros n.º 31/89, de 15 de Setembro;
c) O Decreto-Lei n.º 426/89, de 6 de Dezembro;
d) O Decreto-Lei n.º 64/90, de 21 Fevereiro;
e) O Decreto-Lei n.º 66/95, de 8 Abril;
f) O Regulamento das Condições Técnicas e de Segurança dos Recintos de Espectáculos e Divertimentos Públicos, anexo ao Decreto Regulamentar n.º 34/95, de 16 de Dezembro, com excepção dos artigos 1.º a 4.º, dos n.ºs 1 e 2 do artigo 6.º, do artigo 13.º, do artigo 15.º, dos n.ºs 1, 2 e 4 do artigo 24.º, dos artigos 53.º a 60.º, dos artigos 64.º a 66.º, dos n.ºs 1, 3 e 4 do artigo 84.º, do artigo 85.º, dos n.ºs 1 e 4 do artigo 86.º, do artigo 87.º, dos artigos 89.º e 90.º, das alíneas b) e d) do n.º 6 do artigo 91.º, do n.º 1 do artigo 92.º, dos artigos 93.º a 98.º, do artigo 100.º, do artigo 102.º, do

artigo 105.º, dos artigos 107.º a 109.º, dos artigos 111.º a 114.º, do artigo 118.º, dos artigos 154.º a 157.º, do artigo 173.º, do artigo 180.º, do artigo 257.º, do n.º 1 do artigo 259.º, do artigo 260.º, das alíneas e), p) e v) do artigo 261.º e do artigo 264.º;

g) O n.º 3 do artigo 10.º do Decreto-Lei n.º 167/97, de 4 de Julho;

h) A Portaria n.º 1063/97, de 21 Outubro;

i) O Decreto-Lei n.º 409/98, de 23 de Dezembro;

j) O Decreto-Lei n.º 410/98, de 23 de Dezembro;

l) O Decreto-Lei n.º 414/98, de 31 de Dezembro;

m) O Decreto-Lei n.º 368/99, de 18 Setembro;

n) As alíneas g) e h) do n.º 2 e o n.º 3 do artigo 3.º da Portaria n.º 1064/97, de 21 de Outubro;

o) A Portaria n.º 1299/2001, de 21 de Novembro;

p) A Portaria n.º 1275/2002, de 19 de Setembro;

q) A Portaria n.º 1276/2002, de 19 de Setembro;

r) A Portaria n.º 1444/2002, de 7 de Novembro;

s) O artigo 6.º da Portaria n.º 586/2004, de 2 de Junho.

ARTIGO 37.º
Regiões Autónomas

O presente decreto-lei aplica-se a todo o território nacional, sem prejuízo de diploma regional que proceda às necessárias adaptações nas Regiões Autónomas dos Açores e da Madeira.

ARTIGO 38.º
Entrada em vigor

1 – O presente decreto-lei entra em vigor no dia 1 de Janeiro de 2009.

2 – Para efeito de emissão de regulamentação, exceptua-se do disposto no número anterior o artigo 32.º, que entra em vigor 180 dias após a entrada em vigor do presente decreto-lei.

Visto e aprovado em Conselho de Ministros de 4 de Setembro de 2008. — *José Sócrates Carvalho Pinto de Sousa — Manuel Lobo Antunes — Fernando Teixeira dos Santos — Manuel Pedro Cunha da Silva Pereira — Rui Carlos Pereira — Alberto Bernardes Costa — Francisco Carlos da Graça Nunes Correia — Fernando Pereira Serrasqueiro — Mário Lino Soares Correia — José António Fonseca Vieira da Silva — Ana Maria Teodoro Jorge — Maria de Lurdes Reis Rodrigues — José António de Melo Pinto Ribeiro.*

Promulgado em 29 de Outubro de 2008.

Publique-se.

O Presidente da República, ANÍBAL CAVACO SILVA.

Referendado em 31 de Outubro de 2008.

O Primeiro-Ministro, *José Sócrates Carvalho Pinto de Sousa.*

232 *Novo Regime da Instalação e Funcionamento dos Estab. de Rest. ou de Bebidas*

ANEXO I
**Classes de reacção ao fogo para produtos de construção,
a que se refere o n.º 3 do artigo 9.º**

A classificação de desempenho de reacção ao fogo para produtos de construção é a constante dos quadros seguintes e atende aos seguintes factores, dependendo do produto em questão:

ΔT – aumento de temperatura [°C];
Δm – perda de massa [%];
tf – tempo de presença da chama «duração das chamas persistentes» [s];
PCS – poder calorífico superior [MJ kg-1, MJ kg-2 ou MJ m-2, consoante os casos];
FIGRA – taxa de propagação do fogo [W s-1];
THR600s – calor total libertado em 600 s [MJ];
LFS – propagação lateral das chamas «comparado com o bordo da amostra» [m];
SMOGRA – taxa de propagação do fumo [m2 s-2];
TSP600 s – produção total de fumo em 600 s [m2];
Fs – propagação das chamas [mm];
Libertação de gotículas ou partículas incandescentes;
Fluxo crítico – fluxo radiante correspondente à extensão máxima da chama «só para pavimentos».

QUADRO I
**Classes de reacção ao fogo para produtos de construção,
excluindo pavimentos**

(ver documento original)

QUADRO II
**Classes de reacção ao fogo para produtos de construção
de pavimentos, incluindo os seus revestimentos**

(ver documento original)

QUADRO III
Classes de reacção ao fogo de produtos lineares para isolamento térmico de condutas

(ver documento original)

ANEXO II
Classes de resistência ao fogo padrão para produtos de construção, a que se refere o n.º 3 do artigo 9.º

A classificação de desempenho de resistência ao fogo padrão para produtos de construção é a constante dos quadros seguintes e atende aos seguintes parâmetros, dependendo do elemento de construção em questão:

a) R – capacidade de suporte de carga;

b) E – estanquidade a chamas e gases quentes;

c) I – isolamento térmico;

d) W – radiação;

e) M – acção mecânica;

f) C – fecho automático;

g) S – passagem de fumo;

h) P ou PH – continuidade de fornecimento de energia e ou de sinal;

i) G – resistência ao fogo;

j) K – capacidade de protecção contra o fogo.

QUADRO I
Classificação para elementos com funções de suporte de carga e sem função de compartimentação resistente ao fogo

Aplicação: paredes, pavimentos, cobertura, vigas, pilares, varandas, escadas, passagens

Normas EN 13501-2; EN 1365-1, 2, 3, 4, 5, 6; EN 1992-1.2; EN 1993-1.2; EN 1994-1.2; EN 1995-1.2; EN 1996-1.2; EN 1999-1.2

(ver documento original)

QUADRO II
**Classificação para elementos com funções de suporte de carga
e de compartimentação resistente ao fogo.**

Aplicação: paredes

Normas EN 13501-2; EN 1365-1; EN 1992-1.2; EN 1993-1.2;
EN 1994-1.2; EN 1995-1.2; EN 1996-1.2; EN 1999-1.2

(ver documento original)

Aplicação: pavimentos e coberturas

Normas EN 13501-2; EN 1365-2; EN 1992-1.2; EN 1993-1.2;
EN 1994-1.2; EN 1995-1.2; EN 1999-1.2

(ver documento original)

QUADRO III
**Classificação para produtos e sistemas para protecção de elementos
ou partes de obras com funções de suporte de carga**

Aplicação: tectos sem resistência independente ao fogo

Normas EN 13501-2; EN 13381-1

Classificação – expressa nos mesmos termos do elemento que é protegido.

Nota: Se também cumprir os critérios relativamente ao fogo «seminatural», o símbolo «sn» é acrescentado à classificação.

**Aplicação: revestimentos, revestimentos exteriores e painéis
de protecção contra o fogo**

Normas EN 13501-2; EN 13381-2 a 7

Classificação – expressa nos mesmos termos do elemento que é protegido.

QUADRO IV
Classificação para elementos ou partes de obras sem funções de suporte de carga e produtos a eles destinados

Aplicação: divisórias «incluindo divisórias com porções não isoladas»

Normas EN 13501-2; EN 1364-1; EN 1992-1.2; EN 1993-1.2; EN 1995-1.2; EN 1996-1.2; EN 1999-1.2

(ver documento original)

Aplicação: tectos com resistência independente ao fogo

Normas EN 13501-2; EN 1364-2

(ver documento original)

Aplicação: fachadas e paredes exteriores «incluindo elementos envidraçados»

Normas EN 13501-2; EN 1364-3, 4, 5, 6; EN 1992-1.2; EN 1993-1.2; EN 1995-1.2; EN 1996-1.2; EN 1999-1.2

(ver documento original)

Aplicação: pisos falsos

Normas EN 13501-2; EN 1366-6

(ver documento original)

Aplicação: vedações de aberturas de passagem de cabos e tubagens

Normas EN 13501-2; EN 1366-3, 4

(ver documento original)

Aplicação: portas e portadas corta-fogo e respectivos dispositivos de fecho «incluindo as que comportem envidraçados e ferragens»

Normas EN 13501-2; EN 1634-1

(ver documento original)

Aplicação: portas de controlo do fumo

Normas EN 13501-2; EN 1634-3

Classificação – S200 ou Sa (consoante as condições de ensaio cumpridas).

Nota: A adição do símbolo «C» indica que o produto satisfaz também o critério de fecho automático «ensaio pass/fail» ([1]).

([1]) A classificação «C» deve ser complementada pelos dígitos 0 a 5, de acordo com a categoria utilizada; os pormenores devem ser incluídos na especificação técnica relevante do produto.

Aplicação: obturadores para sistemas de transporte contínuo por correias ou carris

Normas EN 13501-2; EN 1366-7

(ver documento original)

Aplicação: condutas e ductos

Normas EN 13501-2; EN 1366-5

(ver documento original)

Aplicação: chaminés

Normas EN 13501-2; EN 13216

Classificação – G + distância «mm»; por exemplo, G50

Nota: Distância não exigida aos produtos de construção de encastrar.

Aplicação: revestimentos para paredes e coberturas

Normas EN 13501-2; EN 13381-8

Classificação – K.
Nota: Ensaio pass/fail.

QUADRO V
**Classificação para produtos destinados a sistemas de ventilação
«excluindo exaustores de fumo e de calor»**

Aplicação: condutas de ventilação

Normas EN 13501-3; EN 1366-1

(ver documento original)

Aplicação: registos corta-fogo

Normas EN 13501-3; EN 1366-2

(ver documento original)

QUADRO VI
Classificação para produtos incorporados em instalações

**Aplicação: cabos eléctricos e de fibra óptica e acessórios;
tubos e sistemas de protecção de cabos eléctricos contra o fogo**

Norma EN 13501-3

(ver documento original)

238 *Novo Regime da Instalação e Funcionamento dos Estab. de Rest. ou de Bebidas*

Aplicação: cabos ou sistemas de energia ou sinal com pequeno diâmetro «menos de 200 mm e com condutores de menos de 2,5 mm²»

Normas EN 13501-3; EN 50200

(ver documento original)

ANEXO III
(quadros referidos no n.º 1 do artigo 12.º)

QUADRO I
Categorias de risco da utilização-tipo I «Habitacionais»

(ver documento original)

QUADRO II
Categorias de risco da utilização-tipo II «Estacionamentos»

(ver documento original)

QUADRO III
Categorias de risco da utilização-tipo III «Administrativos»

(ver documento original)

QUADRO IV
**Categorias de risco da utilização-tipo IV «Escolares»
e V «Hospitalares e lares de idosos»**

(ver documento original)

QUADRO V
Categorias de risco das utilizações-tipo VI «Espectáculos e reuniões públicas» e IX «Desportivos e de lazer»

(ver documento original)

QUADRO VI
Categorias de risco da utilização-tipo VII «Hoteleiros e restauração»

(ver documento original)

QUADRO VII
Categorias de risco da utilização-tipo VIII «Comerciais e gares de transportes»

(ver documento original)

QUADRO VIII
Categorias de risco da utilização-tipo X «Museus e galerias de arte»

(ver documento original)

QUADRO IX
Categorias de risco da utilização-tipo XI «Bibliotecas e arquivos»

(ver documento original)

QUADRO X
Categorias de risco da utilização-tipo XII «Industriais, oficinas e armazéns»

(ver documento original)

240 *Novo Regime da Instalação e Funcionamento dos Estab. de Rest. ou de Bebidas*

ANEXO IV

Elementos do projecto da especialidade de SCIE, exigido para os edifícios e recintos, a que se refere o n.º 1 do artigo 17.º do presente decreto-lei

ARTIGO 1.º
Projecto da especialidade de SCIE

O projecto de especialidade é o documento que define as características do edifício ou recinto no que se refere à especialidade de segurança contra incêndio, do qual devem constar as seguintes peças escritas e desenhadas:

a) Memória descritiva e justificativa, a elaborar em conformidade com o artigo 2.º deste anexo IV, na qual o autor do projecto deve definir de forma clara quais os objectivos pretendidos e as principais estratégias para os atingir e identificar as exigências de segurança contra incêndio que devem ser contempladas no projecto de arquitectura e das restantes especialidades a concretizar em obra, em conformidade com o presente decreto-lei;

b) Peças desenhadas a escalas convenientes e outros elementos gráficos que explicitem a acessibilidade para veículos de socorro dos bombeiros, a disponibilidade de hidrantes exteriores e o posicionamento do edifício ou recinto relativamente aos edifícios ou recintos vizinhos, a planimetria e altimetria dos espaços em apreciação, a classificação dos locais de risco, os efectivos totais e parciais, as características de resistência ao fogo que devem possuir os elementos de construção, as vias de evacuação e as saídas e, finalmente, a posição em planta de todos os dispositivos, equipamentos e sistemas de segurança contra incêndio previstos para esses espaços.

ARTIGO 2.º
Conteúdo da memória descritiva e justificativa de SCIE

A memória descritiva e justificativa do projecto da especialidade de SCIE deve, quando aplicáveis, conter referência aos seguintes aspectos, pela ordem considerada mais conveniente:

I – Introdução:
1. Objectivo;
2. Localização;
3. Caracterização e descrição:
a) Utilizações-tipo;
b) Descrição funcional e respectivas áreas, piso a piso;
4. Classificação e identificação do risco:
a) Locais de risco;
b) Factores de classificação de risco aplicáveis;
c) Categorias de risco.

II – Condições exteriores:
1. Vias de acesso;
2. Acessibilidade às fachadas;
3. Limitações à propagação do incêndio pelo exterior;
4. Disponibilidade de água para os meios de socorro.

III – Resistência ao fogo de elementos de construção:
1. Resistência ao fogo de elementos estruturais e incorporados em instalações;
2. Isolamento entre utilizações-tipo distintas;
3. Compartimentação geral corta-fogo;
4. Isolamento e protecção de locais de risco;
5. Isolamento e protecção de meios de circulação:
a) Protecção das vias horizontais de evacuação;
b) Protecção das vias verticais de evacuação;
c) Isolamento de outras circulações verticais;
d) Isolamento e protecção das caixas dos elevadores;
e) Isolamento e protecção de canalizações e condutas.

IV – Reacção ao fogo de materiais:
1. Revestimentos em vias de evacuação:
a) Vias horizontais;
b) Vias verticais;
c) Câmaras corta-fogo;
2. Revestimentos em locais de risco;
3. Outras situações.

242 *Novo Regime da Instalação e Funcionamento dos Estab. de Rest. ou de Bebidas*

V – Evacuação:
1. Evacuação dos locais:
a) Dimensionamento dos caminhos de evacuação e das saídas;
b) Distribuição e localização das saídas;
2. Caracterização das vias horizontais de evacuação;
3. Caracterização das vias verticais de evacuação;
4. Localização e caracterização das zonas de refúgio.

VI – Instalações técnicas:
1. Instalações de energia eléctrica:
a) Fontes centrais de energia de emergência e equipamentos que alimentam;
b) Fontes locais de energia de emergência e equipamentos que alimentam;
c) Condições de segurança de grupos electrogéneos e unidades de alimentação ininterrupta;
d) Cortes geral e parciais de energia;
2. Instalações de aquecimento:
a) Condições de segurança de centrais térmicas;
b) Condições de segurança da aparelhagem de aquecimento;
3. Instalações de confecção e de conservação de alimentos:
a) Instalação de aparelhos;
b) Ventilação e extracção de fumo e vapores;
c) Dispositivos de corte e comando de emergência;
4. Evacuação de efluentes de combustão;
5. Ventilação e condicionamento de ar;
6. Ascensores:
a) Condições gerais de segurança;
b) Ascensor para uso dos bombeiros em caso de incêndio;
7. Instalações de armazenamento e utilização de líquidos e gases combustíveis:
a) Condições gerais de segurança;
b) Dispositivos de corte e comando de emergência.

VII – Equipamentos e sistemas de segurança:
1. Sinalização;
2. Iluminação de emergência;
3. Sistema de detecção, alarme e alerta:

a) Concepção do sistema e espaços protegidos;

b) Configuração de alarme;

c) Características técnicas dos elementos constituintes do sistema;

d) Funcionamento genérico do sistema (alarmes e comandos);

4. Sistema de controlo de fumo:

a) Espaços protegidos pelo sistema;

b) Caracterização de cada instalação de controlo de fumo;

5. Meios de intervenção:

a) Critérios de dimensionamento e de localização;

b) Meios portáteis e móveis de extinção;

c) Concepção da rede de incêndios e localização das bocas-de-incêndio;

d) Caracterização do depósito privativo do serviço de incêndios e concepção da central de bombagem;

e) Caracterização e localização das alimentações da rede de incêndios;

6. Sistemas fixos de extinção automática de incêndios:

a) Espaços protegidos por sistemas fixos de extinção automática;

b) Critérios de dimensionamento de cada sistema;

7. Sistemas de cortina de água:

a) Utilização dos sistemas;

b) Concepção de cada sistema;

8. Controlo de poluição de ar:

a) Espaços protegidos por sistemas de controlo de poluição;

b) Concepção e funcionalidade de cada sistema;

9. Detecção automática de gás combustível:

a) Espaços protegidos por sistemas de detecção de gás combustível;

b) Concepção e funcionalidade de cada sistema;

10. Drenagem de águas residuais da extinção de incêndios;

11. Posto de segurança:

a) Localização e protecção;

b) Meios disponíveis;

12. Outros meios de protecção dos edifícios.

Artigo 3.º
Conteúdo das peças desenhadas de SCIE

O projecto da especialidade de SCIE deve incluir as seguintes peças desenhadas:

244 *Novo Regime da Instalação e Funcionamento dos Estab. de Rest. ou de Bebidas*

a) Planta de localização à escala de 1:2000 ou de 1:5000;

b) Cortes e alçados, à escala de 1:100 ou de 1:200, evidenciando a envolvente até 5 m;

c) Planta de implantação à escala de 1:200 ou de 1:500, evidenciando a acessibilidade para veículos de socorro dos bombeiros, a disponibilidade de hidrantes exteriores e o posicionamento do edifício ou recinto relativamente aos edifícios ou recintos vizinhos;

d) Plantas de todos os pisos, à escala de 1:100 ou de 1:200, representando, para os espaços em apreciação, a classificação dos locais de risco, os efectivos totais e parciais, as características de resistência ao fogo que devem possuir os elementos de construção, as vias de evacuação e as saídas e, finalmente, a posição em planta de todos os dispositivos, equipamentos e sistemas de segurança contra incêndio previstos para esses espaços.

ANEXO V

Fichas de segurança, a que se refere o n.º 2 do artigo 17.º

ARTIGO 1.º

Elaboração das fichas de segurança

1 – As fichas de segurança referidas no n.º 2 do artigo 17.º do presente decreto-lei, aplicáveis às utilizações-tipo dos edifícios e recintos da 1.ª categoria de risco, devem ser elaboradas com base em modelos a definir exclusivamente pelos serviços centrais da ANPC.

2 – Compete à ANPC proceder a todas as actualizações das fichas de segurança referidas no número anterior que venham eventualmente a ser consideradas necessárias.

3 – As câmaras municipais devem ser notificadas, oportunamente, quer das versões iniciais quer das futuras actualizações das fichas de segurança.

ARTIGO 2.º

Elaboração técnicos

As fichas de segurança devem desenvolver os seguintes elementos técnicos:

a) Identificação;
b) Caracterização dos edifícios e das utilizações-tipo;
c) Condições exteriores aos edifícios;
d) Resistência ao fogo dos elementos de construção;
e) Reacção ao fogo dos materiais de construção;
f) Condições de evacuação dos edifícios;
g) Instalações técnicas dos edifícios;
h) Equipamentos e sistemas de segurança dos edifícios;
i) Observações;
j) Notas explicativas do preenchimento das fichas de segurança.

ANEXO VI

Equivalência entre as especificações do LNEC e as constantes das decisões comunitárias, a que se refere o artigo 9.º As equivalências entre as especificações do LNEC e as do sistema europeu são as constantes dos quadros seguintes:

QUADRO I
**Reacção ao fogo de produtos de construção,
com excepção de revestimentos de piso**

(ver documento original)

QUADRO II
**Reacção ao fogo de produtos de construção
destinados a revestimentos de piso**

(ver documento original)

QUADRO III
Resistência ao fogo padrão de produtos de construção

(ver documento original)

Decreto-Lei n.º 101/2008
de 16 de Junho

O Decreto-Lei n.º 263/2001, de 28 de Setembro, que determina o regime jurídico dos sistemas de segurança privada dos estabelecimentos de restauração ou de bebidas, ficou parcialmente desactualizado com a entrada em vigor do Decreto-Lei n.º 35/2004, de 21 de Fevereiro, que regula o exercício da actividade de segurança privada, e, mais recentemente, com o novo regime jurídico da instalação e modificação de estabelecimentos de restauração ou de bebidas, aprovado pelo Decreto-Lei n.º 234/2007, de 19 de Junho. É necessário, pois, proceder à actualização do regime jurídico dos sistemas de segurança privada dos estabelecimentos de restauração ou de bebidas.

Com o objectivo de reforçar a segurança de pessoas e bens, recebem-se as lições da aplicação do regime que vigorou ao longo de cerca de 10 anos, introduzindo-se os ajustamentos que se revelam necessários. Assim, deste modo, estabelecem-se maiores exigências de segurança no que se refere ao controlo da entrada de armas, objectos, engenhos ou substâncias de uso e porte legalmente proibido ou que ponham em causa a segurança de pessoas e bens, em estabelecimentos de dimensão significativa, cuja lotação exceda 100 lugares.

Além disso, são agravadas as sanções previstas para o incumprimento das regras relativas aos sistemas de segurança privada dos estabelecimentos e, no caso das infracções mais graves, o governador civil territorialmente competente pode determinar o encerramento provisório do estabelecimento como medida cautelar. Neste caso, é fixado o prazo dentro do qual devem ser adoptadas as providências adequadas à regularização da situação, com a advertência de que o incumprimento da injunção constitui fundamento para a determinação da medida acessória do encerramento do estabelecimento, nos termos do Decreto-Lei n.º 433/82, de 27 de Outubro.

Foram ouvidos o Conselho de Segurança Privada e as entidades nele representadas, bem como a Associação Nacional de Municípios Portugueses.

248 *Novo Regime da Instalação e Funcionamento dos Estab. de Rest. ou de Bebidas*

Assim:

Nos termos da alínea a) do n.º 1 do artigo 198.º da Constituição, o Governo decreta o seguinte:

Artigo 1.º
Sistemas de segurança privada

1 – Os estabelecimentos de restauração ou de bebidas previstos no artigo 2.º do Decreto-Lei n.º 234/2007, de 19 de Junho, que disponham de espaços ou salas destinados a dança ou onde habitualmente se dance são obrigados a adoptar um sistema de segurança privada que inclua, no mínimo, os seguintes meios:

a) Estabelecimentos com lotação até 100 lugares – ligação à central pública de alarmes nos termos da lei;

b) Estabelecimentos com lotação entre 101 e 1000 lugares – um vigilante no controlo de acesso e sistema de controlo de entradas e saídas por vídeo;

c) Estabelecimentos com lotação igual ou superior a 1001 lugares – um vigilante no controlo de acesso, a que acresce um vigilante por cada 250 lugares no controlo de permanência e sistema de controlo de permanência, entradas e saídas por vídeo.

2 – São abrangidos pelo disposto no número anterior todos os estabelecimentos de restauração e bebidas que disponham de espaços ou salas destinados a dança ou onde habitualmente se dance, independentemente da designação que adoptem.

Artigo 2.º
Equipamento de detecção de armas e objectos perigosos

1 – Os sistemas de segurança privada a adoptar pelos estabelecimentos referidos nas alíneas b) e c) do n.º 1 do artigo anterior devem incluir equipamentos técnicos destinados à detecção de armas, objectos, engenhos ou substâncias de uso e porte legalmente proibido ou que ponham em causa a segurança de pessoas e bens.

2 – É obrigatória a afixação, na entrada das instalações, em local bem visível, de um aviso com o seguinte teor: «A entrada neste estabelecimento

é vedada às pessoas que se recusem a passar pelo equipamento de detecção de objectos perigosos ou de uso proibido», seguindo-se a menção do presente decreto-lei.

Artigo 3.º
Deveres especiais

1 – Os proprietários e os administradores ou gerentes de sociedades que explorem os estabelecimentos referidos no artigo 1.º são obrigados:

a) A garantir o funcionamento efectivo dos sistemas de segurança privada previstos no artigo 1.º e no n.º 1 do artigo anterior;

b) A afixar, na entrada das instalações sob vigilância, em local bem visível, um aviso com os seguintes dizeres: «Para sua protecção, este local encontra -se sob vigilância de um circuito fechado de televisão, procedendo-se à gravação de imagens e som», seguindo-se a menção do presente decreto-lei;

c) A conservar as gravações de imagem e som, pelo prazo de 30 dias;

d) A entregar à autoridade judiciária competente as gravações de imagem e som que por esta lhe forem solicitadas, nos termos da legislação penal e processual penal;

e) A destruir imediatamente as gravações de imagem e som, uma vez esgotado o prazo previsto na alínea c), se estas não lhes forem solicitadas nos termos da alínea anterior.

2 – Sem prejuízo do disposto no Decreto-Lei n.º 35/2004, de 21 de Fevereiro, os proprietários e os administradores ou gerentes das sociedades comerciais que explorem os estabelecimentos previstos no n.º 1 do artigo 1.º são obrigados a comunicar ao governador civil territorialmente competente, no prazo de 30 dias, a obtenção da autorização de utilização do estabelecimento, o início da actividade, as características técnicas dos equipamentos electrónicos de vigilância instalados e a identificação do responsável pela gestão do sistema de segurança.

Artigo 4.º
Sistema de autoprotecção

A adopção de um sistema de autoprotecção é regulada pelo disposto no Decreto-Lei n.º 35/2004, de 21 de Fevereiro, e o responsável pela sua

250 *Novo Regime da Instalação e Funcionamento dos Estab. de Rest. ou de Bebidas*

gestão é o proprietário do estabelecimento ou o administrador ou gerente da sociedade que explora o estabelecimento.

ARTIGO 5.º
Regime supletivo

Sem prejuízo do disposto no presente decreto-lei, o sistema de segurança privada referido no artigo 1.º obedece ao disposto no Decreto-Lei n.º 35/2004, de 21 de Fevereiro, em tudo o que respeita ao funcionamento, à organização dos meios humanos e à instalação dos equipamentos técnicos.

ARTIGO 6.º
Contra-ordenações e coimas

1 – Sem prejuízo do regime geral do Decreto-Lei n.º 35/2004, de 21 de Fevereiro, as infracções às normas previstas no presente diploma constituem contra-ordenações puníveis nos seguintes termos:
a) A violação do disposto no artigo 1.º, no n.º 1 do artigo 2.º e na alínea a) do n.º 1 do artigo 3.º, com coima de € 600 a € 3000;
b) A violação do disposto no n.º 2 do artigo 2.º e nas alíneas b) a d) do n.º 1 e no n.º 2 do artigo 3.º, com coima de € 300 a € 500.
2 – Se as infracções forem imputadas a pessoas colectivas, os limites mínimos e máximos das coimas são elevados para o dobro.
3 – A negligência é punível.

ARTIGO 7.º
Medidas cautelares

1 – No caso previsto na alínea a) do n.º 1 do artigo anterior, o governador civil territorialmente competente determina o encerramento provisório do estabelecimento, fixando o prazo dentro do qual devem ser adoptadas as providências adequadas à regularização da situação, com a advertência de que o incumprimento da injunção constitui fundamento da aplicabilidade da medida acessória de encerramento do estabelecimento, nos termos do Decreto-Lei n.º 433/82, de 27 de Outubro.

Decreto-Lei n.º 101/2008 de 16 de Junho 251

2 – No caso previsto na alínea b) do n.º 1 do artigo anterior, na decisão de aplicação da coima é fixado o prazo dentro do qual devem ser adoptadas as providências adequadas à regularização da situação, com a advertência de que o incumprimento da injunção constitui fundamento da aplicabilidade da medida acessória de encerramento do estabelecimento, nos termos do Decreto-Lei n.º 433/82, de 27 de Outubro.

Artigo 8.º
Competência

1 – A fiscalização da actividade de segurança privada é exercida nos termos do presente diploma e a instrução dos processos de contra-ordenação às normas dela constantes é da competência das entidades previstas nos artigos 31.º e 35.º do Decreto-Lei n.º 35/2004, de 21 de Fevereiro, e na alínea b) do n.º 3 do artigo 16.º do Decreto-Lei n.º 203/2006, de 27 de Outubro.

2 – A decisão dos processos de contra-ordenação é da competência do membro do Governo responsável pela área da Administração Interna, que a pode delegar nos termos da lei.

3 – O produto das coimas reverte em:
a) 60% para o Estado;
b) 10% para o Ministério da Administração Interna;
c) 20% para a Polícia de Segurança Pública; e
d) 10% para a entidade autuante.

Artigo 9.º
Licenças

A autorização de utilização do estabelecimento depende da verificação do cumprimento do disposto no artigo 1.º e no n.º 1 do artigo 2.º

Artigo 10.º
Norma transitória

Os estabelecimentos com lotação entre 101 e 199 lugares que já tenham obtido licença de abertura à data da entrada em vigor do presente

252   *Novo Regime da Instalação e Funcionamento dos Estab. de Rest. ou de Bebidas*

diploma adaptam os respectivos sistemas de segurança privada ao disposto na alínea b) do n.º 1 do artigo 1.º e no n.º 1 do artigo 2.º, no prazo de 60 dias a contar da data da entrada em vigor do presente decreto-lei.

ARTIGO 11.º
Norma revogatória

É revogado o Decreto -Lei n.º 263/2001, de 28 de Setembro.

Visto e aprovado em Conselho de Ministros de 27 de Março de 2008. *– José Sócrates Carvalho Pinto de Sousa – Fernando Teixeira dos Santos – Rui Carlos Pereira – Alberto Bernardes Costa – António José de Castro Guerra*. Promulgado em 26 de Maio de 2008. Publique-se. O Presidente da República, ANÍBAL CAVACO SILVA. Referendado em 27 de Maio de 2008. O Primeiro-Ministro, *José Sócrates Carvalho Pinto de Sousa*.

Portaria n.º 262/2000
de 13 de Maio

Pelo Decreto-Lei n.º 168/97, de 4 de Julho, diploma que estabeleceu o novo regime jurídico da instalação e do funcionamento dos estabelecimentos de restauração e de bebidas e os seus regulamentos, deixaram de existir as várias classificações de estabelecimentos de restauração e de bebidas previstas na Portaria n.º 1028/83, de 9 de Dezembro, mantendo-se, apenas, a classificação quanto aos estabelecimentos de luxo.

Tanto nesse aspecto, como por fazer referência a produtos e serviços que já não são comercializados, a Portaria n.º 1028/83 encontra-se ultrapassada, pelo que importa proceder à sua revogação. Para além disso, interessa rever o regime de preços dos produtos de cafetaria prestados nos estabelecimentos de restauração e de bebidas, até agora regulado pela Portaria n.º 357-B/82, de 6 de Abril, e pelo Despacho Normativo n.º 39-A/82, de 6 de Abril, consagrando-se o regime de preços livres a que, aliás, o preâmbulo da Portaria n.º 1028-A/90, de 25 de Outubro, já fazia referência.

Assim, ao abrigo do disposto no artigo 17.º do Decreto-Lei n.º 329-A/74, de 10 de Julho, e no artigo 8.º do Decreto-Lei n.º 533/75, de 26 de Setembro: Manda o Governo, pelo Ministro da Economia, o seguinte:

1.º
Afixação da tabela de preços

Em todos os estabelecimentos de restauração e de bebidas que prestem serviços de cafetaria é obrigatória a afixação, em local perfeitamente visível, e de forma clara e bem legível, de uma tabela de preços e as condições de prestação de serviços.

2.º
Entrega de documento comprovativo da despesa

No momento da prestação dos serviços de cafetaria é obrigatória a entrega ao consumidor, mesmo que este não o tenha solicitado, de um documento comprovativo da despesa efectuada, com discriminação dos serviços prestados, o qual pode revestir a forma de bilhete de caixa, factura ou documento equivalente.

3.º
Regime de preços

Os preços dos serviços de cafetaria prestados nos estabelecimentos de restauração e de bebidas ficam sujeitos ao regime de preços livres.

4.º
Norma revogatória

São revogados:
a) A Portaria n.º 357-B/82, de 6 de Abril;
b) A Portaria n.º 1028/83, de 9 de Dezembro;
c) O Despacho Normativo n.º 39-A/82, de 6 de Abril.

5.º
Entrada em vigor

A presente portaria entra em vigor no dia imediatamente a seguir ao da sua publicação.

O Ministro da Economia, *Joaquim Augusto Nunes Pina Moura*, em 12 de Abril de 2000.

ÍNDICE REMISSIVO

A
Abastecimento de água, 50
Acesso aos estabelecimentos, 30
Alvará
de licença ou autorização de utilização, 43
sanitário, 43
Área de serviço, 51, 52
Arrendamento, 28
Autoridade de Segurança Alimentar e Económica, 32, 38, 39, 184
Autoridade Nacional de Protecção Civil, 14
Autoridades de saúde, 15, 65
Autorização de abertura, 43

B
Banquetes, 11
Bebidas alcoólicas, 12, 189
Buffet, 60

C
Câmara Municipal, 21, 24, 27, 35, 36, 162, 196
Cantinas, 12
Catering, 11
Classificação, 13, 29, 39
Classificação, 45, 48, 65
Climatização, 51, 55
Codex Alimentarius, 80, 81
Coimas, 163, 182, 256,
Comissão arbitral, 22
Comissão de Aplicação de Coimas em Matéria Económica e de Publicidade, 39, 184
Comunicação de encerramento, 35
Condições técnico-funcionais, 48
Consumo mínimo, 62

Contra-ordenações, 38, 182, 192, 256
Copa
limpa, 53
suja, 53
Correspondência, 29

D
Declaração prévia, 14, 27, 28, 34, 43, 69
Deferimento tácito, 22
Direcção-Geral das Actividades Económicas, 21, 22, 24, 27, 34, 35, 36, 69

E
Entidades externas, 14
Estabelecimentos
afectação total ou parcial, 30
capacidade, 30, 56, 61, 63
com licença ou autorização de utilização, 43
de bebidas, 10
de restauração, 10
encerramento, 35, 40, 163
esporádicos, 35
existentes, 66, 196
instalação, 9, 13
modificação, 9, 13
nome, 29
ocasionais, 35
proibição de fumar, 169
Estabelecimentos de ensino, 12, 194, 195, 197

F
Fiscalização, 38, 65, 184, 192
Fornecimentos, 54

G
Gestão de resíduos, 48

H
Higiene, 48, 53
Horário de funcionamento, 32, 159, 160, 161, 162

I
Informações, 61
Infra-estruturas, 50
Instalações
  amovíveis, 36
  fixas, 36
  pré-fabricadas, 36
  sanitárias, 51, 54, 56

L
Lei do tabaco, 165
Licença ou autorização de utilização, 23, 27
Licenciamento, 48, 57
Lista de preços, 63
Livro de reclamações, 32
Lojas de conveniência, 160, 163

M
Mapa de horário, 162
Merchandising, 29

N
Negligência, 39, 183, 256

O
Ordem pública, 15

P
Pessoal de serviço, 64
Processos pendentes, 43
Proibição de instalação, 12
Proibição de instalação, 197
Publicidade, 29, 177

R
Recinto fechado, 167
Refeitórios, 12

Refeitórios, 192
Regime de preços, 260
Regime sancionatório, 38
Registo dos estabelecimentos, 34, 43
Requisitos
  das instalações, 50
  de funcionamento, 57
  dispensa de, 21
  dos estabelecimentos de restauração e
    de bebidas, 13
  dos estabelecimentos de restauração e
    de bebidas, 48, 50, 65
Responsabilidade civil ou criminal, 39

S
Salas ou espaços destinados a dança, 10, 15
Salas ou espaços destinados a dança, 49, 55, 62, 64, 169
Salubridade, 21, 48, 60, 64
Sanção acessória, 40, 160, 163, 183, 193
Secções acessórias, 12, 58
Segurança contra incêndios, 14, 24, 48, 199
Segurança alimentar, 52
Segurança privada, 49, 254
Self-service, 60, 62, 160

T
Tabela de preços, 259
Tentativa, 122
Termo de responsabilidade, 24, 216, 218
Título de abertura, 28

V
Vestiários, 51, 54
Vistoria, 36

Z
Zonas de fabrico, 48, 51, 53, 59
Zonas integradas, 52

ÍNDICE DE LEGISLAÇÃO

O NOVO REGIME DA INSTALAÇÃO E DO FUNCIONAMENTO DOS ESTABELECIMENTOS DE RESTAURAÇÃO OU DE BEBIDAS

Decreto-Lei n.º 234/2007, de 19 de Junho
Aprova o novo regime jurídico da instalação e funcionamento dos estabelecimentos de restauração ou de bebidas e revoga o Decreto-Lei n.º 168/97, de 4 de Julho. 3

Decreto Regulamentar n.º 20/2008, de 27 de Novembro
Estabelece os requisitos específicos relativos às instalações, funcionamento e regime de classificação de estabelecimentos de restauração ou de bebidas . . . 47

Portaria n.º 573/2007, de 17 de Julho
Aprova o modelo da declaração prévia instituído pelo Decreto-Lei n.º 234/2007, de 19 de Junho 69

LEGISLAÇÃO COMPLEMENTAR

Regulamento (CE) n.º 852/2004, de 29 de Abril de 2004
do Parlamento Europeu e do Conselho relativo à higiene dos géneros alimentícios 77

Decreto-Lei n.º 113/2006, de 12 de Junho
Estabelece as regras de execução, na ordem jurídica nacional, dos Regulamentos (CE) n.ºs 852/2004 e 853/2004, do Parlamento Europeu e do Conselho, de 29 de Abril, relativos à higiene dos géneros alimentícios e à higiene dos géneros alimentícios de origem animal, respectivamente 113

Decreto-Lei n.º 156/2005, de 15 de Setembro
Estabelece a obrigatoriedade de disponibilização do livro de reclamações a todos os fornecedores de bens ou prestadores de serviços que tenham contacto com o público em geral 127

258 *Novo Regime da Instalação e Funcionamento dos Estab. de Rest. ou de Bebidas*

Portaria n.º 1288/2005, de 15 de Dezembro
Aprova o modelo, edição, preço, fornecimento e distribuição do livro de reclamações a ser disponibilizado pelos fornecedores de bens e prestadores de serviços abrangidos pelo Decreto-Lei n.º 156/2005, de 15 de Setembro 145

Decreto-Lei n.º 48/96, de 15 de Maio
Estabelece um novo regime dos horários de funcionamento dos estabelecimentos comerciais. 159

Lei n.º 37/2007, de 14 de Agosto
Aprova normas para a protecção dos cidadãos da exposição involuntária ao fumo do tabaco e medidas de redução da procura relacionadas com a dependência e a cessação do seu consumo 165

Decreto-Lei n.º 9/2002 de 24 de Janeiro
Estabelece restrições à venda e consumo de bebidas alcoólicas e altera os Decretos-Leis n.ºs 122/79, de 8 de Maio, 252/86, de 25 de Agosto, 168/97, de 4 de Julho, e 370/99, de 18 de Setembro 189

Decreto-Lei n.º 220/2008, de 12 de Novembro
Estabelece o regime jurídico da segurança contra incêndios em edifícios 199

Decreto-Lei n.º 101/2008, de 16 de Junho
Estabelece o regime jurídico dos sistemas de segurança privada dos estabelecimentos de restauração ou de bebidas e revoga o Decreto-Lei n.º 263/2001, de 28 de Setembro 247

Portaria n.º 262/2000, de 13 de Maio
Determina que em todos os estabelecimentos de restauração e de bebidas que prestam serviços de cafetaria seja obrigatória a afixação, em local perfeitamente visível, e de forma clara e bem legível, de uma tabela de preços e as condições de prestação de serviços. Revoga as Portarias n.ºs 357-B/82, de 6 de Abril, e 1028/83, de 9 de Dezembro, e o Despacho Normativo n.º 39-A/82, de 6 de Abril 253